가고 싶다,
아테네 &산토리니

디테일이 살아 있는 색다른 지식 여행

가고 싶다,
아테네&산토리니

초판 1쇄 인쇄 2015년 7월 1일
초판 1쇄 발행 2015년 7월 7일

지은이 신양란(글), 오형권(사진)
발행인 정현순
발행처 지혜정원
출판등록 2010년 1월 5일 제313-2010-3호
주소 서울시 광진구 천호대로 109길 59 1층
연락처 TEL: 02-6401-5510 / FAX: 02-6280-7379
홈페이지 www.jungwonbook.com

디자인 한기영

ISBN 978-89-94886-84-8 13920
값 17,500원

색다른
지식 여행
시리즈 ❸

글 신양란 — 사진 오형권

가고 싶다,
아테네 &산토리니

디테일이 살아 있는 색다른 지식 여행

아테네&산토리니에서 꼭 가봐야 할 장소를 꼼꼼하게
파헤친 색다른 지식 가이드

지혜정원

필자가 그리스 신화를 처음 만난 것은 중학교 1학년 때였습니다. 그때는 전국 고전경시대회라는
게 있었는데, 그해 필독 도서 목록에 〈그리스·로마 신화〉가 들어 있었던 것입니다.

지금 생각해 보니 그때 〈그리스·로마 신화〉라는 제목으로 나온 책은 〈일리아스〉였던 듯합니다.
어렴풋이 트로이 목마 이야기가 생각나니 말입니다.

그러나 그때 읽은 두툼한 〈그리스·로마 신화〉는 이름을 발음하기조차 어려운 수많은 등장인물과
복잡하게 뒤엉키는 사건들 때문에 재미는커녕 줄거리를 이해하는 것도 벅찼습니다. 학교 대표로
경시대회에 나가는 것이니 최선을 다해야 한다는 주변의 압력 때문에 더욱 고역스러웠던 것으로
기억됩니다. 그리스 신화와의 첫 만남은 그다지 산뜻하지 않았던 것입니다.

그 뒤로 조금씩 그리스 신화의 세계를 알아가면서 비로소 무궁무진한 신들의 이야기에 빠져들었
습니다. 진부한 표현이기는 합니다만, 그리스 신화는 큰 가뭄에도 마르지 않는 근원이 깊은 샘과
같아서 읽고 또 읽어도 매번 새로운 느낌을 받게 됩니다.

그리스 신화를 읽고 흥미를 느낀 사람이라면 누군들 아테네 여행을 선망하지 않겠습니까. 그곳
은 어쩐지 신화 속의 신들이 책 속에서 걸어 나와 우리네 평범한 사람들처럼 복대기면서 살고 있
을 것만 같은 도시이니까요.

여행을 좋아하는 필자 역시 아테네를 선망했고, 〈색다른 지식 여행 시리즈〉에 그 도시를 넣는 것
은 당연한 일로 여겼습니다. 그러니 아테네가 시리즈의 세 번째 자리를 차지한 것은 늦으면 늦었
지 결코 빠른 것이 아닙니다.

필자는 이 책에서 그리스 신화를 주로 이야기하려고 했습니다. 아테네는 누가 뭐래도 그리스 신
화의 중요한 무대이기 때문입니다. 그러면서 그리스의 역사를 이해하는 데 필요한 이야깃거리가
있으면 그것도 쉽게 풀어서 넣으려고 노력했습니다. 그곳은 신들의 땅이면서 또한 인간들의 삶의
터전이기도 하기 때문입니다. 아무쪼록 독자 여러분에게 이 책이 아테네를 여행하는 색다른 방법
을 제시해 줄 수 있었으면 좋겠습니다.

책에 넣을 사진을 위해 아테네를 다시 찾았을 때, 여전히 관광 명소마다 여행자들로 넘쳐났지만 경제 위기로 기진맥진한 듯한 그리스의 분위기가 느껴져 씁쓸했습니다. 서양 문명의 모태가 된 위대한 그리스 문명의 발상지가 이류 국가로 전락하는 듯해 안타까웠습니다. 그 복잡한 속내야 국외자인 필자가 어찌 속속들이 이해할 수 있겠습니까만. 아크로폴리스의 '무너져 내렸지만 남은 것만으로도 충분히 장엄한' 파르테논 신전과 그 신전의 주인인 아테나가 그리스의 자존심을 한 번 더 일으켜 세웠으면 좋겠다는 생각을 했습니다.

'미쳐야狂 미친다及'는 말이 있습니다. 필자는 여행에 미쳤고, 여행 관련 글 쓰는 일에 미쳤습니다. 한 가지 일에 미칠 수 있다는 것이 참으로 다행스런 일이기는 합니다만. 필자 주변 사람들에게는 민폐가 많은 일이라 미안합니다. 가족과 동료, 친구, 지인 등, 마땅히 챙겨야 함에도 불구하고 이 일에 미쳐서 돌아보지 못하는 사람들이 한둘이 아니기 때문입니다. 그런 나를 이해해 줘서 고맙다는 말은 차마 염치가 없어 못하겠고, 정직하게 "미안합니다. 정말로 미안한 걸 알고 있습니다. 그러나 이 일이 너무 좋아서 그만 둘 수 없습니다. 조금만 이해해 주세요."라고 이 자리를 빌어 말씀드립니다.

그 대신 이 일로 꿈을 이루도록 하겠습니다. 미친狂 대신 꼭 미치도록及 하겠습니다.

저자 신양란

Contents

1장. 아크로폴리스 Akropolis/Acropolis

그리스 신화의 이해

신화神話/mythology란, 말 그대로 신들에 관한 이야기입니다. 혹은 신과 관련 있는 영웅들의 이야기도 신화에 포함될 수 있지요. 대부분의 민족은 천지창조 신화, 건국 신화 등을 갖고 있으며, 씨족의 기원에 대한 기이한 줄거리의 신화를 갖고 있는 경우도 있습니다. 신화는 신성함과 비범함을 바탕에 깔고 있으므로 읽는 이는 신화를 통해 종교적 엄숙함과 신비스러운 상상력을 체험할 수 있습니다.

신화 중에서 가장 유명한 것은 역시 그리스 신화지요. 놀라울 정도로 풍성한 이야깃거리를 갖고 있어, 스토리텔링에 관한 한 마르지 않는 샘과 같은 존재입니다. 유럽의 문화는 그리스 신화로부터 비롯되었다고 말해도 과언이 아닐 정도로 다양한 분야에 걸쳐 뚜렷한 영향을 미쳤습니다. 그리스 신화는 그리스 땅에 살았던 선주민先住民들의 고유한 신화와 전설에다 교역을 통해 접하게 된 주변 나라의 전래 설화들이 결합되어 더욱 다양한 이야기로 발전한 것으로 봅니다. 서로 다른 이야기들이 결합되는 과정에서 변화와 오류가 뒤섞이다 보니 그리스 신화의 이야기는 때로 모순과 불일치의 혼선이 빚어지기도 하지요.

체계적이지 못하고 구비문학口碑文學 단계에 머물러 있던 그리스 신화를 오늘날까지 살아남을 수 있는 위대한 문학으로 재탄생시킨 공로자로는 호메로스Homeros(BC 800?~BC 750)를 우선 꼽을 수 있습니다. 그는 그리스 신화에서 소재를 취한 대서사시 〈일리아스Ilias〉와 〈오디세이Odyssey〉를 남겼는데, 신화 속 신과 영웅들의 생생한 모습과 스펙터클한 사건들이 그 안에 담겨 있지요.

호메로스와 거의 같은 시대를 산 헤시오도스Hesiodos(생몰 연대 미상)는 1,022행으로 이루어진 서사시인 〈신통기神統記/Theogony〉를 남겼습니다. 〈일리아스〉가 15,693행이고 〈오디세이〉가 12,110행인 것과 비교하면 〈신통기〉는 간략한 편이라고 할 수 있습니다. 그러나 천지창조에서 시작하여 신들의 탄생 및 계보, 그리고 신들과 관련 있는 인간들의 탄생에 이르는 복잡하고 다양한 이야기들을 계통적으로 서술한 이 작품은 매우 방대한 신화 세계를 보여줍니다. 헤시오도스는 그리스와 주변 국가에서 전해오던 설화들을 집대성하여 체계화시켰다는 평을 받습니다. 그리스 신화는 그에 의해 기본 틀이 잡혔다고 할 수 있답니다.

호메로스와 헤시오도스에 의해 체계화되고 생명력을 얻은 그리스 신화는 극작가들 덕분에 사람들 곁으로 한 걸음 더 가까이 다가갈 수 있게 됩니다. 특히 아이스킬로스·소포클레스·에우리피데스 등 3대 비극작가라고 불리는 위대한 문학가들은 그리스 신화 속에서 비극적인 요소가 강한 이야기들을 소재로 하여 연극을 만들었고, 비극 경연대회 등을 통해 사람들 앞에 선보였습니다. 고대 그리스인들은 비극 공연을 보면서 인간의 운명과 신의 뜻을 생각하게 되었고, 신화의 세계에 빠져들게 되었지요. 그리스 신화가 사람들 속으로 깊숙이 들어갈 수 있었던 데는 이들의 공로가 크다고 할 수 있습니다.

로마의 시인 오비디우스Publius Naso Ovidius가 쓴 〈변신 이야기〉는 그리스 신화 속의 수많은 인물들과 다양한 사건들이 아기자기하게 얽혀 진행되어 읽는 재미를 고조시킨다는 점에서 그리스 신화의 새로운 발견이라고 할 수 있습니다. 물론 〈변신 이야기〉는 로마 신화를 기본 텍스트로 하고 있지만, 로마 신화가 그리스 신화를 받아들여 약간의 변형을 가한 것이란 점을 고려하면 그리스 신화를 텍스트로 했다고 봐도 무방할 것입니다. 신들의 세상에서 일어나는 사랑과 배신, 변신과 응징 등이 흥미진진하게 펼쳐지며, 그리스 로마 신화의 기준을 제시한 작품이라고 할 수 있습니다.

현재 우리가 읽고 있는 대부분의 그리스 신화는 미국의 문학가이며 신화학자인 토머스 불핀치Thomas Bulfinch가 1855년에 출간한 〈신화의 시대The Age of Fable〉를 원전으로 한 것입니다. 평소 고전에 많은 관심을 가지고 있던 토머스 불핀치는 일반인들에게 서구 문명의 뿌리를 소개하겠다는 목적을 가지고 유럽의 고대 신화를 수집하여 정리하였는데, 그 결과물이 바로 〈신화의 시대〉인 것입니다. 이 책은 당시 사람들에게 큰 인기를 얻었고, 현재까지도 그리스·로마 신화에 관한 한 가장 대중적인 작품으로 인정받고 있습니다.

그리스 신화는 이처럼 오랜 세월에 걸쳐 여러 경로를 통해 합쳐지고 변형된 이야기들의 집합체라고 할 수 있습니다. 이 책에서는 그리스 신화 속 인물이나 사건과 관련 있는 곳을 찾게 되면 그에 대해 자세히 알아보는 방식으로 이야기를 풀어나가려고 합니다.

올림포스 산의 열두 신

그리스 신화의 이야기는 대부분 올림포스 산의 열두 신과 관련이 있습니다. 그들에 대해 알면 그리스 신화를 잘 이해할 수 있으며, 그리스 신화를 알면 그리스를 더 잘 이해할 수 있지요. 이 책에서는 필요할 때마다 그들이 등장하여 흥미진진한 이야기를 펼치겠지만, 먼저 대략적인 소개를 하겠습니다.

올림포스 산의 열두 신은 크게 '제우스와 그의 형제들'과 '제우스의 자식들'로 나뉩니다.

제우스Zeus는 올림포스 신들의 제왕으로서 하늘 세계와 땅의 세계를 책임집니다. 태어나자마자 아버지 크로노스에 의해 삼키어질 운명이었으나 어머니 레아의 기지機智 덕분에 살아남았고, 성인이 된 그가 아버지에게 토하는 음료수를 먹여 아버지 배 속의 형제들을 세상 밖으로 나오게 했으므로 올림포스 신들이 있을 수 있었습니다.
그는 주로 옥좌에 앉아 있거나 손에 벼락을 든 모습으로 나타나지요. 상징 동물은 독수리이므로, 독수리가 주변에 있거나 독수리로 표현되는 경우가 많답니다.
많은 여성들과의 스캔들로 아내인 헤라와 자주 갈등을 일으키지만, 그 과정에서 태어난 수많은 자식들이 그리스 신화의 내용을 풍성하게 만듭니다. 제우스에 관해서는 제우스 신전 편에서 자세하게 설명할 예정입니다.

헤라Hera는 제우스의 누이이자 아내로, 제우스와 함께 등장하는 경우가 많습니다. 정상적인 결합으로 이루어진 가정을 수호하는 여신이기 때문에, 제우스가 바람을 피우면 상대 여자나 그 사이에서 태어난 자식을 용서하지 않습니다. 헤라의 질투 때문에 목숨을 잃은 경우도 많고, 고통을 당하는 경우는 더 많습니다.
상징 동물은 공작새로, 공작새가 옆에 있으면 헤라로 보면 됩니다.

포세이돈Poseidon은 바다를 비롯한 세상의 모든 물을 지배하는 신이며, 항상 삼지창을 든 모습으로 표현됩니다. 정식으로 결혼한 부인은 암피트리테 하나이지만, 수많은 여신과 요정, 여인 사이에서 많은 자식을 두었습니다. 포세이돈에 대해서는 포세이돈 신전에서 자세히 이야기할 예정입니다.

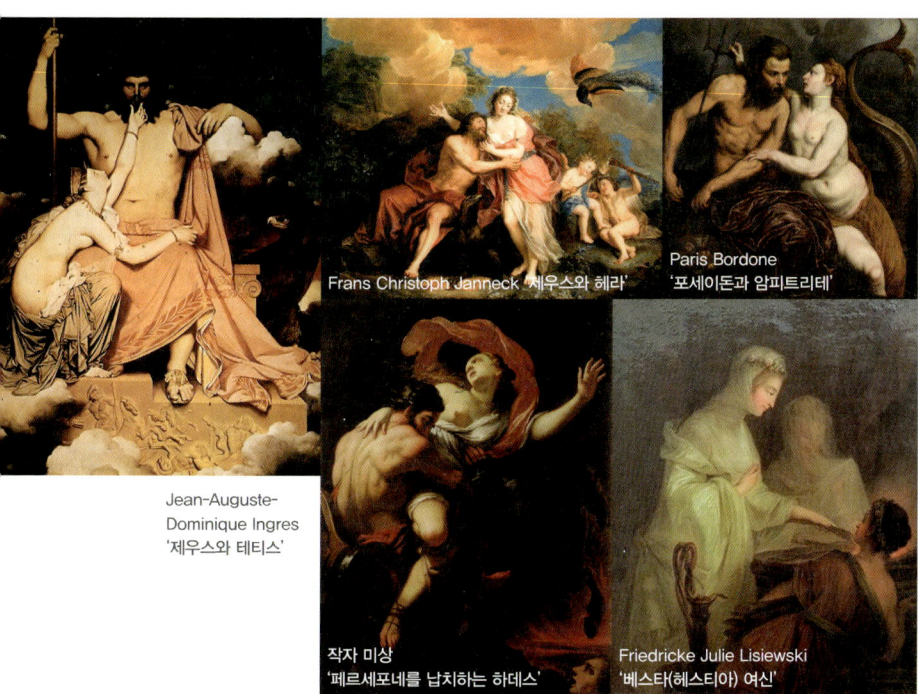

Frans Christoph Janneck '제우스와 헤라'

Paris Bordone
'포세이돈과 암피트리테'

Jean-Auguste-
Dominique Ingres
'제우스와 테티스'

작자 미상
'페르세포네를 납치하는 하데스'

Friedricke Julie Lisiewski
'베스타(헤스티아) 여신'

하데스Hades는 명계冥界(저승)의 신입니다. 죽은 사람들의 신이지요. '하데스'란 이름은 '보이지 않는 곳'이란 뜻이라고 합니다. 그리스 사람들은 하데스의 이름을 입에 올리는 걸 꺼려 '플루톤' 이라고 했는데, 이 말은 '부유한 자'라는 뜻으로 땅속에 온갖 금은보화가 묻혀 있는 것을 의미한 다고 합니다. 그리스 신화를 받아들인 로마 사람들이 저승 세계를 다스리는 신의 이름을 '플루 토'라고 한 것은 플루톤에서 유래하는 것이지요.

하데스는 데메테르의 딸 페르세포네를 사랑하여 납치한 일로 세상을 시끄럽게 만든 적이 있답 니다.

헤스티아Hestia는 부엌과 화로를 수호하는 여신, 즉 가정을 지키는 여신이었습니다. 화로는 가정 에서 없어서는 안 되는 중요한 물건이었으므로 헤스티아의 역할이 하찮은 것이라고 말할 수는 없지만, 다른 신들에 비하면 비중이 낮은 편입니다. 디오니소스에 밀려 올림포스의 열두 신에서 빠지게 되는 데는 그런 이유가 있는 것입니다.

오히려 헤스티아는 로마 신화에서 '베스타 여신'으로 변신하면서 중요한 존재로 숭배되었는데, 로마 포로 로마노에 베스타 신전이 있었던 것이 그 증거입니다.

Antoine-François Callet
'페르세포네를 찾아다니는 데메테르'

작자 미상 '아테나의 탄생'
(왼쪽부터 포세이돈, 헤파이스토스,
제우스, 제우스 머리 위는 아테나)

데메테르Demeter는 풀과 나무, 과일과 곡물을 관장하는 수확의 여신, 대지의 여신입니다. 데메테르란 이름은, 땅을 뜻하는 'De'와 어머니를 뜻하는 'meter'가 합쳐진 말로, '대지의 어머니'란 뜻입니다. 그녀는 곡물 다발을 안고 있거나, 이삭으로 머리를 장식한 모습으로 묘사되곤 합니다. 제우스와의 사이에서 낳은 딸 페르세포네에 대한 사랑이 지극하여, 그녀가 하데스에게 납치되어 갔을 때 슬픔에 빠진 나머지 지상의 곡식을 돌보지 않아 황폐하게 만든 것은 유명한 일화입니다.

여기까지가 제우스와 그의 형제들에 관한 이야기입니다. 이제부터는 제우스의 자식들에 관한 이야기를 알아보겠습니다.

아테나Athena는 아테네의 수호신으로, 이 책에서 가장 중요한 의미를 갖는 여신입니다. 지혜와 공예의 여신이며, 전쟁의 여신이기도 합니다. 투구를 쓰고 메두사의 방패와 창을 들고 있는 모습으로 표현되며, 상징 동물은 부엉이입니다. 제우스의 머리에서 태어난, 그리스 신화 속에서도 매우 특이한 탄생 신화를 가진 신이지요.

아폴론Apollon은 태양의 신이자 예술의 신, 음악의 신, 예언의 신, 의술의 신, 궁술의 신입니다. 제우스와 레토 사이에서 태어났으며, 아르테미스와 남매간입니다. 올림포스 산의 엄친아이지만, 사랑에는 서툴러서 매번 실패로 끝나곤 합니다. 아폴론에 관해서는 델포이에서 자세하게 이야기할 예정입니다.

① Charles Meynier
'태양과 이성과 시와 예술의 신 아폴론'

② Pompeo Batoni '아르테미스와 에로스'(이마의 초승달은 달의 여신임을, 활은 사냥의 여신임을, 동물은 야생동물의 수호신임을 알려준다)

Jacopo Tintoretto '평화와 번영으로부터 아레스를 내쫓는 아테나'

아폴론의 쌍둥이 누이인 아르테미스Arthemis는 달의 여신이자 사냥의 여신이며, 야생동물의 수호신입니다. 아테나와 같이 순결한 처녀신이기도 하지요. 순결을 잃은 자, 순결을 더럽히는 자는 아르테미스의 용서를 받지 못합니다. 심지어 자신의 목욕하는 모습을 목격한 사냥꾼조차도 용서하지 않아, 불운한 악타이온은 사슴으로 변해 죽게 됩니다.

아레스Ares는 제우스와 헤라 사이에서 태어난 적자嫡子로, 혈통만 놓고 본다면 가장 위대한 능력을 가졌어야 할 것 같은데, 사실은 그렇지를 못합니다. 전쟁의 신으로 호전적이고 용맹하기는 하지만 지혜가 뒷받침되지 않기 때문에 요란하기만 할 뿐 별로 실속 있는 승리를 거두지는 못합니다. 특히 이복남매인 아테나와 전쟁의 신이라는 공통점을 갖고 있지만, 맞붙으면 대개 아레스가 패배합니다.

틴토레토의 '평화와 번영으로부터 아레스를 내쫓는 아테나'에서 아레스는 평화와 번영에 방해가 되는 전쟁을 상징합니다. 아테나가 지혜로써 전쟁을 승리로 이끌어 평화를 가져오는 역할을 한다면, 아레스는 전쟁을 일으켜 피바람이 불게 하는 역할을 합니다. 그래도 남성적인 매력은 풍부했던지 미의 여신 아프로디테를 유혹하여 사랑의 신 에로스를 낳았고, 로마에 있는 베스타 신전의 신녀인 레아 실비아Rhea Silvia에게서는 쌍둥이 아들 로물루스와 레무스를 낳습니다. 그중의 로물루스가 로마를 건국하여 시조가 되니, 로마 사람들이 아레스를 숭배한 이유가 거기에 있답니다.

페테르 폴 루벤스 '제우스의 벼락을
만드는 헤파이스토스' Noël Coypel '아폴론과 헤르메스' 페테르 폴 루벤스 '헤르메스'

대장장이 신 헤파이스토스Hephaistos는 아프로디테의 남편입니다. 쇠붙이로 물건 만드는 솜씨는
어느 누구도 따라올 수 없지만, 외모는 볼품없었다고 하지요. 헤파이스토스에 관해서는 헤파이
스토스 신전에서 자세히 다룰 예정입니다.

헤르메스Hermes는 올림포스 산의 마당발입니다. 그는 한마디로 정의하기 어려운, 매우 다양한
분야에 관여한 인물인데, 이 책에서는 그에 대해 이야기할 기회가 없으므로 여기에서 자세하게
알아보도록 하겠습니다.
제우스가 바람피워 낳은 아들인 그는 태어나던 날, 아폴론의 황소 50마리를 훔쳤다고 합니다.
갓 태어난 아기가 어떻게 그럴 수 있을까 싶지만, 신들의 세계에서는 우리가 상상할 수 없는 일
이 자주 일어난답니다. 하여간 남의 소를 훔침으로써 그는 도둑들의 수호신이 됩니다.
소를 잃어버린 것을 알게 된 아폴론이 뒤늦게 헤르메스의 짓인 걸 눈치채고 찾아가 내놓으라고
하니 그는 능청스럽게 시치미를 뗍니다.
"저는 어린 아기입니다. 어떻게 소를 50마리나 훔칠 수 있겠습니까?"
어찌나 강하게 부인을 했던지, 아폴론도 깜빡 속을 정도였다고 합니다. 그래서 그는 거짓말쟁이
와 사기꾼의 수호신이 되지요.
아폴론은 아무래도 안 되겠다 싶어 제우스를 찾아가 심판을 요청합니다. 제우스가 보니 헤르메
스의 짓이 분명하거든요. 그래서 주인에게 돌려주라고 말하자, 헤르메스는 소를 돌려주는 대신

지나가던 거북을 잡아 현악기를 만들어 연주하는 게 아닙니까? 그가 발명의 신이 되는 순간이지요.

그런데 그 악기 소리가 그렇게 아름답더랍니다. 음악의 신인 아폴론이 반할 정도로요. 아폴론이 자신이 만든 악기에 관심을 보이자, 헤르메스는 악기와 소를 교환하자고 제안합니다. 멋진 말로 이런 제안을 한 순간 헤르메스는 웅변의 신이 됩니다. 그의 이런 말재주는 제우스의 혼외 자식에게 잔인할 정도로 가혹했던 헤라에게조차 사랑받는 요인이 됩니다. 헤라클레스와는 딴판이었지요.

그리고 그의 현란한 말솜씨에 넘어간 아폴론이 50마리의 소와 악기를 바꾸기 때문에 헤르메스는 상업의 신(혹은 상인들의 수호신)이 되지요. 그가 돈주머니를 들고 있는 모습으로 나타날 때는 상업의 신이라는 걸 알려주는 것입니다.

그렇게 얻은 소를 한동안 잘 키웠기 때문에 그는 목축의 신이 되기도 합니다.

갓난아기가 하는 짓을 보니 제우스는 마음이 흐뭇했습니다. 그 정도 수완이면 심복으로 부릴 수 있겠다 싶었기 때문이지요. 그래서 제우스는 헤르메스를 자신의 심부름꾼으로 삼아 세상 구석구석을 돌아다니게 하는데, 그가 신들의 전령傳令이자 여행자의 수호신이 되는 까닭은 그 때문입니다.

헤르메스의 상징은 날개달린 모자와 날개달린 샌들, 그리고 두 마리의 뱀이 얽혀 있는 지팡이입니다. 그 차림새로 그는 하늘과 지상, 심지어 저승 세계까지 마음대로 돌아다닐 수 있습니다. 인간과 신을 통틀어 저승을 드나들 수 있는 인물은 헤르메스가 유일합니다. 제우스도 저승에는 못 가거든요. (땅속과 지상을 자유로이 오간다는 의미에서 뱀이 그의 상징 중 하나가 됨)

그리스 신화 속에서 가장 분주하면서 다재다능한 신을 꼽으라면 단연 헤르메스가 첫 손에 꼽힐 겁니다. 매력적인 신이지요. 왼쪽 페이지 루벤스의 그림에 보이는 헤르메스의 모습이 가장 전형적인 것입니다.

여기까지가 일반적으로 제우스의 자식으로 올림포스 신의 반열에 든 인물들입니다.

앞에서 설명한 제우스와 그의 형제들 6명과, 나중에 설명한 제우스의 자식들 6명을 합쳐서 올림포스 산의 열두 신이라고 하지요. 그러나 사람에 따라서는 술의 신 디오니소스와 미의 여신 아프로디테를 넣는 대신 다른 신을 빼는 경우도 있습니다. 디오니소스와 아프로디테에 대해서는 뒤에서 다시 이야기하게 되므로 여기서는 생략하겠습니다.

이상이 올림포스 산의 열두 신에 관한 이야기였습니다.

에게 문명의 이모저모

그리스 문명의 기원인 에게 문명Aegean Civilization은 지중해 동부 에게 해 주변 지역에서 번영한 고대 문명을 말하는데, 미노스 문명Minoan Civilization이라고도 일컫는 전기의 크레타 문명(BC 3000~BC 1400)과 후기의 미케네 문명(BC 1400~BC 1200), 그리고 현재의 터키 지역인 트로이 지방에서 발생한 트로이 문명(BC 4000년경 발생)으로 구분됩니다.

에게 문명 위치도

✚ 트로이 문명

트로이는 스파르타의 왕비인 헬레네를 트로이의 왕자인 파리스가 유혹해서 데려온 일로 전쟁이 일어나 멸망한 도시국가였습니다. 호메로스의 대서사시 〈일리아스〉와 〈오디세이〉가 바로 트로이 전쟁을 배경으로 한 것이므로 사람들에게 낯선 이름은 아니었지만, 19세기까지만 해도 트로이 전쟁은 신화 속의 사건으로만 생각했습니다. 그런데 고고학에 관심이 많던 독일의 사업가 하인리히 슐리만Heinrich Schliemann이 1871년에 트로이 유적을 발굴하여 세상에 소개함으로써, 그것이 신화 속의 이야기가 아니라 역사적인 사실임을 증명하였습니다. 전해지는 이야기에 의하면, 소년 시절 슐리만은 아버지로부터 선물 받은 〈아이들을 위한 세계사〉라는 책에서 불타는 트로이 성을 묘사한 그림을 보고 자신이 꼭 트로이 성을 발견하겠다고 결심했다고 합니다.

슐리만이 보았다는 불타는 트로이 성을 그린 삽화는, 트로이의 장수인 아이네아스Aeneas가 아버지 안키세스Anchises를 업고 어린 아들 아스카니우스Ascanius의 손을 잡고 불타는 트로이 성을 빠져나오는 내용이었다고 합니다. 사랑의 여신 아프로디테가 트로이의 왕자 안키세스와 사랑을 나눈 뒤 낳은 아들이 아이네아스인데, 트로이가 멸망하던 날 자신의 아들이 죽는 걸 원치 않았던 아프로디테가 그를 불타는 트로이 성 밖으로 탈출시킨 것입니다. 이 주제는 슐리만이 읽었다는 책의 삽화뿐만 아니라 여러 화가들이 남긴 그림으로도 남아 있어 그때의 절박한 상황을 짐작할 수 있게 합니다.

아이네아스는 트로이를 탈출한 뒤 지중해 연안을 떠돌아다니며 온갖 고생을 다 겪다가 이탈리아 반도의 티베르 강 주변에 정착하여 라비니움의 왕이 됩니다. 그의 후손 중에서 로물루스가 태어나 로마를 건국함으로써, 그는 로마의 아버지로 추앙받았습니다.

Pompeo Batoni '트로이를 탈출하는 아이네아스'

어린 시절부터 트로이에 대한 관심을 가지고, 반드시 그 유적을 자신의 손으로 찾고 말겠다는 굳은 다짐을 한 슐리만은 성인이 된 후 유적 발굴에 필요한 비용을 모으기 위해 사업에 몰두합니다. 그 결과 그는 막대한 재산을 모았고, 그 돈으로 평생의 소원이던 트로이 유적 발굴에 뛰어들 수 있었습니다.

그는 1871년에 드디어 신화 속 이야기로만 알고 있었던 트로이 유적을 발굴함으로써 세상을 깜짝 놀라게 했습니다. 트로이 성곽의 유적과 함께, 그곳에서 찾아낸 수많은 값진 보물들이 세상 사람의 관심을 끌었지만, 고고학적 관점에서 본다면 그가 찾아낸 것은 트로이 전쟁 당시의 유적과 유물은 아니라는 주장이 대세입니다. 트로이 유적은 청동기 시대부터 로마 시대까지 아홉 개의 층으로 이루어져 있는데, 워낙 오랜 세월에 걸쳐 켜켜이 쌓이다 보니 명확하게 시대 구분을 하는 것이 쉽지 않은 상황입니다.

신화 속의 이야기로만 치부되던 트로이를 역사의 영역으로 끌어낸 것은 슐리만의 공로라고 할 수 있습니다. 그러나 체계적이고 과학적인 발굴 기술이 발달되지 않았던 시절에, 더구나 고고학자가 아닌 사업가 출신의 슐리만이 자신의 업적을 과시하기 위해 무리하게 발굴을 밀어붙였기 때문에 훼손 사례가 많아 비난을 받기도 합니다. 더구나 그는 발굴한 유물을 빼돌리기도 한 것으로 보이며, 기록 사진을 보면 그의 부인인 소피아 슐리만이 발굴 유물을 자신의 장식품인 양 걸치고 있기도 하여 현재의 관점으로 보면 눈살을 찌푸리게 합니다.

그런 부작용이 있었던 것은 사실이지만, 그가 발굴해 낸 유물들로 인해 트로이 문명에 대해 이해할 수 있게 된 것은 큰 수확입니다. 유물들로 미루어볼 때 트

하인리히 슐리만

발굴한 장신구를 착용한 소피아 슐리만(하인리히 슐리만의 부인)

베를린 신 박물관 소장,
트로이에서 발굴한 황금 장신구

터키 아이발릭에 재현해 놓은
트로이 목마

크노소스 궁전

로이 문명은 에게 해 주변의 다른 문명들과 견주어도 결코 뒤떨어지지 않는 찬란한 수준이었음을 짐작할 수 있습니다.

터키 아이발릭에는 그리스 연합군이 트로이 성을 함락시키기 위해 목마를 이용했다는 그리스 신화의 내용을 떠올리게 하는 거대한 목마가 있습니다. 이것은 영화 〈트로이〉를 제작할 때 사용한 소품인데, 그대로 남겨놓은 것이라고 합니다.

✚ 크레타 문명

BC 2000년 전후로 크레타 섬에서 발생한 그리스 최초의 문명을 크레타 문명이라고 합니다. 미노스 왕이 크노소스를 중심으로 섬 전체를 지배하였기 때문에, 그의 이름을 따서 미노아 문명이라고도 하지요.

크레타는 지중해를 무대로 활발한 교역을 벌였는데, 특히 오리엔트 지역과 이집트와의 무역을 통해 경제적 풍요로움을 누릴 수 있었고, 선진 문명을 받아들여 수준 높은 문화 발전을 이루었습니다.

크레타 문명의 백미라고 할 수 있는 크노소스 궁전Palace at Knossos은 선명한 벽화와 채광·배수 시설 등이 현재도 남아 있어 당시의 건축 기술을 알 수 있게 해줍니다. 특히 이곳은 가운데 마당을 끼고 수백 개의 작은 방이 복잡하게 배치되어 있어 미궁迷宮/labyrinth으로도 불립니다. 미노스 왕이 괴물 미노타우로스를 가두기 위해 미궁을 만들었다는 그리스 신화 속 이야기를 떠올리게 하는 일이지요.

크노소스를 비롯하여 말리아·파이스토스·자크로스 등에 궁전이 건립되고, 도기陶器·금속 제품 등의 제작이 활발히 이루어졌으며 조각과 그림도 발달하였던 것으로 보입니다. BC 1700년경에 지진이 일어나 도시의 상당 부분이 파괴되었지만 재건 과정을 거치며 크레타 문명은 절정에 이르렀습니다.

당시의 종교와 언어에 대해서는 밝혀진 것이 별로 없는데, 왕이 지배자인 동시에 최고의 신관神官으로서 신성시된 것으로 보이며 대지의 신을 숭배한 것이 아닌가 추측됩니다. 당시의 문자로는 그림문자(상형문자)와 선線문자 A·B가 있었는데, 이 가운데 선문자 B만이 1953년 영국의 고고학자 마이클 벤트리스에 의해 거의 해독된 상태입니다.

크레타는 BC 1400년경에 그리스 본토의 침략을 받아 멸망하였으며, 이때 크노소스를 비롯한 각지의 궁전은 파괴되고 주민들은 사방으로 흩어졌습니다. 그리하여 에게 문명의 중심은 크레타에서 그리스 본토로 옮겨가게 되었지요.

✚ 미케네 문명

BC 1600년을 전후하여 그리스 본토에서 발생한 문명이 미케네 문명입니다. 펠로폰네소스 반도의 미케네를 중심으로 발달했기 때문에 미케네 문명이란 이름이 붙었는데, 미케네뿐만 아니라 아테네·테베·티린스·아르고스·필로스 등도 같은 문명권으로 분류됩니다. 미케네 문명은 시기적으로 볼 때 크레타 문명보다는 조금 늦게 나타났지요.

미케네 문명이 발생하기 전에 이미 그리스 본토에는 테살리아 지방을 중심으로 초기 그리스 문명이 나타났지만, BC 2000년을 전후하여 북방으로부터 남하해 온 아카이아 사람Achaeans들이 선주민을 정복하고 남부 지역에 여러 소왕국을 건설하였습니다. 정복자들은 주변의 선진 문화를 받아들여 서서히 자신들만의 문화로 발전시켰으며, 군사력과 경제력에서도 세력을 키워나갔습니다. 그리하여 BC 1600년경에는 남부의 크레타와 맞설 수 있는 정도가 되었지요.

BC 1400년경, 미케네인들은 크레타를 침략하여 찬란했던 크레타 문명을 파괴하지만, 그들 또한 BC 1200년경에 그리스 본토로 남하해 온 도리아인들에게 정복당하며 몰락합니다. 도리아인은 서양 건축 양식 중 하나인 도리아식Doric style을 탄생시킨 바로 그 사람들이지요. 도리아인의 침략으로 인해 BC 1100년경에 미케네를 비롯한 여러 도시들이 파괴되었고, 에게 문명은 종말을 고하게 됩니다. 이때부터 약 300년 동안 그리스는 암흑시대로 접어들게 되는 것입니다.

미케네 문명에 해당하는 지역은 그리스 신화의 주인공들이 활동한 무대입니다. 아가멤논이 다스린 미케네, 아테나가 포세이돈과의 경합을 벌인 끝에 수호신 자리를 차지한 아테네, 오이디푸스의 비극이 일어난 테베, 헤라클레스가 죄를 씻기 위해 찾아갔던 티린스, 페르세우스의 외할아버지 아크리시우스Acrisius가 다스리던 아르고스 등, 그리스 신화를 읽다 보면 자주 나오는 지명들이 대개 미케네 문명권의 도시들인 것입니다. 미케네 문명에 대한 이해가 필요한 데에는 그런 이유도 있는 것이지요.

도리아인의 침략을 받아 파괴된 후 사람들의 기억 속에서 잊혔던 미케네 문명을 세상 밖으로 이끌어낸 것은 트로이 유적을 발굴한 하인리히 슐리만이었습니다. 그는 미케네 유적과 티린스 유적을 발굴했는데, 아가멤논의 황금 마스크라고 알려진 유물도 그에 의해 빛을 보게 된 걸작입니다.

헬레니즘Hellenism과 헤브라이즘Hebraism

헬레니즘은 그리스인을 의미하는 '헬렌Hellēn'에서 유래한 말로, 그리스인들에 의해 그리스 지역에서 발생한 문명을 말합니다. 그리스에서 발생한 고대 문명은 비록 세계 4대 문명(이집트 문명, 메소포타미아 문명, 인더스 문명, 황하 문명)에는 들어가지 않지만, 서양 문명의 뿌리가 된다고 할 수 있을 만큼 중요한 발자취를 남겼습니다. 이집트와 메소포타미아 지역에서 시작된 인류 문명은 에게 해의 크레타 섬을 중심으로 한 미노아 문명을 탄생시켰고, 이것은 다시 그리스 본토에서 미케네 문명으로 발전하였습니다.

헬레니즘 문명은 대개 그리스 고전기(아테네, 스파르타 등 도시국가들이 번영을 누리던 때) 이후인 BC 323~BC 146년 사이(혹은 BC 30년까지라고 주장하는 경우도 있습니다), 즉 그리스의 영향력이 절정에 달한 시기에 꽃을 피운 문화 현상을 일컫지요. 이 시기 이후 로마 제국이 유럽을 지배하게 되면서 헬레니즘 문화는 쇠퇴하기 시작한 것으로 보지만, 그리스 문화를 동경했던 로마인들에 의해 완전히 소멸되지는 않고 로마 문화의 일부로 흡수되어 명맥을 유지합니다.

그리스 땅에서 발생한 그리스 문화와 오리엔트 지역에서 발생한 오리엔트 문화는 서로 영향을 주고받으며 발달하였고, 알렉산드로스 대왕의 동방 원정을 통해 광범위한 지역으로 전파되었습니다. 고전기의 그리스 문화를 동경하였던 알렉산드로스 대왕은 정복 사업과 더불어 광범위한 지역에 그리스 문화를 전파하였는데, 헬레니즘을 폭넓게 해석한다면 그리스 본토뿐만 아니라 알렉산드로스가 건설한 대제국에서 번영을 누린 광범위한 복합 문화를 일컫는다고 볼 수 있습니다. 오로지 그리스 고유의 문화는 아니라는 뜻입니다.

경주의 석굴암 본존불에 헬레니즘의 영향이 엿보이는데, 그것은 인도의 불교가 헬레니즘을 받아들여 간다라 미술Gandhara Art을 탄생시켰고, 신라 불교가 다시 간다라 미술의 영향을 받아 생긴 현상으로, 헬레니즘이 그 당시에 얼마나 강한 영향력을 가졌던가를 짐작하게 하는 사례입니다.

로마 제국의 부흥과 함께 소멸되어 간 헬레니즘 문명은 14~16세기에 다시 한 번 부활하게 됩니다. 5세기 로마 제국의 멸망 이후 시작된 중세 시대가 인간성을 억압한 암흑시대였다고 보고, 고대 그리스·로마의 문화를 이상으로 삼아 야만시대를 극복하려는 노력이 나타난 것입니다. 그것이 바로 문예 부흥 운동, 즉 르네상스Renaissance이지요. 르네상스 시대의 예술 작품에 그리스 신화가 단골 소재로 활용된 것은 그런 까닭에서입니다.

그리스를 여행할 때뿐만 아니라 유럽을 여행할 때 헬레니즘과 그리스 신화에 대한 이해가 꼭 필요한 것은, 수천 년에 걸쳐 그리스 문명이 유럽의 정신세계에 뚜렷한 발자취를 남겼기 때문이랍니다.

헬레니즘과 함께 알아두면 좋은 개념으로 헤브라이즘이 있습니다. 이것은 고대 이스라엘에서 발생한 종교에 바탕을 둔 사상으로, 구약성서의 내용과 밀접한 관련이 있습니다. 예수와 그 제자들에 의해 널리 전파된 기독교 사상도 헤브라이즘의 영향을 받은 것이며, 나중에는 헤브라이즘의 중요한 내용을 이루게 되지요. 헤브라이즘의 핵심은 유일신이 우주를 창조했다고 믿으며, 신의 피조물인 인간은 신에게 절대복종해야 한다고 생각하는 것입니다.

로마 제국이 기독교를 국교로 삼은 이후 유럽은 헤브라이즘의 영향을 강력하게 받았으므로, 유럽의 문화 전반을 이해하기 위해서는 헤브라이즘에 대한 이해가 우선되어야 합니다. 도시마다 있는 기독교 관련 건축물, 기독교의 성인 성녀들, 성서에 기록된 사건과 관련된 예술 작품 등이 모두 헤브라이즘의 결과물인 것입니다. 그것들에 대해 모르면서 유럽을 여행한다는 것은 단순히 풍경을 구경하는 것에 불과합니다. 모르면 제대로 볼 수 없는 것이지요.

간단하게 읽는 그리스 역사

그리스 문명의 발상지인 그리스는 신화, 철학, 예술 등 다양한 분야에서 인류에게 값진 유산을 물려준 나라입니다. 그리스의 역사를 간략하게나마 훑어보는 것이 그리스를 이해하는 데 도움이 될 듯하여 설명합니다.

그리스를 여행하다 보면, 전반적으로 척박한 땅이라는 느낌을 받게 됩니다. 우리나라처럼 나무들이 울창한 숲을 보기 어렵기 때문입니다. 키 작은 올리브나무나 포도나무 등이 자라고 있는 산은 황량한 느낌을 줍니다.

이러한 그리스의 지리적 여건은 식량 자원 생산에 불리하기 때문에, 옛날부터 무역을 통해 문제를 해결하려는 노력이 있었습니다. 즉, 자신들이 생산한 올리브유나 포도주 등을 주변 국가에 팔고, 그 대신 곡물을 수입하는 방식이었지요. 그러기 위해 필수적으로 필요한 것이 항해술이었으며, 교역품을 담기 위한 도기의 생산도 중요했습니다. 또한 외국과의 활발한 교류를 통해 다양한 문화를 수입하고 융합하려는 노력이 나타났는데, 이러한 여러 요인들이 그리스가 수준 높은 문명의 발상지가 되는 데 큰 역할을 했던 것입니다. 지중해 연안에 식민 도시들을 건설할 수

황량한 느낌을 주는 그리스의 산

있었던 바탕에도 교역을 통한 경제적 부유함과 문화적 우수성이 있었을 것입니다.

그리스에서는 BC 6000년경에 신석기 문화가 나타났고, BC 2000년경에는 크레타 섬을 중심으로 크레타 문명이 시작되었습니다. 그리고 BC 1600년경부터는 크레타 문명의 영향을 받은 미케네 문명이 그리스 본토에 나타나 독특한 청동기 문화를 발전시켰지요. 미케네 문명은 그리스 문명의 핵심이 되지만 BC 1100년경에 미케네를 비롯한 대부분의 도시들이 북부에서 내려온 도리아인들에 의해 멸망하고, 그 뒤로 약 300~350년간 그리스는 암흑시대를 보내게 됩니다. 여기서 암흑시대라고 하는 것은 정치적으로 혼란스러운 시절이라는 의미도 있지만, 문자가 없어 기록으로 남아 있는 것이 없기 때문에 그렇게 말하는 것입니다.

그리스가 가장 그리스다운 시대는 아테네와 스파르타 등의 도시국가들이 출현하여 번영을 누리던 무렵입니다. 그리스 땅에는 BC 8세기부터 도시국가들이 세워지면서 문화적인 발전이 이루어지게 되었지요. 이때를 고전 시대라고 합니다. 아테네와 스파르타를 비롯하여 폴리스들이 나타나 서로 경쟁하고 협조하면서 문화를 발전시켰습니다. 아테네에서 비롯된 민주주의 사상은 주변 폴리스로 전파되었으며, 철학, 문학, 연극, 미술 분야도 발전을 거듭하였지요. 지금도 아테네에 남아 있는 아크로폴리스와 파르테논 신전을 비롯한 뛰어난 건축물들이 세워진 것도 바로 이때입니다. 거대 제국 페르시아와 맞서 싸워 승리를 거두면서 자신감과 긍지가 한껏 고양된 것도 이때의 일이지요. 그러나 BC 431~BC 404년의 펠로폰네소스 전쟁으로 각 폴리스들의 역량이 소진되면서 고전 시대는 막을 내리게 됩니다.

고전 시대 이후에 나타나는 것이 헬레니즘 시대입니다. 마케도니아(그리스 북부에 있던 왕국)의 알렉산드로스 대왕이 그리스의 폴리스들을 정복함으로써 그리스는 정치적 독립을 상실합니다. 이런 경우 정복당한 나라와 민족의 문화는 역사의 뒤안길로 사라지는 것이 대부분이지요. 그런데 그리스의 경우는 특이한 현상이 나타납니다. 그리스 고전 문화를 동경했던 알렉산드로스 대왕이 그리스의 문화를 정복 전쟁으로 얻은 나라에 전파시킨 것입니다. 이로써 그리스의 언어와 종교, 문화는 주변 국가의 문화와 결합하면서 더욱 발전하고 내용이 풍성해질 수 있었습니다. 헬레니즘 문화는 그리스의 고유문화라기보다는 세계화·보편화의 가치를 획득한 범오리엔트 문화였던 것입니다.

알렉산드로스 대왕의 갑작스러운 사망으로 정복 전쟁은 멈추고, 그의 제국은 분열의 길로 들어섰지만 그가 씨앗을 뿌린 헬레니즘 문화는 그 이후로도 2~3세기 동안 명맥을 유지하다가 그리스가 로마 제국의 식민지가 되면서 소멸합니다.

로마 제국의 지배를 받게 된 BC 146년부터 그리스는 로마 문화의 영향을 받게 됩니다. 로마는 그리스의 고전 문화를 배척하지 않고 수용하여 독자적으로 발전시켰으며, 그리스는 로마 제국의 우수한 문화를 받아들여 새로운 발전을 이룹니다. 아테네에 로마 제국 시대의 건축물들이 다수 남아 있는 것은 그런 이유 때문입니다. 그리스와 로마의 관계는 약탈적이지 않고 상호보완적이었습니다.

그런데 로마 제국은 4세기 후반에 둘로 나뉘게 됩니다. 라인 강과 다뉴브 강 북쪽에 살던 게르만족이 따뜻한 기후와 기름진 농토를 찾아 남하하면서 서로마 제국이 위기에 빠진 것입니다. 한때는 세계 제국이라고 일컬어지던 로마 제국이었지만, 이 무렵에는 야만족의 약탈 앞에 무기력한 존재로 전락해 버린 것이지요. 그래서 궁여지책으로 나온 방안이 로마 제국을 둘로 나누는 것이었습니다. 기존의 로마 제국은 서로마 제국이라 하고, 현재의 터키 땅인 비잔티움에 새로운 로마 제국의 수도를 둔 것입니다. 그것을 동로마 제국이라고 하지요.

서로마 제국은 마지막 로마인 황제인 로물루스 아우구스툴루스Romulus Augustulus가 폐위당하고 고트족의 오도아케르Odoacer가 이탈리아의 왕으로 즉위함으로써 멸망하게 됩니다.

서로마 제국이 멸망한 뒤 로마 제국의 명맥은 동로마 제국(비잔틴 제국)이 잇게 되었고, 그리스는 동로마 제국의 일부가 되었지요. 이때 그리스는 동로마 제국의 종교인 정교회를 받아들여 현재까지도 그리스 정교회를 고수하고 있습니다.

그리스 정교회는 수백 채의 교회와 풍부한 종교 예술을 남기면서 15세기까지 독자적인 발전을 이루지만, 1453년에 그리스가 이슬람 국가인 오스만 제국의 지배를 받게 되면서 혹독한 시련기를 맞게 됩니다. 형식상 종교의 자유는 인정되었지만, 이슬람교로 개종하면 지배 계층의 특권을 누릴 수 있었던 데 반해, 개종을 거부한 기독교도들은 동로마 제국 시대의 농민이나 봉건제 아래의 농노와 비슷한 생활을 해야 했기 때문입니다. 그럼에도 불구하고 그리스의 기독교도들은 자신의 종교를 굳게 지켜 현재 인구의 98%가 그리스 정교를 믿으며, 이슬람교도는 고작 1.3%라고 합니다.

오스만 제국의 가혹한 지배를 받으면서도 그리스인들은 상업과 외교 분야에서 실질적인 권력을 장악하였고, 끊임없이 독립투쟁을 벌였습니다. 산악 지대를 무대로 게릴라 활동을 벌인 에브조네스는 독립운동의 상징이었지요. 우리가 교대식을 보기 위해 방문하는 신타그마 광장의 근위병들이 입는 옷이 과거 오스만 제국의 지배를 받던 시절에 산악 지역에서 활동하던 저항군 에브조네스Evzones들이 입었던 옷입니다. 가혹한 식민 통치를 받으며 신음하던 그리스인들에게 이들의 끈질긴 저항은 역사의 어두운 터널 끝을 비추는 불빛과도 같았지요. 그리스가 독립한 후 저항군들은 그리스 정규군에 편입되었고, 복장 또한 그대로 유지되었습니다.

결국 1830년에 런던 회의에서 국제적으로 독립을 인정받아 1832년에 정식으로 그리스 왕국이 건국되었고, 바이에른의 왕자 오톤(혹은 오토, Otto)이 초대 국왕으로 즉위합니다. 그러나 독립 후에도 내정의 혼란은 계속되어 국왕의 암살과 강제 퇴위 등이 일어나고 공화정과 왕정이 반복되는 등 정치적으로 어지러운 상황이 지속되었습니다.

알렉산드로스 대왕에게 정복당한 이후로 약 2,000년 동안 로마 제국과 오스만 제국의 통치를 받으며 고통당했던 그리스는 1981년 EU에 가입하여 안정을 찾는 듯하였으나, 최근 경제 위기로 다시 휘청거리는 모습을 보여 안타깝습니다.

1장

아크로폴리스
Akropolis/Acropolis

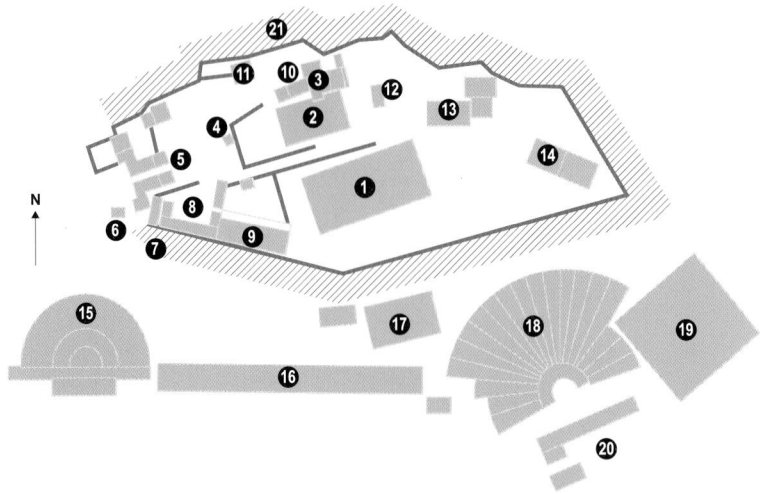

❶ 파르테논 신전 Parthenon
❷ 파르테논 신전 이전에 있었던 아테나 폴리아스 신전 Temple of Athena polias
❸ 에렉테이온 신전 Erechtheion
❹ 아테나 프로마코스('앞장서서 싸우는 아테나') 신상 Statue of Athena Promachos
❺ 프로필라이온 Propylaion
❻ 아테나 니케('승리하는 아테나') 신전 Temple of Athena Nike
❼ 아이게우스(테세우스의 아버지)의 성역 Sanctuary of Aegeus
❽ 아르테미스 브라우로니아('인신공양을 요구하는 아르테미스')의 성역
    Sanctuary of Artemis Brauronia
❾ 칼코테케(청동상 보관소) Chalkotheke
❿ 판드로소스(Pandrosos, 아티카 왕 케크롭스의 세 딸 중 하나)의 성역 Pandroseion
⓫ Arrephoros(아테나 제전을 위해 선발된 소녀들)를 위한 숙소 Arrephorion
⓬ 아테나 폴리아스('도시의 수호신 아테나') 제단 Altar of Athena Polias
⓭ 제우스 폴리에우스('도시의 수호자 제우스')의 성역 Sanctuary of Zeus Polieus
⓮ 판디온(아테나의 왕)의 성역 Sanctuary of Pandion
⓯ 헤로데스 아티쿠스 극장 Odeon of Herodes Atticus
⓰ 에우메네스 주랑 Stoa of Eumenes
⓱ 아스클레피오스의 성역 Sanctuary of Asclepius
⓲ 디오니소스 엘레우테레우스('자유로운 디오니소스') 극장
    Theatre of Dionysus Eleuthereus
⓳ 페리클레스(고대 아테네의 정치가) 극장 Odeon of Pericles
⓴ 디오니소스 엘레우테레우스의 성역 Temenos of Dionysus Eleuthereus
㉑ 아글라우로스(케크롭스의 아내와 딸)의 사당 Aglaureion

서양 문명의 기틀을 마련한 아크로폴리스 ①

아테네를 방문하는 여행자가 가장 먼저 가고 싶은 곳이 어디일까요. 바로 아크로폴리스Acropolis 아닐까요. 아크로폴리스는 서양 문명의 기틀을 마련한 곳이라고 해도 지나치지 않을 정도로 중요한 의미를 갖는 장소이니까요.

아크로폴리스를 한마디로 정의하면 '고대 그리스 도시국가의 심장'입니다. 고대 그리스인들의 신앙의 중심지인 동시에 정치의 중심지였기 때문이지요. 도시국가마다 중심지의 높은 언덕에 아크로폴리스라고 불리는 공간을 가지고 있었는데, 그곳은 '신들의 언덕'이라는 별칭을 가질 정도로 성스러운 곳이었으며, 그리스 문화의 산실이기도 했습니다.

아크로폴리스는 '높은 언덕Acro 위의 도시Polis'라는 뜻으로, 그리스 도시국가들마다 아크로폴리스가 있었으므로 보통명사인 것이 맞지만, 지금은 아테네에 있는 아크로폴리스를 가리키는 고유명사처럼 쓰입니다.

아테네의 아크로폴리스가 언제 조성되었는지는 정확히 알 수 없지만, 대개 미케네 문명 시대인 BC 16세기에서 BC 12세기 무렵에 처음 조성되기 시작했을 것으로 추측합니다.

고대 그리스 도시국가들이 높은 언덕 위에 아크로폴리스를 조성한 까닭은 군사적으로 방어에 유리하기 때문이었습니다. 아테네의 아크로폴리스만 해도 출입구가 있는 서쪽을 제외한 나머지 부분은 모두

60~70m에 이르는 가파른 낭떠러지로 되어 있습니다. 철옹성처럼 단단한 요새라는 것을 알 수 있지요.

한편, 아테네의 아크로폴리스는 BC 8세기 무렵부터 군사적으로뿐만 아니라 종교적으로도 중요한 공간이 됩니다. 아테네의 수호신인 아테나를 위한 신전을 시작으로 여러 신을 위한 신전들을 짓기 시작하면서 신성한 장소로 자리 잡게 된 것입니다. 즉, 아크로폴리스는 아테네 사람들에게 요새要塞이면서 성소聖所이고, 정신적 위안소이면서 마지막 피난처이기도 했습니다.

그렇게 신성하게 여겨지던 아크로폴리스가 철저하게 파괴당하는 사건이 일어납니다. BC 480년에 일어난 제2차 페르시아 전쟁 때 아테네를 점령한 페르시아군에 의해 약탈당하고 불태워진 것입니다. 아크로폴리스의 원래 모습을 찾아볼 수 없는 가장 큰 이유는 그것 때문이지요.

그러나 살라미스 해전Battle of Salamis에서 페르시아 군대를 격파하면서 두 차례의 페르시아 전쟁을 모두 승리로 이끈 아테네 사람들은 자신들의 수호신인 아테나를 위해 더 크고 웅장한 신전을 건축합니다. 당시의 정치가인 페리클레스Pericles가 델로스 동맹국Delian League들의 협조를 받아 아크로폴리스를 새롭게 단장하면서, 아테나 폴리아스 신전이 있던 자리 옆에 기존의 것보다 훨씬 크고 아름다운 새 신전을 세운 것입니다. 거대 제국 페르시아를 물리친 자신감과 아테나 여신에 대한 감사의 마음을 웅장한 파르테논Parthenon 신전 건축으로 표현한 것이지요.

아테네의 영광을 상징하던 아크로폴리스와 파르테논 신전은 그리스가 로마 제국의 지배를 받으면서 수모를 겪기 시작합니다. 유일신교인 기독교를 국교로 정한 로마 제국은 다양한 신들을 숭배하는 그리스 사람들을 우상 숭배자로 몰아 탄압했고, 여러 신에게 봉헌된 신전들을 교

Leo von Klenze '아레오파고스 언덕 너머로 보이는 아크로폴리스'

회 건물로 사용하거나 철거하였습니다.

로마 제국의 지배가 계속되는 동안 그리스 사람들은 동방정교회 Eastern Orthodox/東方正教會를 받아들였으므로 그리스 신화 속의 신들을 더 이상 숭배의 대상으로 여기지 않게 되었는데, 이것도 아크로폴리스에 있던 신전들이 사라지는 원인이 되었습니다.

동로마 제국(비잔틴 제국Byzantium Empire)이 멸망한 뒤 그리스는 이슬람교 를 믿는 오스만 제국Ottoman Empire의 지배를 받는 신세가 되었고, 신전 들은 이슬람 사원이나 군사령부, 혹은 화약 창고 등으로 이용되기도 했 는데, 파르테논 신전은 화약 창고 신세로 전락했지요.

1687년에는 베네치아 군대가 오스만 제국의 군대를 공격하기 위해 쏜 대포가 파르테논 신전에 떨어지는 바람에 큰 폭발이 일어나 파르테논 신전의 지붕이 날아갔습니다. 48시간 동안 화재가 계속되어 아크로폴리 스 안의 건물들이 대부분 파괴되었고, 이것은 페르시아군의 파괴와 약 탈에 이은 두 번째 참사로 아크로폴리스가 원형을 알아보기 어려울 정 도로 훼손된 중요한 이유가 되었습니다.

고대 그리스 건축을 이해하기 위한 용어 해설

앞으로 파르테논 신전을 비롯한 아테네의 고대 그리스 건축물을 설명하다 보면, 아무래도 건물의 각 부분을 가리키는 건축 용어들이 많이 나올 것입니다. 그런데 이 말들이 우리에게는 생소한 것이어서 글의 내용을 이해하는 데 방해가 될지도 모르겠습니다. 그래서 먼저 건축 용어를 설명한 다음 본격적인 내용 설명으로 들어가고자 합니다.

도리아식 건축의 대표적 사례인 파르테논 신전을 예로 들어 보면 다음과 같습니다.

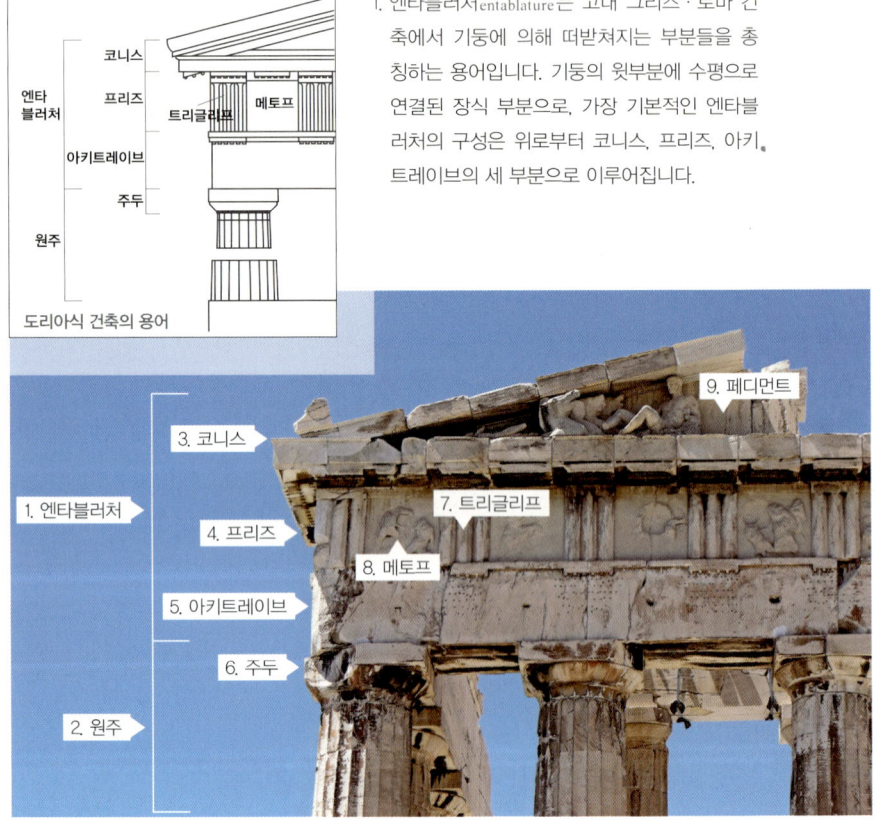

도리아식 건축의 용어

1. 엔타블러처entablature는 고대 그리스·로마 건축에서 기둥에 의해 떠받쳐지는 부분들을 총칭하는 용어입니다. 기둥의 윗부분에 수평으로 연결된 장식 부분으로, 가장 기본적인 엔타블러처의 구성은 위로부터 코니스, 프리즈, 아키트레이브의 세 부분으로 이루어집니다.

9. 페디먼트
3. 코니스
7. 트리글리프
1. 엔타블러처
4. 프리즈
8. 메토프
5. 아키트레이브
6. 주두
2. 원주

파르테논 신전의 예

2. 원주圓柱/column는 원통형에 가까운 모양을 하고 직립해 있는 건축물의 기둥을 말합니다. 대개 주초柱礎(기둥 밑에 괴는 돌), 주신柱身(기둥의 몸체), 주두柱頭(기둥머리)로 이루어집니다.

3. 코니스cornice는 엔타블러처의 가장 윗부분으로 우리나라 건축의 처마에 해당하며, 빗물이 벽면에 닿지 않도록 하기 위해 약간 돌출된 부분입니다.

4. 프리즈frieze는 아키트레이브와 코니스 사이의 공간으로, 도리아 양식에서는 트리글리프와 메토프로 구성됩니다.

5. 아키트레이브Architrave는 고전건축에서 기둥들 위에 얹는 수평의 대들보를 말합니다. 그 위에 프리즈와 코니스가 놓이게 되지요.

6. 주두柱頭/capital는 원주의 윗부분(기둥머리)을 말하며, 서양 건축에서 가장 많이 쓰이는 도리아식, 이오니아식, 코린트식 주두 양식은 고대 그리스에서 처음 고안되었습니다.

7. 트리글리프triglyph는 도리아 양식의 프리즈에서 세로로 세 줄의 홈이 새겨진 부분을 말하며, 트리글리프 사이에 메토프가 들어갑니다.

8. 메토프metope는 도리아 양식의 프리즈에서 두 개의 트리글리프 사이에 위치한 사각형의 패널을 말하며, '소간벽小間壁'이라고도 합니다. 본래 아무 장식 없이 비어 있는 공간이었으나 그리스 건축에서부터 종종 채색화나 부조 조각으로 장식되기 시작했고, 파르테논 신전의 메토프 조각이 가장 유명합니다.

9. 페디먼트pediment는 경사진 지붕의 양쪽 끝 부분에 만들어진 지붕면을 따라 만들어진 삼각형 모양의 공간으로, 우리나라 건축물의 박공牔栱과 유사한 개념입니다. 페디먼트에는 조각품을 설치하는 예가 많았는데, 파르테논 신전이 대표적인 예입니다. 고전 건축을 모방한 현대 건축물에서도 페디먼트 장식을 볼 수 있는데, 대영박물관의 경우가 그에 해당합니다.

대영박물관의 페디먼트 조각 장식

아크로폴리스 파르테논 신전의 각 부분

페디먼트

엔타블러처와 코니스 | 아키트레이브

프리즈(트리글리프와 메토프)

원주와 주두

마지막으로 그리스 건축의 주두 양식에 대한 설명을 덧붙입니다. 대개 도리아식, 이오니아식, 코린트식으로 나뉘며 각각의 특징은 다음과 같습니다.

도리아식Doric order은 세 양식 중에서 가장 오래된 것으로, 주로 도리스Doris(도리아)인이 남하하여 살던 펠로폰네소스 반도에서 시작되었습니다. 간소하고 장중하여 남성적인 느낌을 주는 도리아식은 주두 부분이 물대접 모양을 하고 있습니다. 아테네에서는 파르테논 신전과 헤파이스토스 신전이 대표적인 도리아식 건물이지요.

파르테논 신전 도리아식 기둥　　　　　　　　헤파이스토스 신전 도리아식 기둥

이오니아식Ionic order은 BC 7세기 초부터 소아시아의 에게 해 연안에 거주하던 이오니아인 사이에서 발달하여, BC 6세기 이후 아테네를 비롯한 그리스 전역에 전파된 건축 양식입니다. 도리아식이 간소하고 중후하여 남성적인 데 반하여, 이오니아식은 오리엔트 세계의 영향을 받아서 여성적인 경쾌함과 우아함을 특징으로 합니다. 아크로폴리스에 있는 에렉테이온 신전과 아테나 니케 신전에서 이오니아식 주두의 특징을 살펴볼 수 있지요.

에렉테이온 신전 이오니아식 기둥　　　　　　아테나 니케 신전 이오니아식 기둥

헬레니즘 미술에서 나타난 화려한 장식적 특징을 코린트 양식Corinthian order이라고 하는데, 코린트는 교역으로 번성한 지중해 연안의 도시입니다. 아칸서스 잎을 묶은 듯한 모양의 주두柱頭가 특징이며, 전반적으로 건축물에 화려한 장식이 많이 사용되었습니다. 아테네에서는 하드리아누스 도서관과 제우스 신전에서 코린트식 기둥을 볼 수 있습니다.

하드리아누스 도서관 코린트식 기둥   제우스 신전 코린트식 기둥

프로필라이온 ②
Propylaion/Propylaea

프로필라이온(복수형은 프로필라이아propylaia)이란, 고대 그리스 신전 입구에 세운 문을 말합니다. 그리스에서는 BC 6세기경부터 신전 입구에 장엄한 분위기를 자아내는 문을 세워 권위를 높이려는 풍조가 있었습니다. 시간이 지나면서 아고라나 김나지움의 입구에도 프로필라이온을 세워 장식하는 일이 있었다고 합니다. 그러니까 프로필라이온이란 말은 고유명사가 아닌 보통명사인 것입니다. 그 가운데 아크로폴리스의 정문인 프로필라이온이 가장 유명하지요.

프로필라이온

뵐레 문을 통과한 후 프로필라이온 쪽에서 내려다본 뵐레 문 　프로필라이온의 중앙 통로와 좁은 통로

프로필라이온은 현재 아크로폴리스 입구로 이용하는 뵐레 문Beulé
Gate 을 통과하면 만나게 되는데, 뵐레 문은 로마 시대에 외세의 침략에
대비하여 만든 방어용 성벽의 일부라고 합니다.

뵐레 문을 지나 계단을 올라가면 웅장한 고대 건축물이 위용을 뽐냅
니다. 이름은 프로필라이온, 즉 '신전의 정문'인데, 막상 보면 문이라기보
다는 이것 자체가 하나의 중요한 신전처럼 여겨집니다.

프로필라이온은 신들의 세상과 인간들의 세상을 가르는 기준이 된다
는 점에서 불교 사찰의 일주문一柱門(사찰의 첫 번째 문)과 비슷한 의미를
갖는다고 할 수 있습니다. 아마도 고대 그리스 사람들은 신전을 찾을 때
면 자연스럽게 프로필라이온 앞에서 몸과 마음을 단정히 한 다음 발걸
음을 떼었을 것입니다. 그곳을 통과한다는 것은 곧 신들의 세상에 들어
선다는 의미이니까요.

그래서인지 아크로폴리스의 프로필라이온의 경우는 중앙 기둥들 사
이로 난 길은 신성한 행렬만이 지날 수 있었고, 일반인들은 중앙 통로
옆으로 난 좁은 문들을 통해 지나다녔다고 합니다.

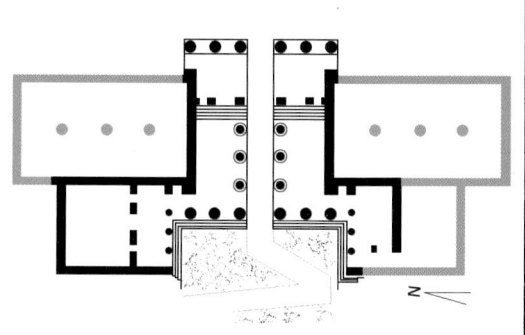

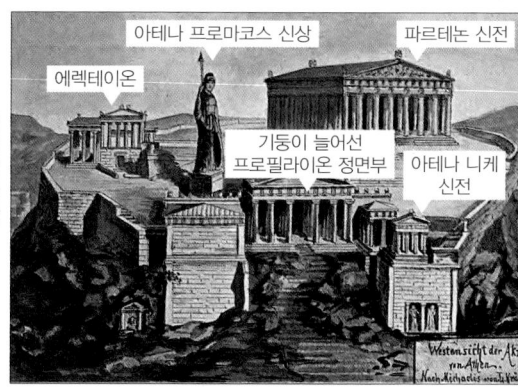

프로필라이온 평면도(진한 부분이 현재 남아있는 벽과 기둥임)   Karl Hachtmann '페리클레스 시대의 아크로폴리스'

프로필라이온은 아크로폴리스 서쪽에 세워진 유일한 문으로, 페리클레스 시대의 건축가 므네시클레스Mnesicles가 BC 437~BC 431년에 공사를 시작했으나 펠로폰네소스 전쟁이 일어나면서 중단된 뒤 미완성으로 남았다고 합니다. 현재는 많이 파괴되어 원래의 모습을 상상하기 어렵지만, 원래는 여러 채의 신전과 보물 창고 등으로 이루어진 건물군建物群이었다고 합니다.

고대 아테네 당시의 아크로폴리스를 재현해 그린 그림을 보면서, 그 모습을 가늠해 보시기 바랍니다. 지그재그로 만든 계단과 여섯 개의 도리아식 기둥이 일렬로 늘어서 있는 건물 정면부, 신성한 행렬만이 통과할 수 있었다는 이오니아식 기둥이 서 있는 중앙 통로 등을 그림과 비교하면서 보세요. 그 밖의 공간들은 신전이나 보물 창고로 쓰이던 곳 같습니다. 아테나 니케 신전은 그중의 하나이지요.

(뷜레 문은 2~4세기에 지어졌기 때문에 페리클레스 시대 – 페리클레스가 지배한 시대(BC 495~BC 429년) – 의 아크로폴리스 그림에는 보이지 않습니다.)

아그리파의 동상을 세웠던 좌대(왼쪽)

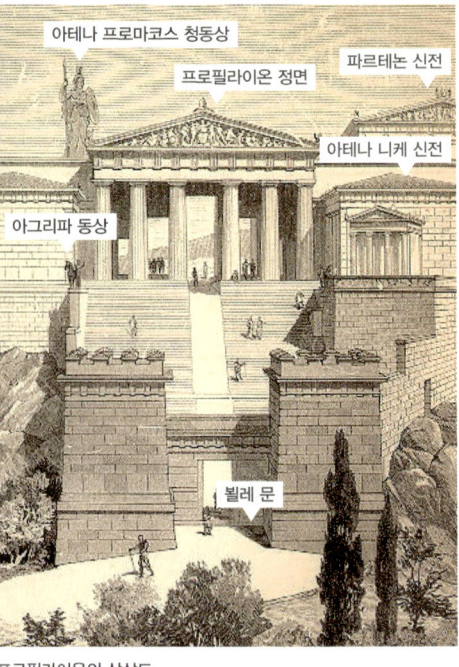

아테나 프로마코스 청동상

프로필라이온 정면

파르테논 신전

아테나 니케 신전

아그리파 동상

뵐레 문

프로필라이온의 상상도

프로필라이온의 왼쪽 회랑 아래 쪽에는 높다란 사각 구조물이 우뚝 서 있는데, 지금은 비어 있지만 원래 이곳에는 전차를 탄 로마의 장군 마르쿠스 비프사니우스 아그리파Marcus Vipsanius Agrippa(BC 62~BC 12)의 동상이 있었다고 합니다.

프로필라이온의 옛 모습을 그린 그림에서 아그리파의 동상을 희미하게나마 찾아볼 수 있습니다.

아그리파는 미술 시간에 데생 연습할 때 보게 되는 석고상 중의 하나인 아그리파상의 모델이 된 인물로, 아우구스투스Augustus(카이사르의 후계자로 실질적인 로마 제국의 초대 황제)의 정치적 조력자이자 군인으로 명망이 높았습니다. 아마도 로마 제국 시절에 그를 그리스 신화 속 인물에 버금가는 존재로 부각시키는 것이 로마 제국의 위상을 높이는 길이라고 생각하여 그의 동상을 프로필라이온 앞에다 세우지 않았을까 싶습니다. 그런 속셈을 아테네 시민들도 알았기에 로마 제국이 멸망한 뒤 그의 동상을 파괴했겠지요. 아테네 시민들에게 신성한 아테나 여신의 영역을 침범하여 방자하게 서 있는 로마의 장군을 봐야 하는 것은 참을 수 없는 모욕이었을 테니까요.

19세기의 기록 사진을 보면 프로필라이온은 보호의 손길이 전혀 닿지 않은 듯 보입니다. 이 무렵의 그리스는 비록 독립은 했지만 오스만 제국의 지배 아래 암흑기를 보낸 후라서 문화재 보호에 신경을 쓰지 못했기 때문으로 보입니다. 그래도 지금은 유네스코 세계 문화유산으로 지정되어 보호를 받을 수 있게 되었으니 그나마 다행이라고 하겠습니다.

Félix Bonfils(1831~1885) '프로필라이온'

펠로폰네소스 전쟁

펠로폰네소스 전쟁Peloponnesian War은 BC 431~BC 403년에 아테네와 스파르타가 각각 자기 편 동맹 도시同盟都市들을 거느리고 싸운 전쟁으로, 스파르타의 승리로 끝나긴 했지만 고대 그리스가 쇠망하는 원인이 되었습니다.

펠로폰네소스 전쟁이 일어나기 전, 고대 그리스 도시국가들은 페르시아 제국과의 전쟁을 두 차례에 걸쳐 치렀습니다. 페르시아 제국이 워낙 강대국이었기 때문에, 그리스 도시국가들은 살아남기 위해서 하나로 똘똘 뭉쳐 적을 물리칠 수밖에 없었습니다. 제2차 페르시아 전쟁 때는 스파르타의 레오니다스Leonidas 왕이 300명의 결사대를 이끌고 테르모필레에서 페르시아의 백만 대군과 맞서다 전원 몰살당하는 비장한 전투가 있었지요. 이들은 페르시아군이 아테네로 진군하는 것을 막으려고 목숨을 바쳤으니, 이때까지만 해도 아테네와 스파르타는 공동의 적 앞에서 하나로 단결하는 동맹국이었던 것입니다.

그러나 페르시아 전쟁이 그리스 도시국가들의 승리로 끝난 뒤 분열이 생기기 시작합니다. 아테네가 승리의 주역으로서 강력한 영향력을 독점하려고 하면서 다른 도시국가들이 반발하게 되는 것입니다.

아테네는 페르시아 전쟁 후인 BC 478~BC 477년에 아리스티데스Aristeides(아테네의 정치가)의 주도 아래 델로스 동맹Delian League을 결성합니다. 페르시아의 침략에 맞서기 위해 힘을 모으고 페르시아의 지배 아래 있는 그리스 도시국가들을 독립시킨다는 명분을 내세웠는데, 에게해Aegean Sea 주변의 도시국가들이 주요 동맹국이었습니다.

델로스 동맹이란 이름에서 알 수 있다시피, 처음에는 본부 및 동맹 기금을 관리하는 금고가 델로스 섬에 있었습니다. 델로스 섬은 태양신 아폴론과 달의 여신 아르테미스가 태어났다고 전해지는 키클라데스Cyclades 제도의 가장 작은 섬으로, 동맹국들이 평등한 의무와 권리를 가진다는 상징적인 의미로 적격인 곳이었지요.

그러나 델로스 동맹체의 맹주 역할을 하려 드는 아테네가 독단적인 결정으로 본부와 금고를 자신들의 도시로 옮겨버리자 다른 동맹국들이 불만을 품게 되었습니다. 델로스 동맹은 처음의 취지와는 달리 아테네의 번영을 위해 다른 동맹국들이 들러리를 서는 것처럼 성격이 변질되어버린 것입니다.

한편, 펠로폰네소스 반도Peloponnesos Peninsula(그리스 남쪽에 위치한 반도로 코린트 지협에 의해 본토와 연결됨)에 위치한 강력한 도시국가인 스파르타Sparta는 BC 6세기에 이미 주변 국가들과 군사 동맹을 맺고 있었는데, 이를 펠로폰네소스 동맹Peloponnesian League이라고 합니다. 펠로폰네소스 동맹의 좌장 역할은 가장 국력이 강한 스파르타의 차지여서, 전장戰場에서의 동맹군 지휘와 동맹회의의 소집권을 갖고 있었지요.

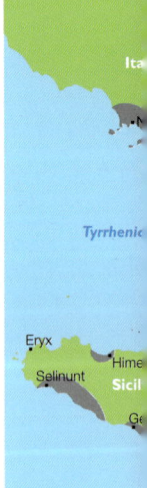

델로스 동맹 안에서 아테네의 횡포에 대한 불만이 높아갈 즈음, 스파르타는 아테네의 번영을 질시의 눈으로 바라보고 있었습니다. 그러던 차에 케르키라Kérkyra(그리스 본토의 북서쪽에 위치한 도시국가)와 코린트Corinth 사이에 분쟁이 일어났습니다. 코린트는 펠로폰네소스 반도에 위치한 도시국가로서 펠로폰네소스 동맹의 일원이었지요.

그런데 케르키라와 코린트의 분쟁에 아테네가 케르키라 편을 든 것입니다. 코린트로서는 아테네의 독주로 인해 해상무역으로 번영을 누리는 자신들의 입지가 좁아질 것을 우려하던 차에 생긴 일이었으므로 그냥 넘어갈 수 없었습니다. 그래서 펠로폰네소스 동맹에 아테네를 제압하자고 호소하였고, 스파르타 또한 아테네의 독주를 그냥 두고 볼 수 없었으므로 전쟁에 돌입하게 됩니다.

약 30년에 걸친 펠로폰네소스 전쟁은 일진일퇴를 거듭한 끝에 펠로폰네소스 동맹의 승리로 끝납니다. 델로스 동맹이 아테네의 독주로 인해 불만이 높아진 때라 단결력이 느슨해진 반면, 군사 강국 스파르타를 중심으로 단결한 펠로폰네소스 동맹은 힘이 하나로 모일 수 있었기 때문입니다.

결국 패전으로 인해 델로스 동맹은 해체되고, 아테네는 약소국으로 전락합니다. 그러나 승자인 스파르타도 번영의 열매는 따지 못하고 역사에서 사라지고 맙니다. 패전국 아테네가 명맥은 유지한 반면, 승전국 스파르타가 먼저 멸망하여 역사에서 사라진 것은 아이러니한 일입니다.

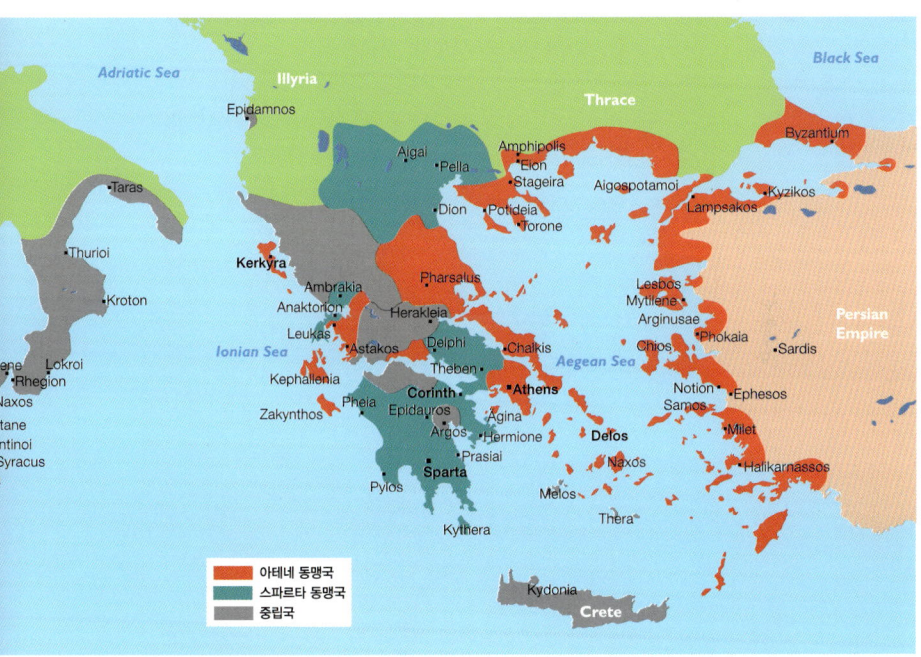

펠로폰네소스 전쟁 당시의 동맹국 지도(붉은색이 델로스 동맹, 푸른색이 펠로폰네소스 동맹)

Philipp Foltz '펠로폰네소스 전쟁에서 전사한 사람들을 위해 추도 연설하는 페리클레스'

펠로폰네소스 전쟁은 고대 그리스를 뒤흔든 최악의 전쟁이었습니다. 승자도 패자도 막대한 피해를 입었으며, 결국 그리스 전체의 황폐화를 부른 어리석은 전쟁이었던 것입니다.

아테나 니케 신전 ③
Temple of Athena Nike

프로필라이온을 지나면서도 오른쪽에 서 있는 아테나 니케 신전 Temple of Athena Nike은 못 보고 지나칠 수 있습니다. 특별히 관심을 갖고 보지 않으면 모르고 지나칠 정도로 아테나 니케 신전의 규모가 작기 때문입니다. 아크로폴리스에 있는 건물 중에서 가장 작은 규모입니다.

그러나 크기와 중요도가 항상 정비례하는 것은 아니지요. 아테네 사람들에게는 조촐한 규모의 이 신전이야말로 무엇과도 바꿀 수 없는 소

아테나 니케 신전

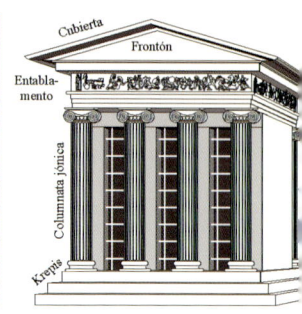

'아테나 니케 신전 부조' 원본
(아크로폴리스박물관)

아테나 니케 신전에 복원하여 붙인 부조

아테나 니케 신전의 원형(추정)

중하고 자부심 넘치는 존재였습니다. 왜냐하면 아테네가 대제국인 페르시아를 상대로 치른 두 차례의 전쟁에서 승리한 후, 그것을 기념하여 세웠기 때문입니다.

높이 4.66m의 이오니아식 기둥들이 떠받치고 있는 프리즈Frieze를 보면 동쪽 면에 아테나를 비롯해 제우스, 포세이돈, 아프로디테, 에로스, 데메테르 등 올림포스 신들이 새겨져 있었고, 나머지 세 면에는 페르시아 전쟁에서의 전투 장면이 묘사돼 있었던 흔적을 찾아볼 수 있습니다. 그러나 원본은 대부분 떨어져 나갔으며, 일부는 대영박물관에, 그리고 일부는 아크로폴리스박물관에 전시되어 있습니다. 현재 아테나 니케 신전의 프리즈에 붙어 있는 부조는 복원한 것입니다.

아테나 니케 신전의 원래 모습을 그린 그림을 보아도 프리즈에 부조들이 빼곡히 들어찬 것을 알 수 있습니다.

이 신전은 흔히 '니케 신전'이라고 불리기 때문에 승리의 여신 니케Nike를 위한 신전으로 오해하기 쉬운데, 원래의 이름은 '아테나 니케 신전'으로 '승리를 가져오는 아테나 여신을 위한 신전'이란 뜻입니다. '니케'는 승리의 여신이라는 독립된 신을 가리키기도 하지만, 승리 그 자체를 뜻하는 말이기도 한 것입니다. 즉 이 신전은 아테네의 수호신이자 전쟁의 여신이면서 페르시아와의 전쟁을 승리로 이끌어준 아테나에게 감사하기 위해 봉헌한 것입니다.

이 아담한 신전의 설계는 파르테논 신전 건축가의 한 사람인 칼리크라테스Callicrates, Kallikrate가 담당하였으며, BC 427년경에 공사가 시작되어 BC 424년경에 완성되었습니다.

그러나 전쟁에서의 승리를 주관하는 아테나에게 봉헌된 신전이라서인지, 외적의 침입이 있을 때마다 파괴당하는 운명을 피할 수 없었습니다. 상대국 입장에서는 아테네의 수호신인 아테나야말로 제일 먼저 타도해야 할 대상이었을 테니까요.

19세기에 그려진 그림을 보면 신전의 프리즈 윗부분이 다 사라진 것을 알 수 있습니다. 현재 복원 중인 모습과 비교하면, 그 차이가 분명히 드러납니다.

Werner Carl-Friedrich '북동쪽에서 바라본 아테나 니케 신전'

이 신전을 '니케 아프테로스Nike Apteros(날개 없는 니케) 신전'이라고 부르는 경우도 있습니다. 2세기 무렵의 그리스 여행가인 파우사니아스Pausanias가 '아테네 사람들이 니케가 날아가지 못하도록 날개를 자른 뒤 이 신전에 안치했다.'는 설을 전하면서 유래된 말인데, 이 말이 사실이라면 이 신전이 니케에게 바쳐진 것이라는 주장도 일리가 있어 보입니다. 그러나 이 신전은 아테나에게 봉헌된 것이라는 설이 더 설득력이 있답니다. 어쩌면 니케가 아테나를 수행하는 역할을 했으므로, 두 신을 함께 기리는 것으로 봐도 될 듯합니다.

그렇다면 아테나와 니케는 어떤 관계일까요?

니케는 티탄Titan 신에 속하는 신입니다. 아버지가 티탄 신의 일족인 팔라스Pallas이고, 어머니 또한 티탄 신인 스틱스Styx이니까요. 태곳적에 신들의 세상에서 큰 전쟁이 일어났는데, 제우스가 중심이 된 올림포스 신들과 그들의 조상에 해당하는 티탄 신들이 맞붙은 것입니다. 이 전쟁을 티타노마키아Titanomachia(티탄들과의 싸움)라고 합니다.

전쟁은 올림포스 신들의 승리로 끝났고, 티탄 신들은 대부분 신화 속에서 사라져 갔습니다. 그러나 니케와 그녀의 어머니 스틱스는 살아남았습니다. 그것도 매우 명예롭게 살아남을 수 있었는데, 왜냐하면 스틱스와 니케가 올림포스 신들 편에 서서 싸웠기 때문입니다. 니케는 제우스의 마차를 몰며 전장戰場을 누볐다고 합니다. 마차를 모는 위풍당당한 니케의 이미지는 이때 만들어진 것입니다.

밀라노 고고학박물관 '마차를 모는 니케'

전쟁이 끝난 뒤, 제우스는 스튁스와 니케에게 고마움을 표하며 니케에게는 '승리의 여신'이란 명예로운 역할을 맡겼습니다. 그 이후로 승리를 염원하는 자리에는 항상 그녀가 초대받게 된 것입니다. 전쟁이 잦았던 시절에 니케만큼 사람들의 환심을 산 신도 없었을 것입니다. 그녀가 눈길만 주어도 승리의 징조라며 사람들이 감격스러워 했으니까요.

그렇기 때문에 니케는 유럽을 여행하다 보면 박물관과 미술관에서 자주 볼 수 있습니다. 아테네의 박물관들에서도 여러 번 만나게 될 것입니다.

니케가 가장 아름답게 표현된 작품으로는 루브르 박물관에 소장된 '사모트라케 섬의 니케'가 첫손가락에 꼽힙니다. 비록 머리 부분은 사라지고 없지만, 두 날개를 활짝 펴고 당당하게 서 있는 자세는 전쟁에서의 승리를 좌우하는 그녀의 위상을 잘 나타내 주고 있습니다.

루브르박물관 '사모트라케 섬의 니케'

니케의 어머니인 스튁스는 또 다른 형태로 명예를 거머쥐었습니다. 제우스가 스튁스의 이름을 걸고 한 맹세는 절대로 어길 수 없도록 못 박았기 때문입니다. 제우스 자신조차도 그 불문율 때문에 사랑하는 여인을 잃어야 했을 정도로 그것은 확고한 원칙이었습니다.

루브르박물관 '말을 모는 아테나와 그녀의 손에 들린 니케'

그런데 니케는 아테나와 함께 있을 때는 아테나에 종속되는 지위를 갖습니다. 아테나의 손 위에 올려진 작은 존재로 표현되는 것입니다.

그것은 아마도 올림포스 신들의 세상이 되었기 때문에 제우스의 딸이며 전쟁의 신인 아테나가 전쟁의 승리를 주관하는 으뜸 신의 자리를 차지했고, 티탄 신족이었던 니케는 아테나를 수행하는 역할에 만족해야 했던 것으로 보입니다. 니케로서는 아테나보다 신격이 낮은 것을 감수해야만 했던 것이지요.

아테나 니케 신전에 니케상이 있었다면, 신전 자체가 니케에게 봉헌된 것이라기보다는 아테나를 수행하는 신이기 때문에 함께 모신 것이 아닐까 싶습니다. 아테네 사람들로서는 아테나를 모시면서 그녀의 수행신인 니케를 옆에다 세워두는 것은 당연한 일로 여겨졌을 테니까요.

파리 알렉산더 3세 다리   하이델베르크 대학교 '아테나와 니케'   파리 방돔 광장의 나폴레옹 상
'아테나와 니케'

　　비록 니케가 아테나보다는 한 등급 낮은 신분이라지만, 그래도 국가끼리 명운을 걸고 치르는 전쟁에서 승패를 가르는 중요한 역할을 한다는 사실을 감안하면 숭배의 대상이 되는 것은 너무나 당연합니다. 그런데 그런 니케를 감히 인간으로서 손에 들고 있는 사람이 있습니다. 역사 이래로 그런 오만방자한 짓(?)을 한 사람은 바로 이 사람, 오직 나폴레옹뿐이 아닐까 생각합니다. 파리 방돔 광장Place Vendôme 중앙의 원기둥 위에 서 있는 나폴레옹의 손에 들린 것이 바로 니케입니다. 전쟁마다 승리를 거두다 보니 나폴레옹은 자신이 전쟁의 신인 아테나와 같은 반열에 들었다고 생각했나 봅니다. 그러나 그 뒤로 전쟁에 패하고 세인트헬레나 섬으로 유배 가서 쓸쓸하게 죽은 것은, 아테나의 노여움을 산 까닭은 아닐까 하는 생각이 든답니다.

아테네와 페르시아 제국의 전쟁

아테나 니케 신전은 아테네가 페르시아 제국과의 두 차례 전쟁을 승리로 이끈 후, 그 공을 아테나 여신에게 돌리며 세운 신전입니다. 아테네 사람들에게 그 승리는 믿을 수 없을 만큼 자랑스럽고 기적적인 사건이었기 때문에 어떤 식으로든 기념비를 세워야 했습니다.

비단 아테나 니케 신전에서뿐만 아니라 그리스를 여행하다 보면 페르시아 전쟁에 대한 이야기를 자주 들을 수 있습니다. 이 책에서도 여러 차례 나오게 될 것입니다. 그렇다면 페르시아 전쟁이란 어떤 역사적 사건을 가리키는 말일까요. 그리고 그 전쟁은 아테네에 어떤 영향을 미쳤을까요. 그에 대해 알아봅시다.

페르시아 전쟁 당시의 페르시아 제국 영토

페르시아 전쟁 당시의 그리스 폴리스 분포 지도

페르시아에 적대적인 그리스 지역
그리스 중립국
페르시아 제국
페르시아 속국

고대 그리스 역사에서 가장 유명하고도 중요한 전쟁이었던 두 차례의 페르시아 전쟁Greco-Persian Wars은 BC 490년(제1차 페르시아 전쟁)과 BC 480~BC 479년(제2차 페르시아 전쟁)에 일어났습니다. 어른(페르시아 제국)과 아이(아테네를 비롯한 폴리스 연합)의 싸움과 같았던 이 전쟁은 왜 일어났을까요.

먼저, 그 무렵 페르시아의 영토를 확인하여 봅시다.

그리고 아테네의 영토도 함께 확인하여 봅시다. 페르시아 전쟁 당시 그리스에는 수백 개의 폴리스(도시국가)가 있었던 것으로 보입니다. 아테네는 그중의 하나였지요.

지도상으로 볼 때, 페르시아 제국과 아테네(비록 다른 폴리스의 지원을 약간 받았다고는 하지만)의 전쟁은 누가 보더라도 결과가 뻔한 것이었습니다. 그런 무모한 전쟁을 아테네는 왜 했을까요.

페르시아 전쟁은 지중해의 패권을 차지하기 위한 전쟁이었다고 할 수 있습니다. 아테네를 비롯한 그리스 폴리스들은 지중해 연안에 식민지를 건설하고, 폴리스와 식민지 사이의 무역을 통해 번영을 누렸습니다. 그런데 지금의 이란 땅에서 시작하여 점차 세력을 키운 페르시아 제국이 지중해로의 진출을 꾀한 것입니다.

먼저 페르시아는 소아시아 연안(지금의 터키 서부 지역)에 있던 이오니아를 점령합니다. 이오니아는 그리스 신화에 따르면 태양신 아폴론과 아테네의 왕녀 크레우사Creusa 사이에서 태어난 이온Ion이 세운 나라로, 아테네와는 매우 밀접한 관계였습니다. 그런 이오니아가 페르시아의 손에 넘어갔으니 아테네로서는 타격이 큰 일이었지요. 게다가 이오니아 지방은 에게 해를 사이에 두고 아테네와 마주보고 있기 때문에 더욱 위협적인 상황이었습니다.

그런데 페르시아의 가혹한 지배에 반발하여 이오니아에서 반란이 일어난 것입니다. BC 499～BC 493년의 일이지요. 아테네는 이오니아의 구원 요청을 받아들여 신속히 군대를 파견했습니다. 그러나 페르시아 제국의 막강한 군사력 앞에 이오니아의 반란은 찻잔 속의 태풍으로 끝나고, 그 여파가 아테네로 몰아닥친 것입니다.

페르시아 제국의 다리우스 1세Darius I는 아테네를 공격하기로 결정합니다. 이오니아의 배후를 초토화시킴으로써 반란이 일어날 여지를 남기지 않겠다는 계산과, 지중해로 진출하기 위해서는 방해가 되는 요소를 미리 정리해야 한다는 계산이 모두 작용한 것입니다.

이때 두 진영이 맞붙어 싸운 곳이 유명한 마라톤Marathon 평원입니다. 당시 페르시아의 군대는 약 20만～50만 명으로 추산되고, 아테네는 1만 명(프라타이아의 지원군 800명 별도)으로 이루어졌다고 봅니다. 객관적인 전력으로 볼 때 도저히 상대가 될 것 같지 않았던 첫 번째 전투에서 기적처럼 아테네는 승리를 거둡니다. 이긴 쪽도, 진 쪽도 믿을 수 없는 이상한 승리였지요. 페르시아 군대가 자만심에 사로잡혀 있었던 반면, 아테네 군대는 배수진을 치고 필사적으로 전투에 임

마라톤 전투의 승리를 알리고 쓰러진 전령

마라톤 전투의 승리를 기념하는 기념비
(마라톤 평원)

한 것이 승패를 가르지 않았나 싶습니다. 어쨌든 BC 490년의 제1차 페르시아 전쟁은 아테네의 승리로 돌아갑니다.

이런 치욕스런 패배를 당하고 페르시아가 가만히 있을 리 없습니다.
다리우스 1세의 뒤를 이어 왕위에 오른 크세르크세스 1세Xerxes I는 대규모 원정군을 조직하여 아테네를 정벌하기 위해 출발합니다. 제1차 페르시아 전쟁이 끝난 후 10년이 지난 BC 480년의 일입니다.
그는 1차 전쟁에서의 패배를 거울삼아 철저히 준비합니다. 페르시아가 동원할 수 있는 모든 군사와 물자를 모아 진군하였는데, 그러다 보니 이동에 시간이 너무 많이 걸려 아테네에게 전쟁에 대비할 시간을 벌어준 셈이 되었습니다. 그래도 워낙 대규모의 군사였기에 그는 아테네 사람들이 겁을 먹고 곧 항복할 것이라고 생각했습니다. 그러나 아테네는 이미 전쟁에 대비해 30개의 폴리스로 연합군을 결성했으며, 스파르타가 육군을, 아테네가 해군을 지휘하는 것으로 짜임새 있는 전쟁 준비를 마친 뒤였습니다. 그리스 연합군은 비록 페르시아 대군에 비해 숫자는 열세였지만 용맹스러웠고 투지가 살아있었지요.
스파르타의 용맹스러운 왕 레오니다스 1세Leonidas I가 300명의 정예병을 이끌고 테르모필레에서 페르시아의 100만 대군과 맞선 일Battle of Thermopylae은 잘 알려져 있습니다. 2007년에 제작된 할리우드 영화 '300'은 바로 그 일을 소재로 삼은 것입니다. 스파르타의 결사대는 예상을 뒤엎고 페르시아의 대군을 한동안 저지하지만 밀고자에 의해 페르시아군에게 정보가 새어나가 결국 저지선이 무너지고, 정예병으로 구성된 300명의 결사대는 몰살당합니다.

테르모필레가 무너지자 페르시아군은 아무런 저항도 받지 않고 아테네까지 진군합니다. 소식을

레오니다스 1세   Jacques-Louis David '테르모필레의 레오니다스'

Wilhelm von Kaulbach '살라미스 해전'

들은 아테네 사람들이 작전상 후퇴를 택했기 때문에 페르시아군이 도착했을 때는 아테네 전체가 텅 빈 상태였습니다. 아테네는 이때 철저히 약탈당하는데, 특히 아크로폴리스는 집중적으로 파괴당했습니다. 아테네 사람들에게 그곳이 얼마나 신성하고 중요한 곳인지를 알고 있던 페르시아군이 의도적으로 파괴했기 때문입니다.

아테네군과 페르시아군이 다시 맞붙은 곳이 살라미스 해협으로, 이 전투를 살라미스 해전Battle of Salamis이라고 합니다. 살라미스는 해협이 아주 좁아 가볍고 작은 그리스 함선에 유리한 곳이었습니다. 아테네의 명장 테미스토클레스Themistocles는 페르시아군을 유인하기 위해 거짓 정보를 흘렸고, 거기에 넘어간 페르시아군은 살라미스 해협으로 몰려듭니다. 그러나 그들은 그곳의 지형에 대해 알지 못했기 때문에 좁은 해협에 갇힌 채 우왕좌왕하다가 아테네군에게 철저히 유린당합니다. 그리스 연합군의 승리로 끝난 이 전쟁을 제2차 페르시아 전쟁이라고 합니다. (참고로, BC 492년에 다리우스 1세가 트라키아를 정벌하기 위해 출군했다가 아토스 곶에서 폭풍을 만나 대부분의 배가 난파된 후 회군한 사건을 제1차 페르시아 전쟁으로 보는 견해도 있으나, 제대로 전투가 벌어지지 않았으며 아테네와는 관련이 없으므로 페르시아 전쟁으로 보지 않는 견해도 있습니다. 이 책에서는 아테네와 페르시아의 전쟁을 페르시아 전쟁으로 봅니다.)

아테네 사람들은 두 차례에 걸친 극적인 승리를 아테나가 도왔기 때문이라고 생각하여 전쟁이 끝난 뒤 아크로폴리스 언덕에 그녀를 위한 조촐한 신전을 세웠는데, 그것이 바로 아테나 니케 신전인 것입니다.

파르테논 신전 ④

The Parthenon

파르테논 신전은 유네스코가 맨 처음으로 세계문화유산World Heritage으로 지정한 건축물입니다. 이 말은 파르테논 신전이 그 정도로 중요한 문화재라는 뜻도 되지만, 한편으로는 가장 시급하게 보호해야 할 필요가 있는 문화재라는 뜻도 됩니다. 이 사실 하나만 놓고 보아도 파르테논 신전의 영광과 시련을 이해할 수 있지요. (참고로, 유네스코의 로고는 파르테논 신전을 모티브로 하여 만들어진 것이랍니다.)

유네스코 로고

파르테논 신전은 아테네의 수호신인 아테나에게 봉헌된 것으로, 아테네 사람들이 가장 사랑한 신전이었습니다. BC 448~BC 432년에 당대 최고의 건축가와 조각가들이 동원되어 완성하였으니 아테네에서 가장 아름답고 웅장한 건축물이었지요. 그렇기 때문에 파르테논 신전은 2,500년 동안 서구 건축의 모델이자 원형이 되어 왔던 것입니다.

파르테논 신전 옆에는 아테나 프로마코스Athena Promachos('앞장서서 싸우는 아테나'라는 의미)라고 불린 거대한 청동 조각상이 서 있었다고 하며, 파르테논 신전 안에는 아테나 파르테노스Athena Parthenos('처녀 신 아테나'라는 의미)라는 이름의 조각상이 있었다고 합니다. 비록 지금은 둘 다 실물을 찾아볼 수 없지만, 그림으로 남아 있는 것만 보아도 그 위용을 짐작

아테나 프로마코스 / 아테나 프로마코스

아테나 파르테노스(복원품)

할 수 있답니다.

아테나를 도시의 수호신으로 여긴 아테네 사람들에게 그녀에게 바쳐진 신전이 있는 아크로폴리스는 신앙의 구심점이었습니다. 그렇기 때문에 판아테나이아 제전Panathenaia(아테나 여신을 기리는 아테네 사람들이 매우 중요하게 여긴 종교적 제전으로, '안쪽 프리즈 부조' 편에서 자세하게 설명할 것입니다) 때는 제물을 들고 아크로폴리스 언덕을 오르는 사람들의 행렬이 줄을 이었다고 합니다. 아크로폴리스와 파르테논 신전의 영광은 그로부터 비롯되는 것입니다.

그러나 아테네 사람들에게 소중한 건물이기 때문에 겪어야 하는 시련도 만만치 않았습니다. 아테네를 침략한 페르시아 군대는 아테나 신전부터 파괴했습니다. 아테나를 위한 신전이 단순한 건축물이 아니라, 아테네 사람들의 정신이며 영혼인 것을 알았기 때문이지요.

페르시아 군대를 몰아내고 평화를 되찾았을 때 아테네 사람들이 제일 먼저 한 일도 파괴된 아테나 신전을 대신하는 파르테논 신전을 새로 짓는 것이었습니다. 그것이 자신들의 정신과 영혼을 되찾는 일이었으니까요.

그러나 기독교가 전래되면서 그리스 신화는 천덕꾸러기 신세로 전락하게 되었고, 아테나 여신을 모시던 파르테논 신전 또한 위상이 흔들리게 됩니다. 한동안 교회로 이용되다가 그리스가 이슬람 국가인 오스만 제국의 지배를 받을 때는 이슬람 사원으로, 전쟁 중에는 무기고로 사용되는 등 치욕의 세월을 견뎌야만 했습니다.

가장 치명적인 사건은 1687년 9월 26일에 일어났습니다. 파르테논 신전 안에 쌓아놓은 오스만 제국의 화약 더미가 베네치아군의 공격을 받아 폭발한 것입니다. 현재 기둥만 남아 있는 파르테논 신전은 그때의 폭발로 파괴된 것입니다.

게다가 1806에는 영국인 엘긴 경Elgin(영국의 정치가인 토머스 브루스)이 파르테논 신전 벽에 그나마 붙어 있던 조각품과 부조들을 떼어내 영국으로 가져가 버렸습니다. '엘긴 대리석Elgin Marbles'이라고 불리는 그것들은 아직도 원래의 자리로 돌아오지 못하고 대영박물관의 전시실에서 그리스 문명의 찬란함을 말없이 증언하고 있답니다. (이어지는 페디먼트 부조 설명에서 사진 자료를 함께 보여드립니다.)

건축 당시의 모습과 현재의 모습을 비교해 보면 파르테논 신전의 영광과 시련이 한눈에 들어옵니다. 그러나 그 오랜 세월 동안 수많은 시련

건축 당시의 모습(상상도)

현재의 모습

을 겪으면서도 현재와 같은 모습을 유지하고 있다는 것은 기적적인 일이라고 생각합니다. 당시 사람들의 빼어난 건축술과 파르테논 신전에 바친 지극한 정성을 짐작할 수 있게 하지요.

파르테논 신전의 건축학적 특징

파르테논 신전은 단순히 오래된 건물이어서 사람들의 주목을 받는 것은 아닙니다. 비록 많은 부분이 훼손되어 원형을 잃었지만, 그럼에도 불구하고 여전히 아름다운 건물이기 때문에 가치를 인정받는 것입니다.

그럼, 파르테논 신전은 건축학적으로 어떤 특징을 갖고 있을까요. 여기서는 그에 대해 알아보려고 합니다.

먼저, 수학적 황금 비율golden ratio이 적용되어 보는 이가 편안하고 아름답게 느낄 수 있도록 설계되었다는 점을 들 수 있습니다. 황금 비율이란, 그리스의 수학자 피타고라스에 의해 제안된 이론으로 짧은 변과 긴 변의 길이가 5 : 8(약 1 : 1.618)의 비율일 때 가장 안정적이고 아름답게 보인다 하여 그런 이름을 얻었습니다. 고대 그리스인들은 아름다움의 본질을 비례와 질서, 조화라고 생각하여

황금 비율이 적용된 파르테논 신전

황금 비율을 중시했는데, 파르테논 신전은 황금 비율이 적용된 대표적인 건축물로 꼽힙니다. 가장 조화롭고 아름다운 건축물이라는 의미이지요.

둘째, 파르테논 신전에는 완벽하고 이상적인 건축으로 보이도록 하기 위한 몇 가지 착시 현상이 활용되었습니다. 파르테논 신전을 구성하는 건축 요소들 중에 직선은 한 군데도 없음에도 불구하고 멀리서 보기에는 완벽한 직선으로 이루어진 단정하고 반듯한 건물로 보이는 것은 착시 현상 때문입니다.

대표적인 예가 바로 배흘림기둥Entasis입니다. 이것은 수직의 평행선인 경우 가운데가 오목하게 보이는 현상을 막기 위해 기둥 중앙부를 약간 굵게 만드는 것입니다. 파르테논 신전의 기둥들을 유심히 살펴보면 배흘림기둥으로 만들어져 가운데가 볼록하지만, 멀리서 보면 그 때문에 오히려 직선으로 보이는 것을 알 수 있습니다.

배흘림기둥

그와 비슷한 예로 긴 수평선의 경우 가운데 부분이 처져 보이는 현상이 생기는데, 이를 막기 위해 건물 바닥(기단)과 상단부(엔타블러처)의 중앙을 약간씩 솟아오르게 하는 기법을 치올림Rise이라고 합니다. 파르테논 신전에도 이 기법이 활용되었으며, 중앙 부분이 약 17cm 정도 높다고 합니다. 그러나 멀리서 보기엔 직선으로 보이지요.

치올림

기둥 간격을 의도적으로 조정한 것도 착시 현상을 막기 위함인데, 파르테논 신전의 기둥 간격을 중앙 부분은 2.4m, 가장자리는 1.8m로 한 것은 건물 정면에서 볼 때 가장자리로 갈수록 기둥 간격이 넓어 보이는 현상을 고려한 것이었습니다.

기둥 간격 조정

기둥 간격을 조정한 것과 비슷한 것으로 기둥의 직경을 조정한 것도 있습니다. 열주列柱/colonnade로 이루어진 건물의 경우, 건물이 배경을 이루는 중앙 부분의 기둥과 허공을 배경으로 하는 가장자리의 기둥은 굵기가 같을 경우 가장자리 쪽이 가늘게 보입니다. 이런 현상을 교정하기 위해 파르테논 신전은 가장자리 기둥의 직경을 3~5cm 정도 크게 하였습니다.

직경 변화

마지막으로 안쏠림 기법을 들 수 있습니다. 안쏠림이란, 건물 모서리 기둥의 상단이 약간씩 바깥쪽으로 벌어져 보여 건물이 불안정해 보이는 착시현상을 막기 위해 양측 모서리 기둥을 약간씩 안쪽으로 기울이는 기법을 말합니다. 안쏠림 기법을 적용하면 전체적으로 건물이 안정감 있게 보이는데, 파르테논 신전을 설계한 사람은 그런 점을 미리 치밀하게 계산하여 설계에 반영한 것입니다.

안쏠림

파르테논 신전의 구조

　파르테논 신전은 동쪽과 서쪽에 각각 8개의 도리아식 기둥이 서 있으며, 남쪽과 북쪽에는 17개씩(네 모서리의 기둥은 중복 계산) 서 있는 구조로 되어 있습니다. 바깥 기둥에 가려 잘 안 보이기는 하지만 안쪽으로 벽이 있으며, 전주랑실前柱廊室·내실naos·후주랑실後柱廊室의 세 부분으로 공간이 구분되어 있었습니다. 안쪽 벽 위의 프리즈에는 판아테나이아 제전 모습을 새긴 부조가 있었으며, 도리아식 기둥이 ㄷ자로 서 있는 내실의 중앙에는 페이디아스Pheidias(그리스 고전 시대의 거장으로, 파르테논의 각종 부조와 조각들을 주도한 것으로 여겨짐)의 걸작인 황금과 상아로 만든 아테나 파르테노스Athena Parthenos의 거대한 신상神像이 놓여 있었다고 합니다.

　여기서는 동쪽 페디먼트와 메토프 → 남쪽 메토프 → 서쪽 페디먼트와 메토프 → 북쪽 메토프, 그리고 안쪽 프리즈 순으로 알아보겠습니다.

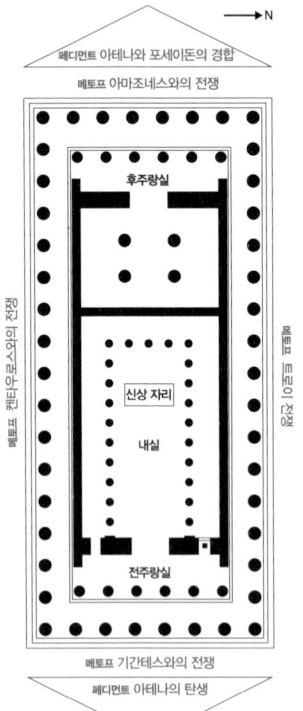

페디먼트 아테나와 포세이돈의 경합
메토프 아마조네스와의 전쟁

후주랑실

메토프 켄타우로스와의 전쟁

메토프 트로이 전쟁

신상 자리

내실

전주랑실

메토프 기간테스와의 전쟁
페디먼트 아테나의 탄생

N

프로필라이온을 통해 아크로폴리스로 들어서면, 거대한 파르테논 신전이 눈앞에 나타납니다. 아크로폴리스의 터줏대감이자 그곳을 찾는 사람들이 가장 관심을 가지고 만나보려고 하는 바로 그 건축물입니다. 그런데 처음 만나게 되는 부분이 파르테논 신전의 정면은 아닙니다. 아크로폴리스의 모든 신전은 동쪽을 향해 배치했기 때문에, 정면을 보려면 앞으로 더 나아가야 합니다. 여기서는 먼저 동쪽의 정면부터 살펴보도록 하겠습니다.

동쪽 페디먼트의 중앙 부분은 안타깝게도 거의 남아 있지 않습니다. 이곳에는 원래 아테나 여신의 탄생 장면을 다룬 조각품이 가득 들어차 있었다는데, 현재로서는 아테나의 탄생을 지켜보는 여러 신들의 모습을

파르테논 신전의 정면(동쪽)

아크로폴리스박물관 '아테나의 탄생'(복원품)

동쪽 페디먼트의 왼쪽 부분(원본, 대영박물관 소장)

오른쪽부터 헤베, 데메테르, 페르세포네   아크로폴리스박물관 복원작

표현한 아크로폴리스박물관의 복원품을 통해 상상할 수밖에 없습니다. 아테나의 특이한 탄생에 관해서는 제우스 신전에서 설명하겠습니다.

동쪽 페디먼트 왼쪽 부분의 원본은 대영박물관에 있습니다. 삼각형의 공간에 맞춰 넣어야 했기 때문에 왼쪽으로 갈수록 높이가 낮아집니다. 맨 오른쪽에 서 있는 이는 청춘의 여신 헤베(제우스와 헤라의 딸로, 나중에 헤라클레스의 부인이 됨)이고, 그 옆은 데메테르(수확의 여신이며, 제우스와의 사이에서 페르세포네를 낳음. 오른쪽)와 페르세포네(제우스와 데메테르의 딸로, 저승의 신 하데스의 부인이 됨. 왼쪽)로 알려져 있습니다.

디오니소스

헬리오스의 말

아크로폴리스박물관 '헬리오스의 태양 마차와 디오니소스'(복원작)

　그리고 그녀들의 옆에 비스듬히 앉아 있는 이는 포도주의 신 디오니
소스인데, 이런 자세로 앉아 있는 것은 페디먼트에서의 위치 때문일 뿐,
평소에는 디오니소스의 이런 자세를 보기 어렵습니다. 디오니소스는 왼
쪽에 있는 헬리오스의 말과 마차를 바라보고 있습니다.

페디먼트의 오른쪽 부분. 헤스티아, 디오네. 아프로디테 　　　 아크로폴리스박물관 복원작

　　맨 끝에 있는 말의 머리는 '헬리오스의 말'로, 반대편의 '셀레네의 말'과 짝을 이루고 있습니다. 헬리오스에 대해서는 셀레네의 말을 설명할 때 같이 하도록 하겠습니다.

　　페디먼트의 오른쪽 역시 삼각형의 틀에 맞춰 제작했기 때문에 가장자리로 갈수록 키가 낮아지는데, 맨 왼쪽에 있는 이는 가정과 화로의 수호신인 헤스티아라고 합니다. 제우스의 누이이며, 올림포스의 신들 중에서는 가장 얌전한 캐릭터의 여신이지요.

　　그리고 그 옆의 두 여신은 디오네(왼쪽)와 아프로디테(오른쪽)인데, 미의 여신 아프로디테는 우라노스를 거세할 때 흐른 피가 바다에 떨어져 생긴 거품에서 태어났다는 설이 대세이기는 하지만, 제우스와 디오네 사이에서 태어났다는 주장도 있습니다. 페디먼트의 이 조각품은 그중 후자의 주장을 따르고 있는 것이지요.

셀레네의 말

그리고 오른쪽 맨 끝에 있는 것은 '셀레네의 말'이라고 하는 말의 머리 부분입니다. 맞은편에 있는 '헬리오스의 말'과 비교해 보면, 셀레네의 말이 훨씬 예술성이 뛰어납니다.

그런데 헬리오스는 누구이고, 셀레네는 또 누구일까요. 이들에 대해 알아봅시다.

제우스와 그의 형제들이 주축이 되는 신들을 우리는 '올림포스 신'이라고 합니다. 올림포스 산에서 살았기 때문인데, 그들은 크로노스와 레아의 자식들입니다. 그리고 우라노스의 자식들, 즉 크로노스의 형제들을 '티탄Titan 신'이라고 하는데, 그들의 덩치가 어마어마하게 컸기 때문입니다. 거인을 뜻하는 영어 단어 titan은 티탄 신에게서 나왔습니다.

잠시 뒤에 티타노마키아(올림포스 신들과 티탄 신들 사이에 벌어진 전쟁)에 대해 자세히 설명하겠지만, 올림포스의 신들은 힘을 합쳐 티탄 신들을 몰아내고 신들의 세계를 차지합니다.

그런데 신화 속의 신들은 각자 맡은 역할이 있답니다. 예를 들어 아폴론Apollon은 태양을 몰아 해가 뜨고 지게 하는 태양신, 아르테미스Arthemis는 달을 움직여 달이 뜨고 지게 하는 달의 여신입니다.

하지만 그들(올림포스 신) 이전에 그 일을 맡은 신들이 따로 있었습니다. 그리스 신화는 이들을 헬리오스Helios(태양신)와 셀레네Selene(달의 여신)라고 기록하고 있습니다.

우라노스와 가이아 사이에서 태어난 히페리온Hyperion과 테이아Theia는 결혼하여 세 명의 자녀를 낳습니다. 새벽의 여신 에오스Eos, 태양신 헬리오스, 달의 여신 셀레네가 그들이지요.

앞에서 사진으로 본 '헬리오스의 말'은 태양신이 타고 다니는 마차를 끄는 말이고, '셀레네의 말'은 달의 여신이 타고 다니는 마차를 끌던 말을 가리키는 것입니다.

올림포스 신들의 세상이 된 후로도 한동안 태양과 달의 운행을 맡았던 헬리오스와 셀레네가 자신들의 역할을 빼앗기는 계기가 된 사건이 있는데, 그것도 재미있기에 간략하게 덧붙입니다.

태양신 헬리오스는 인간의 여자에게서 파에톤Phaethon('빛나는 자'라는 뜻)이라는 아들을 얻습니다. 물론 신이 인간의 마을에서 계속 살 수는 없기에, 파에톤의 어머니는 혼자 아들을 낳아서 키웠지요.

그런데 나중에 파에톤은 자신의 아버지가 태양신이라는 사실을 알게 되었고, 만류하는 어머니를 뿌리치고 기어코 아버지를 찾아갑니다. 헬리오스는 태어나기도 전에 버린 아들이 찾아오자 미안했던지, 소원을 하나 들어주겠다고 약속합니다.

아버지로서 아들의 소원을 들어주겠다고 한 것이야 크게 문제 될 것 없지만, 하필 스튁스 강에 걸고 맹세한 것이 실수였습니다. 스튁스 강에 걸고 한 맹세는 무슨 일이 있어도 반드시 지켜야 하는데, 파에톤이 정말 엄청난 소원을 말했기 때문입니다. 그것은 바로 태양 마차를 몰아보게 해달라는 것이었지요.

헬리오스는 이미 스튁스 강에 걸고 약속했기 때문에 파에톤의 요구를 들어주지 않을 수 없었습니다. 헬리오스는 앞으로 닥칠 끔찍한 일을 예견했지만, 어쩔 수 없이 파에톤에게 태양 마차를 빌려줍니다. 그리고 그것은 예상대로 대단한 재앙을 불러오지요. 멋대로 하늘을 휘젓고 다니는 태양 마차 때문에 하늘의 질서가 무너진 것은 물론이거니와 땅이 온통 불바다가 되어버렸으니까요.

일이 그 지경이 되고 보니 제우스는 벼락을 던져 파에톤이 탄 태양 마차를 부술 수밖에 없었고, 아들 잘못 둔 죄로 차마 얼굴을 들 수 없게 된 헬리오스는 태양신의 지위를 내놓아야 했던 것입니다. 그 와중에 죄 없는 셀레네까지 달의 여신 자리를 포기해야 했으니, 셀레네로서는 좀 억울했겠습니다.

현재 동쪽 페디먼트의 양 끝에 복원된 헬리오스의 말과 셀레네의 말을 대영박물관의 원본과 비교해 보여 드리면서 이야기를 마치겠습니다.

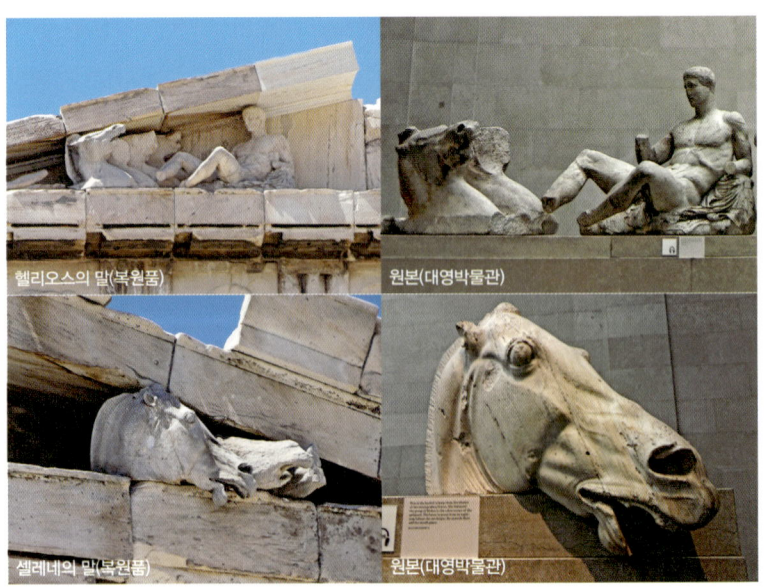

헬리오스의 말(복원품) / 원본(대영박물관)

셀레네의 말(복원품) / 원본(대영박물관)

동쪽 메토프의 부조
- 기간테스와의 전쟁

　동쪽 메토프에는 올림포스 신들과 기간테스Gigantes(거인족) 사이의 전쟁인 '기간토마키아Giganthomachia, Gigantomacy'를 주제로 한 부조가 있었다고 합니다.

　거인을 뜻하는 영어 'giant'의 기원이 된 기간테스는 우라노스의 자식들이었습니다. 크로노스가 아버지인 우라노스를 거세할 때 땅으로 흐른 피를 대지의 여신 가이아가 받아서 자식으로 만들었으니 우라노스의 자식인 셈이지요.

Giorgio Vasari '우라노스를 거세하는 크로노스'(피렌체 베키오 궁전 천장화)

하늘의 신 우라노스Uranus와 대지의 여신 가이아Gaia는 부부였는데, 태초에는 금슬이 매우 좋았습니다. 둘 사이에서는 많은 자식들(티탄 신들)이 태어났지요. 그런데 나중에 외눈박이 거인 키클로페스Kyklopes 3형제와 손이 백 개 달린 거인 헤카톤케이르Hekatoncheir 3형제가 태어나면서 문제가 생깁니다. 우라노스가 이들을 흉측하다는 이유로 타르타로스 지옥에 가두자 가이아가 반발하고 나선 것입니다. 모성을 지닌 가이아로서는 자식이 흉측하다고 지옥에 가두는 남편을 용납할 수 없었던 것입니다. 그래서 막내아들인 크로노스Kronos를 시켜 우라노스의 성기를 자르도록 합니다. 이때 피가 솟구쳤는데, 땅에 떨어진 피에서는 기간테스들이 태어났고, 바다에 떨어진 피에서는 아프로디테가 태어났다고 합니다.

우라노스의 피를 받아 태어난 기간테스들은 덩치가 엄청나게 컸다고 하는데, 올림포스 신들이 그런 거인들을 상대로 전쟁을 벌이게 된 까닭은 가이아의 사주 때문이었습니다.

올림포스 신들은 앞서 티탄족들과 전쟁(티타노마키아)을 벌여 승리를 거두었지요. 제우스는 자신에게 대적한 티탄 신들을 땅 속 깊은 곳에 있는 지옥(타르타로스)에 가두었는데, 문제는 그들이 가이아의 자식이라는 점이었습니다. 가이아 입장에서는 자신의 자식들이 지옥에 갇혀 고통을 당하고 있으니 견딜 수 없었을 것입니다. 그래서 또 다른 자식들인 기간테스를 부추겨 올림포스 신들과 싸우게 만든 것이지요.

기간테스는 워낙 덩치가 큰 괴물들이라 올림포스 신들도 쉽게 꺾을 수 없었습니다. 그래서 신탁을 들어봤는데, 그 내용이 '사자 가죽을 뒤집어쓴 인간의 아들이 있어야만 승리할 수 있다.'는 것이었다고 합니다. 사자 가죽을 뒤집어 쓴 인간의 아들이라면 헤라클레스를 말하는 것이지요. 제우스가 인간 여자인 알크메네Alcmene에게서 얻은 아들인 헤라

클레스는 네메아의 사
자를 처치한 후 벗겨낸
가죽을 뒤집어쓰고 다
녔기 때문입니다.

천하장사 헤라클레
스의 눈부신 활약에
힘입어 전쟁은 올림포
스 신들의 승리로 끝나

사자 가죽을 뒤집어쓴 헤라클레스(그라나다 카를로스 5세 궁전 부조)

고, 세상은 온전히 그들이 지배하는 것으로 정리되었습니다. 전쟁에 패
한 기간테스들 또한 땅속 깊은 곳에 갇히는 신세가 되었는데, 기간테스
중의 하나인 엔켈라도스Enkelados는 아테나가 던진 에트나 산(시칠리아 섬
에 있는 활화산)에 깔린 채 지금도 가쁜 숨을 몰아쉬고 있다고 합니다. 그
때문에 에트나 산의 화산이 종종 폭발한다는 것입니다.

아테네 사람들이 파르테논 신전에다 기간토마키아의 내용을 기록해
둔 것은, 제우스의 딸인 아테나가 올림포스 신에 속하며 아테네는 올림
포스 신들이 주인이 되는 그리스 신화를 받아들였기 때문으로 보입니다.

아크로폴리스박물관에도 기간토마키아를 주제로 한 부조가 전시되어
있습니다만 너무 심하게 마모되어 내용을 알아보기 어렵습니다. 그래서
대신 독일 베를린에 있는 페르가몬박물관의 기간토마키아 관련 부조를
보여드리겠습니다. 파르테논 신전의 부조도 아마 이와 비슷한 양식이었
을 것으로 짐작됩니다.

신들의 세상에서 일어난 건곤일척의 대격전이 마치 눈앞에서 벌어지
고 있는 듯 생생합니다.

페르가몬박물관 소장 '기간토마키아'

제우스

아테나 아르테미스

남쪽 메토프의 부조
- 켄타우로스와의 전쟁

    파르테논 신전의 정면인 동쪽 면을 다 보았으면, 왼쪽으로 방향을 바꾸어 남쪽 면으로 가봅시다. 그곳은 현재 중앙부가 파괴된 상태이고, 양쪽으로 엔타블러처가 남아 있지만, 메토프의 부조는 다 사라진 상태입니다. 다만 복원된 작품이 하나 남아 있어 그곳에 어떤 내용의 부조들이 있었을지를 짐작하게 해주는 정도입니다.

남쪽 면   동쪽 면

파르테논의 남쪽 면과 동쪽 면

남쪽 면 메토프의 복원된 부조

켄타우로스와의 전쟁

대영박물관의 원본들

　남쪽 면의 메토프에는 켄타우로스와의 전쟁, 즉, '켄타우로마키 Centauromachy'를 주제로 한 부조들이 장식되어 있었던 것으로 알려져 있습니다. 현재 대영박물관에 여러 점이 남아 있어 그 모습을 짐작할 수 있으니, 사진으로 먼저 감상하여 봅시다.

Giovanni Battista Cipriani
'아킬레우스에게 활쏘기를 가르치는 케이론'

루브르박물관 소장
'에로스를 돌보는 케이론'

산드로 보티첼리
'팔라스와 켄타우로스'

켄타우로스는 그리스 신화에 등장하는 반인반마半人
半馬의 존재입니다. 상반신은 인간이고, 하반신은 말의
형태로 표현되지요.

켄타우로스는 몸의 절반이 짐승이다 보니 대개 야만적이고 무지無
智한 존재로 인식됩니다. 산드로 보티첼리의 '팔라스와 켄타우로스Pallas
and the Centaur'에는 지성을 의미하는 팔라스(아테나 여신)에게 제압당하는
켄타우로스가 등장합니다.

물론 모든 켄타우로스가 다 무지하고 난폭한 존재는 아닙니다. 현명
한 스승의 대명사인 케이론Chiron 같은 켄타우로스도 있답니다. 그는 의
술·예술·음악 등에 두루 능통했으며, 천하장사 헤라클레스, 아르고 호
의 영웅 이아손, 의술의 천재 아스클레피오스, 트로이 전쟁에서 활약한
위대한 장수 아킬레우스 등을 가르쳤습니다. 루브르박물관에 있는 조각
상 중에는 케이론이 사랑의 신 에로스를 돌보는 작품도 있습니다.

그러나 케이론은 켄타우로스 중에서는 특별한 존재이며, 그 밖의 켄
타우로스들은 신화 속에서 말썽꾸러기로 등장합니다. 헤라클레스의 아

피렌체 로지아 데이 란치 소장 '네소스를 죽이는 헤라클레스'

내를 납치하려다 죽임을 당하는 네소스Nessus가 전형적인 켄타우로스이지요.

그러면 켄타우로스와의 전쟁이란 무엇이며, 그 전쟁은 왜 일어났는지를 알아봅시다.

켄타우로스와의 전쟁은 테살리아의 왕 페이리토오스Peirithoos의 결혼식에서 켄타우로스들이 벌인 난동과 이를 제압한 영웅들에 관한 이야기입니다. 좀 더 자세히 그 내막을 알아봅시다.

페이리토오스는 익시온Xion과 디아Dia의 아들인데, 그에게는 켄타우로스인 형제들이 있었습니다. 아버지 익시온이 제우스의 아내인 헤라를 넘보다가 벌을 받아 구름으로 만든 헤라 형상과 관계하여 켄타우로스들을 낳았던 것입니다.

페이리토오스가 히포다메이아Hippodameia를 신부로 맞아 결혼식을 올릴 때 형제인 켄타우로스들뿐만 아니라 절친한 친구인 테세우스Theseus와 펠레우스Peleus 등도 초대되었습니다. 그런데 잔치가 무르익으면서 술에 취한 켄타우로스들이 신부를 납치하려고 난동을 부리는 불상사가 일어난 것입니다.

잔치는 삽시간에 난장판으로 변하고 격렬한 싸움 끝에 테세우스 등의 영웅들이 켄타우로스들을 물리쳤는데, 그 사건을 '켄타우로스와의 전쟁'이라고 하는 것입니다.

그런데 이 이야기를 듣다 보면 이런 궁금증이 생깁니다. 테살리아 Thessalia(그리스 북부 지방)에서 일어난 사건을 아테네 사람들은 왜 자신들이 중요하게 생각하는 파르테논 신전에다 새겨놓았을까요. 그것은 켄타우로스와의 전쟁을 승리로 이끈 주역이 바로 아테네의 영웅 테세우스였기 때문입니다. 테세우스에 관한 자세한 이야기는 '헤파이스토스 신전'편(184쪽)에서 다시 하기로 하고, 여기서는 아테네 사람들에게 그가 매우 자랑스러운 영웅이었다는 점만 강조해 둡니다. 켄타우로스와의 전쟁은 그들의 영웅과 관련된 사건이기 때문에 아테네 사람들에게 중요했던 것입니다.

마지막으로 켄타우로스를 무찌르는 테세우스의 활약상을 주제로 한 조각상 두 점을 감상하여 봅시다.

Antonio Canova
'켄타우로스를 무찌르는 테세우스'

Antoine-Louis Barye
'켄타우로스를 무찌르는 테세우스'

서쪽 페디먼트의 조각
- 아테나와 포세이돈의 경합

남쪽 면을 다 보았으면, 이제 서쪽으로 가 봅시다. 서쪽 페디먼트에는 아테네의 수호신 자리를 두고 아테나와 포세이돈이 벌인 경합을 주제로 한 조각품들이 있었다고 합니다. 그러나 지금은 동쪽 페디먼트와 마찬가지로 복원된 작품 두 점이 외롭게 남아 있을 뿐입니다. 대영박물관에 있는 조각품들도 많이 손상된 상태라 아쉬움이 큽니다.

그러면 원래의 모습은 어땠을까요? 아래 사진과 같은 모습이었을 것이라고 추정한답니다.

아크로폴리스박물관의 서쪽 페디먼트 모형

강의 신
케크롭스와 그의 딸
아테나

파르테논의 서쪽 면

    여기서는 아테나와 포세이돈의 경합에 대해 말하지 않을 수 없습니다. 아테네 사람들에게는 자신들의 수호신이 결정되는 중요한 사건이었고, 아테나 역시 아테네라는 도시를 차지하게 된 영예로운 사건이었기 때문입니다.

포세이돈과 아테나는 숙질간(숙부와 조카 사이)입니다. 포세이돈이 제우스와 형제간이고, 아테나는 제우스의 딸이기 때문입니다. 포세이돈은 바다를 비롯한 세상의 모든 물을 관장하는 으뜸 신이고, 아테나는 지혜의 신, 학문의 신, 전쟁의 신, 공예의 신 등으로 불리는 팔방미인 여신이었습니다.

그런데 이들이 도시 하나를 두고 맞붙게 됩니다. 누가 그 도시의 수호신이 될 것인가 하는 문제였는데, 그들은 수호신 자리를 차지하기 위해 사람들에게 선물을 제시합니다. 포세이돈은 샘을 주겠다고 했고, 아테나는 올리브나무를 주겠다고 합니다.

사람들에게는 샘도 필요하고 올리브나무도 필요한데, 포세이돈이 주겠다는 샘에서 짠물이 솟자(포세이돈이 바다의 신인 것과 관련이 있겠지요) 사람들은 올리브나무를 받아들이기로 합니다. 올리브나무는 척박한 땅에서도 잘 자라며, 열매와 목재를 주고 그늘도 주는 등 생활에 꼭 필요한 자원이었기 때문이지요.

Benvenuto Tisi '아테네를 두고 경합하는 포세이돈과 아테나'

그때부터 그 도시는 수호신의 이름을 따서 아테네라고 불리게 되었고, 아테나는 아테네 사람들이 가장 사랑하는 신이 되었습니다. 아테네 사람들이 신성하게 생각하는 아크로폴리스 언덕에 그녀에게 봉헌

강의 신 일리소스(대영박물관)　　　이리스(대영박물관)

케크롭스와 판드로소스(복원품)　　원본(아크로폴리스박물관)

된 신전, 즉 파르테논 신전이 세워진 것을 보면 알 수 있는 일이지요. 그러니 파르테논 서쪽 면의 페디먼트에 아테나의 승리로 끝난 경합 장면이 들어선 것은 당연한 일이라고 하겠습니다.

　　온전한 모습을 볼 수는 없지만, 대영박물관에 일부 남아 있는 조각 일리소스Ilissos 강(아크로폴리스 계곡을 흐르는 강)의 신(추정)이 비스듬히 앉아 있는 모습과 전령신 이리스Iris가 바삐 어딘가로 가는 모습을 사진으로 보여드립니다.

　　현재 파르테논 서쪽 페디먼트의 왼쪽 끝에 복원된 케크롭스(고대 아테네를 건국한 왕)와 판드로소스(케크롭스의 딸)의 모습을 확인하는 것도 잊지 마시기 바랍니다. (원본은 아크로폴리스박물관에 전시)

서쪽 메토프의 부조
─ 아마조네스와의 전쟁

서쪽 메토프에는 인간들과 아마조네스Amazones의 전쟁을 묘사한 부조가 있었다고 하는데, 현재는 떼어낸 흔적만이 남아 있을 뿐입니다.

아마조네스는 우리에게도 그리 낯선 이름은 아닙니다. 전설 속의 여자 전사戰士로 이름이 높기 때문입니다. 전쟁 신 아레스Ares의 후손으로 알려진 이들은 어찌나 용맹스러운지, 활을 쏘는 데 방해가 된다고 오른쪽 가슴을 베어냈다는 설이 있을 정도입니다. 그래서 종족의 이름이 아마

파르테논의 서쪽 메토프

존('가슴이 없다'는 뜻, 아마조네스는 복수형)이라고 합니다.

여기서 관심을 가질 것은 그런 아마조네스와 누가, 왜 전쟁을 했는가 와, 아테네 사람들이 그것을 왜 파르테논 신전에 새겨 길이 기억하려 했 는가 하는 점입니다.

아테네 사람들이 사랑하는 테세우스가 젊은 시절에 아마조네스들이 사는 곳을 방문한 적이 있었습니다. 아마조네스의 땅은 아테네보다 훨 씬 북쪽인 트라키아Thracia에서도 한참 떨어진 곳으로, 그곳에 갔다는 것은 용감하고 모험심이 강하다는 뜻입니다.

테세우스를 본 아마조네스의 여왕 안티오페Antiope(혹은 히폴리테라는 설도 있습니다)는 영웅적인 그의 풍모에 반해 선물을 주고, 그를 따라 아 테네로 옵니다.

안티오페가 테세우스를 따라 아테네로 온 것은 자발적인 일이었으나 아마존 여인들은 테세우스가 자신들의 여왕을 납치했다고 생각했습니 다. 그래서 원수를 갚겠다며 아테네를 공격합니다. 아레스의 후손답게 워낙 호전적인 부족이라서 아테네 사람들한테는 큰 위기가 닥친 것이지 요. 프닉스 언덕을 포위한 아마조네스와 아크로폴리스에 진을 친 아테 네 사람들 사이에 팽팽한 긴장감이 감돌았지만 아테네 사람들은 테세 우스의 지휘 아래 용감하게 싸웠고, 안티오페 또한 남편인 테세우스를 도와 싸우다가 전사했다고 합니다.

안티오페의 뜻을 확인한 아마조네스는 철수하여 자신들의 땅으로 돌 아갔고, 나라가 위기에 빠졌을 때 단결하여 승리를 거둔 그 전쟁을 잊지 않기 위해 아테네 사람들은 파르테논 신전에 부조로 기록한 것입니다.

아테네의 영웅 테세우스와 관련 있는 전쟁이기 때문에 더욱 중요하게 여겼을 것입니다.

아테네 고고학박물관에 전시된 아마조노마키 부조

　원래 파르테논 신전 서쪽 메토프를 장식했던 아마조노마키 Amazonomarchy 부조 중 여러 점이 아크로폴리스박물관에 전시되어 있지만 그 내용을 알아보기 힘들 정도로 마모가 심합니다. 다만 보존 상태가 양호한 한 점이 아테네 고고학박물관에 소장되어 있어 원래의 모습을 짐작할 수 있게 해줍니다.

북쪽 메토프의 부조
- 트로이 전쟁

서쪽 면을 다 보았으면, 이제 마지막으로 북쪽 면을 살펴봅시다. 북쪽 면은 오랜 복원 작업을 거쳐 기둥들은 제 형태를 되찾았습니다. 그러나 원래의 대리석과 복원하여 끼워 넣은 대리석의 색상 차이가 워낙 크다 보니 조화롭지 못하다는 생각이 드는 건 어쩔 수 없습니다.

북쪽 면의 메토프에는 트로이 전쟁을 주제로 한 부조들이 있었다는

파르테논의 북쪽 면

데, 현재는 남아 있는 것
이 없습니다. 다만, 대영박
물관에 소장된 한 부조가
트로이 전쟁을 다룬 것으
로 보입니다.

지금은 볼 수 없는 작품
들에 대한 아쉬움을, 트로
이 전쟁에 대해 알아보는
것으로 달래려 합니다.

트로이 전쟁을 다룬 부조(대영박물관)

이야기는 제우스가 바다의 요정 테티스Thetis의 아름다움에 반한 때
로 거슬러 올라갑니다. 제우스는 그녀에게 매혹되어 결혼하고자 했지
만 문제가 있었습니다. 그녀에게는 '아버지를 능가하는 아들을 낳을 것'
이라는 신탁이 내려져 있었던 것입니다. 제우스는 테티스를 사랑했지만,
자신을 능가하는 아들이 태어나는 것은 두려웠기 때문에 결혼을 단념
합니다. 자신이 아버지를 몰아내고 왕좌를 차지했기 때문에, 아들이 자
신을 몰아낼까 봐 제우스는 늘 전전긍긍했습니다.

제우스가 테티스를 포기하고 난 뒤 포세이돈이 그녀에게 반했지만,
그 또한 너무 위대한 아들이 태어나면 곤란하다고 판단하여 포기합니
다. 결국 테티스는 신들의 뜻에 따라 인간인 테살리아의 펠레우스 왕에
게 시집가게 됩니다. 인간의 아들이면 아무리 뛰어나다 할지라도 신들
을 위협하지는 못할 테니, 안심할 수 있다고 판단한 것이지요.

펠레우스와 테티스의 결혼식에는 많은 신들이 참석했는데, 유일하게
초대받지 못한 신이 불화의 여신인 에리스Eris였습니다. 에리스는 그 사

실을 알고는 화가 났습니다. 신들도 왕따 당하는 건 참을 수 없었나 봅니다.

그래서 황금 사과 하나를 들고 결혼식장을 찾아가 신들 앞에 던지곤 사라집니다. 그 사과에는 '세상에서 가장 아름다운 여신에게'라는 글이 쓰여 있었지요.

그 글귀를 읽은 여신들 중에서 헤라와 아테나, 아프로디테가 사과의 소유권을 주장하고 나섭니다. 헤라는 여신 중의 으뜸 신이라는 이유로, 아테나는 지혜의 여신이므로 내면이 아름답다는 이유로, 아프로디테는 아름다움의 여신이라는 이유로 각각 자기가 그 사과의 주인이라고 주장한 것입니다. 제우스로서도 섣불리 판단하기 어려운, 매우 곤혹스러운 문제였지요.

올림포스 산에서 그런 분란이 일어나고 있을 때, 인간 세상에서는 또 다른 일이 일어나고 있었습니다.

도시국가 트로이의 왕비가 임신했는데, 태몽이 얄궂었습니다. 태어난 아기에 의해 도시 전체가 불바다가 되는 꿈을 꾼 것입니다. 누가 보더라도 불길한 꿈이었지요. 그 아이로 인해 나라가 망한다는 징조로 해석되었기 때문에 왕과 왕비는 태어난 아기를 내다 버리기로 합니다. 자식을 버리는 것은 가슴 아픈 일이지만, 나라가 망하는 불행만은 막아야 한다고 생각한 것입니다. 그래서 왕은 신하를 시켜 갓 태어난 아기를 갖다 버리도록 합니다.

버려진 아이는 이다 산Mount Ida에서 양을 치는 목동이 주워다 길렀고, 파리스Paris란 이름을 붙여주었습니다. 청년이 되어 아버지의 뒤를 이어서 이다 산의 목동이 된 파리스는 자신이 트로이의 왕자라는 사실을 꿈에도 몰랐습니다.

그런 파리스 앞에 어느 날 세 여신이 나타납니다. 누가 황금 사과의 주인인지를 파리스에게 묻기 위해서였습니다. 그 문제를 판단하는 것은 너무나 골치 아픈 일이기 때문에 어떤 신도 나서려 하지 않아 결국 인간인 파리스에게 떠넘겨진 것입니다.

헤라와 아테나, 아프로디테는 파리스에게 황금 사과를 주면서, 누가 그 사과의 주인인지를 가려달라고 했습니다. 그러면서 헤라는 자신에게 사과를 주면 세상에서 가장 강력한 권력을 주겠다고 했습니다. 그러자 아테나는 세상에서 제일 뛰어난 지혜를 주겠다고 했고, 아프로디테는 세상에서 가장 아름다운 여인을 주겠다고 약속했습니다. 파리스는 그중에서 가장 아름다운 여인을 주겠다는 아프로디테의 약속에 솔깃하여, 사과를 아프로디테에게 넘겨줍니다. 헤라와 아테나가 앙심을 품고 그 자

페테르 폴 루벤스 '파리스의 심판'

리를 떠난 것은 물론이지요.

페테르 폴 루벤스가 그린 '파리스의 심판Judgement of Paris'이란 그림은 바로 그 장면을 묘사하고 있습니다. 나무 아래 앉아 있는 젊은이가 파리스이며, 그 옆에 서 있는 이는 제우스의 명을 받고 세 여신을 파리스에게 안내한 전령신 헤르메스Hermes입니다. 그리고 세 여신은 왼쪽부터 차례로 아테나(메두사의 방패가 옆에 있음), 아프로디테(아들인 에로스를 데리고 있음), 헤라(자신의 상징 동물인 공작새가 옆에 있음)입니다.

루브르박물관 소장
'황금 사과를 들고 있는 아프로디테'

그리고 위의 사진은 파리스로부터 받은 사과를 자랑스럽게 들어 보이는 아프로디테를 표현한 작품입니다. 루브르박물관에 소장되어 있지요.

아프로디테는 파리스에게 한 약속을 분명히 지킵니다. 세상에서 가장 아름다운 여인을 파리스에게 소개해 준 것입니다. 그런데 문제는 그녀가 유부녀라는 데 있었지요. 스파르타의 왕비 헬레네Helene가 아프로디테가 약속한 여인이었고, 파리스는 헬레네를 유혹하여 트로이로 데려 갑니다.

그런데 한 나라의 왕비가 어떻게 한낱 목동에게 유혹당하느냐고요? 이 무렵 파리스는 자신의 신분을 뒤늦게 알게 되어 왕자의 지위를 회복했다고 합니다. 그가 스파르타에 가서 헬레네를 만나게 된 것도 외교 사절로 파견되었을 때의 일이라고 하지요. 만약 그렇지 않았다 해도 아프

루브르박물관 소장 '케스토스 히마스를 두르고 있는 아프로디테와 그녀의 아들 에로스'

로디테가 약속을 지키기 위해 파리스를 도왔다면, 헬레네로서는 유혹당할 수밖에 없었을 것입니다. 아프로디테에게는 어느 누구도 거부할 수 없는 강력한 사랑의 묘약이 있었는데, 그게 바로 케스토스 히마스kestos himas라는 마법의 허리띠입니다. 여신들도 사랑을 이루고 싶을 때는 아프로디테에게 케스토스 히마스를 빌렸다고 할 정도로 효과가 확실한 물건이었으니, 그것을 아프로디테가 파리스에게 빌려주었다면 헬레네로서는 유혹을 뿌리칠 수 없었을 겁니다.

어쨌든 세상에서 가장 아름다운 여인을 빼앗긴 스파르타의 왕 메넬라오스Menelaos가 가만있을 리 없지요. 그는 형인 미케네 왕 아가멤논Agamemnon의 도움을 받아 그리스 연합군을 소집하여 트로이를 공격하고, 그 전쟁은 10년 동안이나 계속됩니다. 그리고 결과적으로 트로이는 불바다가 되지요. 파리스 때문에 트로이가 멸망하리라던 암시가 옳았던 것입니다.

그런데 궁금한 것이 있습니다. 스파르타가 빼앗긴 왕비를 되찾기 위해 트로이와 전쟁하여 승리한 것이 아테네 사람들에게 왜 중요했을까요? 아테네와 스파르타는 경쟁 관계에 있는 나라가 아니었던가요?

아테네 사람들이 트로이 전쟁을 자랑스럽게 생각한 것은, 그 전쟁을 승리로 이끈 주역이 바로 아테나 여신이었기 때문입니다. 트로이 전쟁 때 올림포스의 신들은 두 편으로 나뉘어 그리스 연합군 편을 들기도 하고 트로이 편을 들기도 했는데, 트로이 편을 든 신은 아프로디테(파리스에게 고마운 마음을 갖고 있었으니까요), 아레스(전쟁의 신으로, 아테나의 라이벌이며 아프로디테의 연인이지요), 아폴론(트로이 왕자 헥토르를 보호해줍니다), 아르테미스(아폴론과 쌍둥이 남매입니다), 레토(아폴론과 아르테미스의 어머니로, 헤라로부터 많은 박해를 받은 적이 있습니다) 등이었습니다. 그리고 그리스 연합군 편을 든 신은 헤라(황금 사과를 받지 못해서 파리스에게 감정이 안 좋지요), 아테나(헤라와 마찬가지로 파리스에게 감정이 안 좋습니다), 포세이돈(예전에 트로이 왕을 위해 성을 쌓아주고 대가를 제대로 받지 못해 화가 나 있었지요), 헤르메스, 헤파이스토스 등이었습니다. 트로이 전쟁은 많은 영웅들이 참전하여 목숨을 걸고 싸운 인간들의 전쟁이기도 했지만, 신들의 전쟁이기도 했던 것입니다. 신들 중에서 전쟁의 승패를 가를 만한 위치에 있는 것은 전쟁의 신 아레스와 전쟁의 여신 아테나인데, 그리스 연합군이 승리했다는 것은 아테나가 승리했다는 의미도 되는 것입니다.

아테네 사람들은 무엇보다도 자신들이 숭배하는 아테나 여신이 승리의 주역이었던 전쟁을 자랑스럽게 기억하고 싶었던 것입니다. 그래서 아테나 여신에게 바쳐진 파르테논 신전 벽에 트로이 전쟁을 새겨놓은 것으로 보입니다.

1장 아크로폴리스 095

신전 안쪽 프리즈
- 판아테나이아 제전

　파르테논 신전의 안쪽 프리즈에는 사방에 판아테나이아Panathenaea 제
전을 주제로 한 부조들이 붙어 있었다고 합니다. 지금도 사진에서 보는
것처럼 그 흔적을 찾아볼 수 있습니다. 물론 현재 붙어 있는 부조는 복
원된 작품들이고, 원본의 대부분은 대영박물관의 '엘긴 대리석 전시실'
에 있습니다.

　판아테나이아Panathenaea의 '판'은 '모든'이란 의미를 갖습니다. 모든Pan

파르테논의 안쪽 프리즈

신들Theon에게 바쳐진 신전인 판테온의 '판'과 같은 말이지요. 그리고 '아테나이아'는 '아테네 사람'이란 뜻이니, 판아테나이아는 모든 아테네 사람들이 참여하는 축제란 의미로 해석됩니다.

판아테나이아 제전은 아테네의 수호 여신인 아테나를 위한 축제로 4년마다 열렸으며, 행사가 시작되면 아테나 여신에게 바칠 예물을 든 행렬이 아테네의 최전선 케라미코스Keramikos(아크로폴리스와 고대 아고라의 북서쪽)에 세워진 아테네의 관문이자 가장 큰 문인 디필론 성문Dipylon Gate을 출발해 아크로폴리스로 향했다고 합니다. 그리고 현재 근대 올림픽 경기장이 자리한 판아테나이코Panathenaiko 경기장에서 운동 경기가 열렸지요.

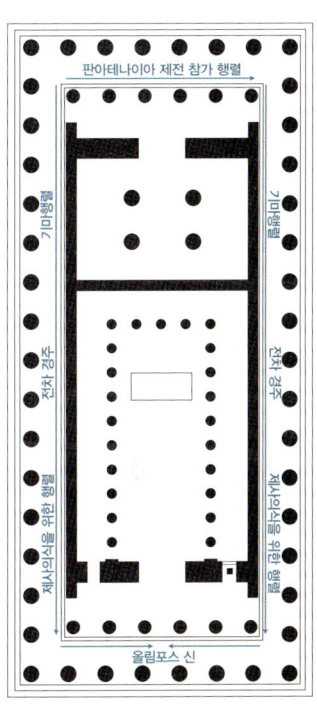

판아테나이아 제전은 아테네 사람들에게 매우 중요한 축제였습니다. 그리고 그것이 파르테논 신전의 안쪽 프리즈에 그 자세한 기록을 남겨둔 이유가 되겠지요.

파르테논 신전의 판아테나이아 제전 관련 부조는 서쪽 → 북쪽 → 남쪽 → 동쪽 순서로 살펴보겠습니다. 부조의 진행 방향은 서쪽과 북쪽 프리즈는 왼쪽, 남쪽은 오른쪽이며, 정면인 동쪽은 양쪽 끝에서 중앙으로 모이는 방향입니다.

파르테논 신전 안쪽의 서쪽 프리즈(복원품)

서쪽 프리즈가 북쪽으로 꺾어지는 귀퉁이에 있던 부조
(대영박물관)

먼저 서쪽 프리즈에는 샌들 끈을 고쳐 묶거나 말의 고삐를 점검하는 모습, 잠시 휴식을 취하거나 축제에 참가하기 위해 말을 타고 달려오는 모습 등, 판아테나이아에 참가하는 사람들의 다양한 모습이 생생하게 표현되어 있습니다. 북쪽으로 꺾어지는 끝쪽에 있던 부조는 대영박물관에서 확인할 수 있는데, 앞선 기사가 몸을 튼 채 한쪽 팔을 들고 있는 것으로 보아 말의 진행을 멈추려는 것으로 보이며 그 뒤를 따르던 기사도 급히 말을 세우려 하는 모습을 확인할 수 있습니다.

희생 제물(소)을 끌고 가는
사람들(아크로폴리스박물관)

물병을 나르는 사람들
(아크로폴리스박물관)

전차 경주 부분
(대영박물관)

북쪽 프리즈에 나타나는 인물들의 진행 방향은 왼쪽입니다. 오른쪽 끝(서쪽)에는 서쪽에서 이어지는 내용이 한 블록 나타나는데, 한 소년(혹은 소녀)이 앞사람의 허리띠를 끌어당겨 그의 속도를 늦추고 있습니다. 이러한 동작 때문에 앞서 서쪽 프리즈 끝의 기사들이 말의 진행을 멈추려 했던 것이죠. 사람과 말의 동작과 근육에 대한 표현도 훌륭하지만 장면이 끊어지지 않고 매우 자연스럽게 연결되도록 한 페이디아스의 솜씨가 놀랍습니다.

첫 번째 블록 이후로는 7~8명이 하나의 그룹을 형성하며 달리는 기마병들이 니타나는데, 중간중간 온전한 형태가 다 보이는 말을 탄 이는 그 그룹을 이끄는 이로 보입니다. 말과 사람의 동작 하나하나가 모두 다르고 표현이 섬세하여 감탄을 자아내게 합니다. 말을 달리는 기마병 블록 다음에는 (훼손이 심해 알아보기 힘들지만) 전차 경주와 관련된 블록들이 이어집니다. 그 마지막 블록에는 마차에서 내려오는 전사의 모습이 묘사되어 있으며 그 이후로는 행렬을 따르는 사람들, 음악을 연주하는 사람들, 물병을 나르는 사람들, 제전에 바칠 희생 재물을 끌고 가는 사람들의 행렬이 보입니다.

말의 온전한 모습이 보이는　　오른쪽 끝 부조에서 이어지는 달리는 기사들　　북쪽 프리즈 오른쪽 끝
선두 기사(대영박물관)　　(대영박물관)　　(대영박물관)

남쪽 프리즈의 전차 경주　　　　희생 제물을 끌고 가는 장면

　남쪽 프리즈도 전체적인 구성은 북쪽 프리즈와 유사합니다. 즉, 기마
행렬, 전차 경주, 희생 제물을 끌고 가는 이를 비롯한 사람들의 행렬 순
으로 이루어져 있으며, 진행 방향이 오른쪽이라는 점이 다릅니다. 북쪽
프리즈에 비해 훼손 정도가 심해 원형을 알기 어렵지만 북쪽 프리즈보
다는 부조들의 완성도가 다소 떨어진다고 합니다.

　마지막으로 동쪽 프리즈에는 제사 도구를 들고 있는 여인들이 보이
고, 그 옆으로는 편안한 자세의 네 명의 남자들이 보이며 그 오른쪽, 즉
중앙 문 쪽에는 올림포스 신들이 부조되어 있습니다. 그리고 그 오른쪽

동쪽 프리즈의 제사 도구를 들고 있는 여인들　　　　　　　네 명의 남자들

에는 천을 들고 있는 사람들의 모습이 보이는데, 이는 판아테나이아 제전 때 아테나 여신에게 만들어 바치던 페플로스peplos(고대 그리스의 여성들이 입던 소매 없는 헐렁한 옷)의 직조와 관련된 장면이 아닐까 합니다. 아크로폴리스에는 파르테논 신전이 세워지기 전에 아테나 폴리아스Athena polias(도시의 수호신인 아테나) 신전이 있었는데, 그곳에 올리브나무로 조각된 아테나 목상木像이 안치되어 있어 판아테나이아 축제 때면 아테나 여신의 옷을 갈아입히는 의식이 거행되었다고 합니다.

이러한 부조들을 통해 당시 사람들에게 판아테나이아 제전이 얼마나 흥성하면서도 규모가 큰 축제였던가 하는 것을 짐작할 수 있으며, 부조에 등장하는 수많은 사람들의 모습을 통해 당시의 복식과 생활을 조명해 볼 수 있어 귀중한 자료가 되기도 하는 것입니다.

이곳에 있던 부조들 중에서 대체로 상태가 좋은 것은 대영박물관에 있으며, 아크로폴리스박물관에 소장된 것들은 마모 상태가 심해 원래의 모습을 알아보기 어려워 보는 이를 안타깝게 한답니다.

올림포스 신들　　　　　페플로스 직조 관련 부조

엘긴 대리석

엘긴 대리석 조각군Elgin Marbles, 혹은 파르테논 대리석 조각군Parthenon Marbles이라고 불리는 이것은 원래 파르테논 신전과 아테네 아크로폴리스의 건물에 있던 대리석 조각들입니다. 19세기 초 오스만 제국 주재 영국 대사였던 엘긴의 제7대 백작 토머스 브루스Thomas Bruce, 7th Earl of Elgin가 떼어내 영국으로 가져갔고, 현재는 대영박물관에 소장되어 있습니다.

엘긴 대리석은 약탈 문화재의 대표적인 사례로, 지금도 그리스는 줄기차게 영국 측에 반환을 요구하고 있습니다. 그러나 영국은 이런 핑계 저런 핑계를 대면서 반환에 소극적인 자세를 보이고 있지요. 사실 세계 제일이라는 대영박물관의 소장품들은 대부분 남의 나라에서 가져온 것이기 때문에 원소유주의 요구에 따라 반환하다 보면 박물관이 텅 비게 될 것입니다. 애초에 엘긴 대리석이 그리스로부터 반출될 때 떳떳하지 못한 절차에 의한 것이었음을 알고 있으면서도 양심에 따라 그리스에 돌려주지 못하는 까닭은. 그것이 선례가 되어 계속 반환 요구가 쏟아질 것을 두려워하기 때문일 것입니다.

엘긴 경卿은 오스만 제국으로부터 합법적인 반출 허가를 받았다고 주장했지만, 당시 그리스가 오스만 제국의 지배를 받는 상황에서 자신들의 문화재를 보호할 능력이 없었음을 생각한다면

엘긴 대리석 전시실(대영박물관)

그의 주장은 뻔뻔한 것입니다. 비유하자면, 우리가 일제 치하에 있을 때 일본 당국의 허가를 받아 우리의 문화재를 약탈해 간 외국인이 있다면 그의 행위를 합법적인 것이라고 봐줄 수 있을까요?

당시 영국의 양심적인 지식인들은 엘긴 경의 문화재 수집이 일종의 문화재 파괴vandalism라고 비난했지만, 귀중한 타국의 문화유산을 갖게 된 것을 반기는 사람들이 대부분이었습니다.

세월이 흘러 그리스가 독립한 뒤 영국을 향해 끊임없이 반환을 요구하고 있지만, 영국은 "그리스는 아직 이러한 귀중한 문화유산을 제대로 관리할 능력이 없다."는 핑계를 대며 돌려주길 거부하고 있습니다. 그에 대한 반박으로 그리스는 첨단 시설을 갖춘 신 아크로폴리스박물관을 새로 짓고, 이제는 충분한 관리 능력을 갖추었다고 세상을 향해 주장하고 있지만 아직도 영국은 엘긴 대리석을 그리스에 돌려줄 생각이 없는 듯합니다.

제국주의가 횡행하던 시대에 자신들의 문화재를 약탈당한 많은 국가들이 엘긴 대리석의 행방에 대해 촉각을 곤두세우는 것은 그것이 하나의 선례가 될 것이기 때문이지요. 일제 강점기 때 속수무책으로 빼앗긴 문화재가 많은 우리나라도 그런 나라 중의 하나랍니다.

아크로폴리스박물관의 파르테논 갤러리

에렉테이온 신전 ⑤
Erechtheion

파르테논 신전을 꼼꼼히 살펴보았으면, 이제는 왼쪽으로 시선을 돌려 봅시다. 거기에는 여섯 명의 여인이 지붕을 떠받치고 있는 유명한 건물이 있습니다. 바로 에렉테이온 Erechtheion 이라는 복합 신전입니다.

이 신전은 일단 주인이 세 명이나 되는 다가구주택이라는 점이 특징입니다. 하나의 신을 위해 하나의 신전을 세우는 것이 원칙이었던 고대 그리스 당시에, 이런 파격적인 발상을 했다는 것이 신기합니다.

에렉테이온 신전

그러면 먼저 이 신전의 구조를 알아봅시다. 동쪽으로 돌출된 부분(A)은 아테나의 성소聖所이고, 남쪽으로 난 공간(B, C)은 에렉테우스 왕의 성소이며, 북쪽의 공간(D, E)은 포세이돈의 성소입니다.

포세이돈 성소의 모습은 이렇습니다. 6개의 이오니아식 기둥으로 이루어진 단순하면서 시원스런 공간이지요. 천장은 기하학적 문양이 여러 겹 겹친 형태로 아름답게 보입니다.

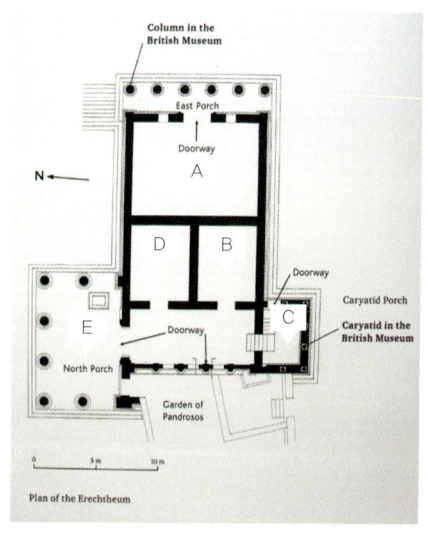

에렉테이온 신전의 평면도(대영박물관 설명문)

포세이돈 성소

아테나 성소

대영박물관에 전시 중인 아테나 성소의
이오니아식 기둥

다음은 아테나의 성소입니다. 에렉테이온 신전 중에서 가장 많이 훼손
된 부분이지요. 지붕은 완전히 사라졌고, 벽도 뜯겨나갔습니다. 이곳의
기둥 중 하나는 대영박물관에 있는데, 맨 오른쪽 기둥입니다.

그리고 에렉테우스
Eréchthēus 왕을 위한 성
소는 아름다운 카리아티
드 기둥이 있어 가장 많
은 사랑을 받는 공간입
니다. 아크로폴리스의
대표 이미지라고 할 수
있지요. 카리아티드의
유래에 대해서는 뒤에서
다시 설명하겠습니다.

에렉테이온 성소

그런데 에렉테이온 신전이 들어선 곳은 아테네의 수호신 자리를 놓고 아테나와 포세이돈이 경합을 벌일 때 포세이돈이 지팡이를 내려쳐 샘이 솟게 한 자리라고 합니다. 그런가 하면 신전 남쪽 중앙에 서 있는 올리브나무는 아테나가 선물로 준 것(현재 남아있는 나무는 최초의 나무가 불탄 후 자란 2세 나무)이라고 하죠.

　옛 그림을 보아도 에렉테이온 신전 주변에 올리브나무가 보이고, 현재의 사진을 봐도 올리브나무가 보입니다. 아테나 여신의 선물인 올리브나무와 관련이 있는 건 사실인 것 같습니다.

　이 신전의 주인이 하나가 아닌 셋이라는 것도 신기한 일이지만, 그들의 면면을 보면 더더욱 신기합니다. 아테나 여신이 신전의 동쪽(아테네 사람들이 신전 건축 시 중요하게 생각한 방향)을 차지하고 있는 것은 충분히 이해할 수 있는 일입니다. 그런데 아테나를 위한 신전에 포세이돈을 위한

Cassas Louis-Francois '에렉테이온 신전의 카리아티드'

에렉테이온 신전의 올리브나무

성소를 함께 마련한 것은 다소 의외입니다. 포세이돈은 아테네의 수호신 자리를 두고 아테나와 경쟁하다가 패배한 당사자이기 때문입니다. 더구나 에렉테우스는 신이 아닌 인물입니다. 실존인물이라고 하기에는 미심쩍은 부분이 있지만, 아무튼 아테나·포세이돈과 어깨를 겨룰 만한 신이 아닌 것은 분명합니다. 그런데 신들을 위해 마련한 성소의 한 귀퉁이를 아테네 사람들은 그에게 내준 것입니다.

포세이돈을 위해 성소를 마련해 준 것은 아마도 이런 이유에서였을 겁니다. 비록 도시의 수호신으로는 아테나를 선택했지만, 지중해를 무대로 교역하면서 번영을 누렸던 아테네로서는 바다의 수호신인 포세이돈의 가호가 절실히 필요했을 것입니다. 그의 노여움을 사는 것은 어리석은 일이었을 테지요. 그래서 아크로폴리스의 성스런 자리에 포세이돈의 성소를 마련하고, 그에게 경배를 바쳤던 것으로 보입니다.

에렉테우스를 위한 공간을 마련한 것은, 그가 아테네 초기에 도시를 다스린 전설적인 왕이었으므로 자신들의 역사를 신화와 자연스럽게 연결할 수 있는 고리로 보아 숭배한 것이 아닐까 싶습니다.

아무튼 에렉테이온 신전은 다른 데서는 유래를 찾아보기 힘들 정도로 색다른 성격과 독특한 아름다움을 간직한 건축물로 오늘도 관람객들의 사랑을 받고 있습니다.

아테네 역사와
에렉테우스

아테네의 역사는 신화적인 왕으로부터 시작됩니다. 그의 이름은 알랄코메네우스Alalcomeneus로, 대지로부터 스스로 태어났다고 전해집니다. 그는 아티카 지방Attica(아테네가 위치한 지역)에 나라를 열고 다스리다가 왕위를 이을 자식을 낳지 못했기 때문에 역시 대지에서 태어났다고 전해지는 악타이오스Actaeos에게 물려주었습니다. 아티카라는 이름은 악타이오스의 이름에서 유래했다고 전해집니다.

악타이오스는 맏딸 아글라우로스Aglauros를 이집트 사이스Sais 지방 영주의 둘째 아들인 케크롭스 1세에게 출가시켰습니다. 악타이오스 역시 후계자를 낳지 못했기 때문에 맏사위인 케크롭스 1세가 그의 뒤를 이었습니다.

케크롭스Cecrops라는 이름은 '꼬리를 지닌 얼굴'이라는 뜻으로, 그 역시 땅에서 나왔다고 합니다. 그는 아테네의 실질적 시조왕으로 여겨지는데, 이전의 왕들에 대해서는 알려진 바가 거의 없기 때문입니다. 케크롭스는 문명의 영웅으로 아테네 사람들에

케크롭스 1세

게 결혼, 독서, 쓰기, 장례식 등을 가르쳤다고 하며, 그의 치세 중에 아테나와 포세이돈이 아테네의 수호신 자리를 놓고 경쟁합니다.

아테네의 왕위는 케크롭스 1세를 거쳐 크라나오스Cranaus와 암픽티온Amphictyon에게 전해졌고, 다시 에리크토니오스Erichthonios에게 계승됩니다. 에리크토니오스는 리카비투스 산(317쪽)에서 탄생 비화를 설명하게 되는 인물로, 아테나와 헤파이스토스 사이에서 태어난 것으로 봅니다.

에리크토니오스는 아들인 판디온 1세Pandion I에게 왕위를 물려주고, 판디온 1세는 다시 그의 아들인 에렉테우스에게 왕위를 물려줍니다. 에렉테이온 신전과 관련된 인물이 바로 판디온의 아들 에렉테우스인 것입니다.

사실 에렉테우스도 역사적으로 실존했던 인물이라고 하기는 어렵습니다. 그렇다 보니 에렉테이온이 에리크토니오스에게 봉헌된 것인지, 아니면 그의 손자인 에렉테우스에게 봉헌된 것인지를 놓고 혼동이 있는 게 사실입니다.

에렉테이온의 상징
카리아티드

그리스 신전에서는 지붕을 받치는 기둥을 여인의 모습으로 조각하는 경우가 있었습니다. 아크로폴리스에 있는 에렉테이온 신전의 여인상에서 기원한 그러한 건축 양식을 카리아티드caryatid라고 합니다.

현재 에렉테이온 신전 지붕을 받치고 있는 카리아티드는 모두 복사품이며, 원본은 대영박물관(1개)과 아크로폴리스박물관(5개)에 분산돼 전시되고 있습니다. 대영박물관에 있는 것은 정면에서 보았을 때 왼쪽에

에렉테이온 신전의 카리아티드

이 기둥의 원본은
대영박물관에 전시

대영박물관의 카리아티드   아크로폴리스박물관의 카리아티드

서 두 번째 기둥입니다.

카리아티드는 루브르박물관에서도 볼 수 있는데, 지붕을 떠받치는 기둥 본연의 기능에 머물지 않고 예술로 승화된 섬세하고 세련된 솜씨를 감상할 수 있지요.

이렇게 여인의 형상을 한 돌기둥을 카리아티드라고 하는 데에는 이런 유래가 있습니다.

BC 5세기 말에 아테네와 페르시아 제국이 전쟁을 할 때의 일입니다. 앞에서 페르시아 전쟁에 대해 알아보았으니 우리는 이미 결과를 알고 있지만, 그 당시 사람들에게는 누가 보아도 페르시아 쪽이 단연 유리했습니다. 오죽하면 1차전이었던 마라톤 전투에서 아테네가 승리했을 때, 믿을 수 없는 그 승전보를 아테네 시민들에게 한시바삐 알리기 위해 연락병이 죽을 정도로 쉬지 않고 달렸겠습니까?

루브르박물관의 카리아티드

객관적인 군사력은 페르시아가 우세했지만, 죽기를 각오하고 전투에 임하는 아테네 병사들의 힘은 놀라운 것이었습니다. 두 차례에 걸친 전쟁을 아테네가 모두 승리하니까요.

그러나 당연히 아테네가 패배할 것이라고 예측하고 페르시아 쪽에 부역한 그리스 도시국가들도 있었습니다. 대표적인 나라가 펠로폰네소스 반도의 작은 도시국가인 카리아이 Caryae 였지요.

두 차례에 걸친 페르시아 전쟁이 그리스 연합군의 승리로 끝난 후, 배신자에 대한 보복이 이루어졌습니다. 아테네는 카리아이를 정벌한 뒤 모든 남자를 죽이고 도시를 황폐화시켰지요. 그리고 여자들은 끌고 와서 개선행렬에서 모욕을 주고 노예로 부렸다고 합니다.

BC 4세기 초, 에렉테이온 신전을 지을 때 카리아이의 여인들이 지붕을 떠받치는 형상으로 짓고, 그 돌기둥을 카리아티드라고 했답니다. 그리스를 배신하고 적국 페르시아에 부역한 카리아이 사람들을 영원히 용서하지 않겠다는 뜻이었을 것입니다.

전설과는 상관없이 카리아티드는 아름다움을 살린 건축적 효용으로 인해 새로운 건축양식으로 계승됩니다. 이후 카리아티드는 여인상의 돌기둥을 지칭하는 서양 고전 건축양식의 한 유형이 되었고, 로마 시대는 물론 르네상스 이후 건축에서도 자주 쓰이게 됩니다.

전등사 대웅보전의 벌 받는 여인상

카리아티드를 보면, 강화도에 있는 전등사 대웅보전의 처마 밑에 웅크리고 앉아 있는 목조 나신상裸身像이 떠오릅니다. 구전되는 이야기에 의하면, 전등사의 건축을 책임진 도편수(조선 후기 건축 기술자)와 사랑을 나누던 주모가 도편수가 맡긴 돈을 챙겨 달아나자, 도편수가 배신감을 이기지 못하고 주모가 벌 받는 형상을 건물에 새겨 넣었다고 합니다. 아테네의 카리아티드가 국가적 반역에 대한 징벌이라면, 전등사 나신상은 개인적인 배신에 대한 복수란 점이 다르지만, 영원히 지붕을 떠받치는 벌을 받고 있다는 점에서는 공통점이 있어 재미있습니다.

헤로데스 아티쿠스 극장 ⑥

Herodeion/Odeon of Herodes Atticus

아크로폴리스로 올라가는 길목에서 극장 하나를 만나게 됩니다. 전면부는 고대 유적의 느낌이 물씬하고, 객석은 현대에 와서 보수한 것이 역력한 이 극장의 이름은 헤로데이온 Herodeion (혹은 헤로데스 아티쿠스 극장)입니다.

아크로폴리스 근처에 있기 때문에 고대 그리스의 유적일까 싶지만, 사실은 로마 제국 시대에 지어진 것입니다. 그리스는 동로마 제국이 멸망할 때까지 지배를 받았으므로 로마 제국의 흔적을 종종 찾아볼 수 있답니다.

헤로데스 아티쿠스 극장

헤로데스 아티쿠스 극장의 아치   로마 콜로세움의 아치

　헤로데스 아티쿠스 극장의 전면부를 보면 로마식 아치가 많이 보이는 데, 로마의 콜로세움에서 볼 수 있는 것과 형태가 아주 비슷합니다.

　이 건물은 AD 161년에 당시의 귀족 헤로데스 아티쿠스가 세운 것이라서 헤로데스 아티쿠스 극장이라고 합니다. 그는 그리스의 변론가이자 대부호의 아들로서 찬란했던 고대 그리스의 문화 유적을 복원하는 데 많은 노력을 기울인 사람입니다. 대표적인 예가 델포이의 김나지움 유적 (387쪽)으로, 계단과 운동장이 매몰되어 흔적을 찾기 어렵게 된 것을 그가 사재를 털어 발굴하고 복원하였다고 합니다. 또한 코린트와 아테네에 원형극장을 새로 짓기도 했는데, 아크로폴리스 아래에 자리 잡은 헤로데스 아티쿠스 극장이 그중의 하나입니다. 그를 일컬어 '고대의 메디치'라고 하는 것은 그런 까닭에서이지요.

　특별히 아테네의 헤로데스 아티쿠스 극장은 죽은 아내 Annia Regilla 를 기리기 위해 지은 것이라고 합니다.

　이곳에서는 지금도 매년 여름 축제 때 야외공연이 열리며, 때로는 세계적인 연주자들이 와서 공연하기도 합니다. 1950~1961년에 대대적인 복원 공사를 하여 공연이 가능한 시설로 다시 태어났기 때문이지요. 2,000년 전에 세워진 극장에서 진행되는 음악회는 색다른 감흥을 줄 것 같습니다.

복원 공사 이전의 기록 사진을 보면, 폐허나 다를 바 없는 것을 알 수 있습니다. 문화유산이라고 하여 무작정 있는 그대로 보존만 할 것이 아니라 이처럼 과감한 결정으로 더 이상의 훼손을 막고 옛 유적에 생명을 불어넣는 것이 필요하다고 생각합니다. 헤로데스 아티쿠스 극장은 그런 면에서 바람직한 성공 사례라고 생각됩니다.

자료를 찾다 보니, 아크로폴리스를 배경으로 헤로데스 아티쿠스 극장 유적을 그린 그림이 있기에 소개합니다. 건물들이 가득 들어선 현재의 아테네와는 다른 정취를 느낄 수 있어 새롭습니다.

각각 Robertson James, Bonfils Félix 촬영, 복원 공사 이전의 기록 사진

Purser William(1790~1834)
'아크로폴리스와 헤로데스 아티쿠스 극장이
보이는 아테네 풍경'

디오니소스 극장 ⑦
Theatre of Dionysos

   옛날에는 헤로데스 아티쿠스 극장과 디오니소스 극장을 연결하는 에우메네스 주랑Stoa of Eumenes이 있었다고 합니다. 사진에 보이는 이 길이 주랑이 있던 자리입니다.

   에우메네스 주랑은 건설비용을 댄 페르가몬 왕국의 에우메네스 2세Eumenes II of Pergamon의 이름을 따서 그렇게 불렀는데, 그는 고대 아고라에 아탈로스 주랑을 세워 아테네 시민들에게 선물한 아탈로스 2세

에우메네스 주랑 자리

Attalos II of Pergamon의 동생이었다고 합니다.

여기서 주랑柱廊이란, '기둥[柱]들이 줄을 지어 늘어서서 이루는 복도[廊]'를 말하며, 열주랑列柱廊이라고도 합니다. 주랑은 기둥들이 늘어선 한쪽은 틔어 있고 다른 쪽은 기둥 사이에 벽돌을 쌓아 벽을 만들었는데, 복도가 긴 경우에는 작은 방들이 들어서기도 했습니다. 이 방들은 가게로 이용되기도 했지요.

주랑을 의미하는 그리스어 Stoa가 훗날 영어의 store(가게)로 변하는 데는 그 공간의 원래 용도와 관련이 있는 것입니다.

그런데 이때의 Stoa가 그리스 철학에 중요한 영향을 미쳤다는 사실을 아십니까? 바로 스토아학파stoicism 이야기입니다. 에우메네스 스토아 거리를 지나가는 김에 거기에 대해서 잠깐 알아볼까요.

고대 아테네 남자들은 뜨거운 햇살을 피해 열주랑 안의 그늘에 모여 토론과 대화로 시간을 보냈다고 합니다. 그런 문화가 있었기에 그리스에서 철학이 발달할 수 있었을 테지요. 그런 토론 문화에서 탄생한 것이 스토아학파인데, 이는 키프로스 출신의 철학자 제논Zēnōn ho Kyprios이 아테네 아고라(현재의 고대 아고라)의 '채색주랑Stoa'에서 철학을 강의한 데서 유래하는 이름으로, 제논을 중심으로 모여 활동한 학파를 가리킵니다. BC 3세기부터 로마 제정帝政 말기까지 명맥이 이어졌으며, 헬레니즘 시대의

스토아학파의 시조 제논

대표적인 학파로 평가받습니다. 네로 황제의 스승이었던 세네카Lucius Annaeus Seneca와 로마 제국 오현제五賢帝 중의 한 사람인 마르쿠스 아우렐리우스Marcus Aurelius Antoninus 황제는 스토아학파의 주요 인물이었습니다.

에우메네스 주랑이 있던 길을 따라 걷다 보면 디오니소스 극장이 나옵니다.

디오니소스 극장은 BC 6세기경에 건립되었다가 소실된 후 BC 342~BC 346년에 로마의 집정관이자 예술가였던 리쿠르고스Lykourgos에 의해 15,000여 명이 한꺼번에 입장할 수 있는 규모로 개축되었다고 알려졌습니다. 결코 작지 않은 공간이었음을 짐작할 수 있습니다.

이곳은 무엇보다도 매년 디오니소스 제전이 열린 장소로서 특별한 가치와 의미를 갖습니다. 디오니소스 제전이야말로 예술 발생의 출발점이 되는 고대 행사로, 아테네 사람들은 연극을 관람하면서 교양인으로서의 자질을 키웠습니다. 아테네의 민주주의가 발달할 수 있었던 원인으로 교양 있는 중산층이 많이 등장한 것을 꼽는 이들도 있는데, 그들의 의견이 타당하다면 디오니소스 극장이야말로 민주주의가 꽃필 수 있도록 뒷받침해준 기름진 토양인 셈입니다.

디오니소스 극장 유적

고대 그리스
연극

디오니소스 제전 때는 비극 경연대회가 열렸는데, 3명의 작가를 선발하여 각자 4편의 작품을 무대에 올리도록 했다고 합니다. 그 가운데 3편은 비극이고 1편은 사티로스 극Satyros劇(합창단이 사티로스로 분장하고 춤을 추면서 디오니소스 찬가를 부르던 희극)이어야 했습니다. 디오니소스 제전이 계속되는 동안 아테네 사람들은 비극을 통해 카타르시스를 느끼고, 사티로스 극을 보면서는 디오니소스를 예찬하며 삶의 흥겨움을 만끽했을 것입니다.

대부분의 도시국가들은 크고 작은 야외극장을 많이 지었는데, 이를 '암피테아테르Amphitheater'라고 했습니다. 암피Amphi는 그리스말로 '사방팔방에서'란 뜻이고, 테아테르Theater는 '극장'이란 뜻이니, 암피테아테르는 사방팔방에서 관람할 수 있도록 야외에 만든 원형극장을 말합니다. 이것은 왕이나 귀족들을 위한 것이 아니라, 일반 대중들을 위한 시설이라는 점이 중요합니다. 개방된 공간에서 공연되는 연극을 시민 모두가 한자리에 모여서 감상한다는 것은 그 당시 다른 나라에서는 유래를 찾아보기 힘들 정도로 민주적인 발상이었습니다. 아테네에서 최초로 민주주의가 발생하여 주변 도시국가들로 빠른 속도로 퍼져나갈 수 있었던 데에는 이런 문화적 토양이 마련되어 있었기 때문입니다.

이런 까닭에 디오니소스 극장을 단순히 연극이 공연되던 무대로만 볼

그리스 학생들의 연극 수업 장면(소크라테스 감옥에서)

수는 없습니다. 연극 공연을 통해 아테네 시민 공동체가 무엇을 추구했는지를 이해하고, 그것이 인류의 역사에 어떤 영향을 끼쳤는지를 알아야 이 공간의 의미를 제대로 이해한다고 할 수 있는 것입니다.

또한 원형극장에서 이루어지는 연극 공연은 시민 의식과 문화 의식을 향상시키면서 국가 공동체의 정체성을 공유하고 전승하는 역할도 했습니다. 그래서 어떤 이는 암피테아테르가 또 다른 아카데미아라고 하기도 하는 것입니다.

현재의 그리스인들도 연극이 가진 그러한 힘을 잘 이해하고 있을 것입니다. 필로파포스 언덕의 소크라테스 감옥에 갔다가 학생들이 연극 연습 하는 것을 본 일이 있는데, 학생들끼리 서로 의견을 나누어가며 연극을 완성해가는 과정을 보고 있자니, 그들의 오랜 전통의 힘이 느껴지는 것 같았습니다.

디오니소스의
불행한 탄생, 행복한 인생

흔히 '술의 신'으로 불리는 디오니소스Dionysos는 제우스의 아들입니다. 그의 이름은 '어머니가 둘인 자'란 뜻인데, 이름의 뜻을 이해하려면 디오니소스의 범상치 않은 탄생 과정을 알아야 합니다.

바람둥이 제우스는 테베의 왕 카드모스의 딸 세멜레Semele에게 반하여 자주 찾아갔습니다. 그런데 꼬리가 길면 밟힌다고, 올림포스 궁을 자주 비우다 보니 부인인 헤라가 그만 눈치를 채고 만 것입니다. 이때는 이미 세멜레가 제우스의 아이를 임신한 뒤였지요.

질투심을 참지 못한 헤라는 세멜레의 유모로 변장하고 세멜레를 찾아갔습니다. 그리곤 밤마다 찾아오는 사내를 조심하라는 둥, 제우스를 사칭하는 사기꾼일지도 모르니 자세히 알아보라는 둥, 순진한 처녀의 불안감을 자극하는 말을 잔뜩 늘어놓았지요.

세멜레는 헤라의 꾀임에 넘어가 제우스가 찾아왔을 때, 한 가지 부탁이 있다고 말합니다. 세멜레를 무척 아꼈던 제우스는 꼭 들어주겠다는 뜻으로 스튁스 강에 걸고 약속합니다. 그런데 세멜레의 부탁은 "당신이 진짜 제우스라면, 본래의 모습 그대로 날 만나러 오라."는 것이었지요.

제우스는 그것이 어떤 결과를 가져올지 잘 알았지만, 이미 스튁스 강에 걸고 약속했기 때문에 들어주지 않을 수 없었습니다. 스튁스의 이름을 걸고 한 약속은 제아무리 제우스라 해도 절대로 어길 수 없었던 것

페테르 폴 루벤스 '세멜레의 죽음'

입니다.

제우스는 어쩔 수 없이 본래의 모습, 즉 벼락 신의 모습으로 세멜레를 찾아갑니다. 그걸 본 인간 세멜레는 순식간에 불타버리지요.

루벤스의 그림은 제우스의 벼락에 맞아 죽는 세멜레를 표현하고 있습니다. 제우스의 오른손에 들린 벼락을 눈여겨보세요.

경솔하게 스튁스 강에 걸고 약속한 까닭에 사랑하는 여인을 죽음으로 이끈 제우스는, 그녀의 배 속에 있던 아기를 꺼내어 자신의 넓적다리 속에다 넣어서 키웁니다. 그렇게 하여 태어난 아이가 디오니소스입니다. 디오니소스는 어머니의 배 속에서 생겨나 아버지의 허벅지에서 자랐으므로, 어머니가 둘이 된 것입니다.

불행한 출생의 비밀을 안고 태어났지만, 디오니소스는 누구보다도 행복한 역할을 부여받습니다. 그는 '술의 신'이자 '축제의 신'이기 때문입니다. 술이 지나치면 일탈로 이어지고, 축제는 때때로 광기로 흐르기도 하지만, 디오니소스는 기본적으로 유쾌하고 행복한 캐릭터입니다.

에우리피데스Euripides가 쓴 비극 〈바쿠스의 여신도들Bakchai〉 속의 합창은 그런 그의 속성을 알려줍니다.

우리의 신이신, 제우스의 아드님께서는

주연酒宴을 좋아하시며, 축복을 가져다주시고,

젊은이들을 양육하는 평화의 여신을 사랑하신다네.

그 분은 부자에게도 가난한 이에게도

근심을 잊게 해주는 포도주의 환희를 똑같이 나눠 주신다네.

사진 속 인물이 디오니소스입니다. 머리에 포도 장식이 있고, 옆에 그의 상징 동물인 표범이 있으며, 다른 쪽에는 스승인 실레노스의 얼굴이 보입니다.

그러나 앞에서도 말했듯이, 디오니소스는 인간에게 풍요로운 수확을 선사하는 신이기도 하지만, 술의 신이다 보니 때로 방탕과 무절제의 부작용을 동반하기도 합니다. 풍요로운 수확을 감사하는 축제로부터 예술이 시작되었고, 축제에서의 지나친 음주·가무가 퇴폐적인

바티칸박물관 소장 '디오니소스'

카라바조 '바쿠스'

카라바조 '병든 바쿠스'

William-Adolphe Bouguereau '디오니소스를 숭배하는 젊은이들'

문화를 낳았다고 생각하면, 디오니소스는 인간의 문화생활에 긍정적이
든 부정적이든 결정적인 영향을 미친 것이 분명합니다.

　카라바조의 '바쿠스(디오니소스의 로마식 이름)'와 '병든 바쿠스'를 비교해
보면 그의 긍정적 면모와 부정적 면모를 알 수 있습니다. 적절한 음주는
풍성한 수확과 풍요로운 삶을 느끼게 하지만, 지나친 음주는 질병과 죽
음을 떠올리게 합니다.

디오니소스의 스승
실레노스

거의 폐허로 변해버린 디오니소스 극장에서 그나마 원형을 유지하고 있는 부분은 무대를 장식하던 부조와 조각상입니다. 그것들은 대개 디오니소스의 생애와 공적을 묘사하고 있는데, 그 가운데서 중앙의 조각상은 눈여겨볼 필요가 있습니다. 다른 부분이 부조로 되어 있는 데 비해 이것은 조각상이고, 또 인물의 덩치도 큰 편입니다. 이것은 마치 위에서 누르는 무게에 짓눌린듯하기도 하고, 혹은 구석으로부터 빠져나오려고

실레노스 조각상

안간힘을 쓰고 있는 듯도 합니다. 수염이 덥수룩한 채 구부정한 자세로 앉아 있는 이 인물은 바로 디오니소스의 스승인 실레노스Silenos입니다.

태어나기도 전에 어머니가 죽은 디오니소스는 여러 사람의 손에 맡겨지는데, 그중의 하나가 바로 실레노스입니다. 어린 디오니소스를 키우고 가르친 스승이지요.

바티칸박물관의 손에 포도를 들고 있는 노인은 흔히 디오니소스로 오해받는 실레노스입니다. 그는 주로 '수염이 덥수룩하고 못생겼으며, 술에 취한 노인'의 모습으로 표현됩니다. 그러나 겉모습과는 달리 매우 현명한 노인이었다고 합니다. 파리의 루브르박물관에도 거의 비슷한 작품이 있는데, 두 작품을 비교해 보면 실레노스의 이미지가 보다 뚜렷해집

바티칸박물관 소장 '실레노스'   루브르박물관 소장 '실레노스'

니다.

실레노스는 디오니소스와의 관계보다, 미다스Midas 왕과의 일화가 더 널리 알려져 있습니다.

술의 신 디오니소스의 스승답게 늘 술에 취해 있던 실레노스는 어느 날 프리기아의 왕 미다스의 궁전에 가서 후한 대접을 받게 됩니다. 실레노스의 정체를 알고 있던 미다스 왕이 일부러 초대하여 대접했다는 설이 있습니다. 나중에 그 사실을 알게 된 디오니소스는 스승을 극진히 대접한 미다스에게 감사의 표시로 소원을 한 가지 들어주겠다고 합니다. 그러자 미다스는 기다렸다는 듯이 소원을 말하는데, "내 손에 닿는 것은 모두 황금으로 변하게 해 달라."는 것이었지요.

디오니소스는 미다스 왕의 어리석음에 탄식했지만, 약속은 약속인지라 미다스가 만지는 모든 것이 황금으로 변하도록 해줍니다. 그러자 미다스는 뛸 듯이 기뻐했지요.

그러나 그 기쁨은 오래가지 못합니다. 만지는 것마다 황금으로 바뀌니, 빵을 먹을 수도, 물을 마실 수도 없게 되었기 때문이지요. 심지어 사랑하는 딸마저 만지는 순간 황금으로 변해버렸으니, 큰일이 아닙니까?

결국 미다스 왕은 디오니소스를 찾아가 자신에게 내려진 재앙을 없애 달라고 애원하지요. 디오니소스는 그에게 파크톨루스 강River Pactolus에 가서 손을 씻으라고 일러주고, 그렇게 한 다음에야 미다스는 원래의 상태로 돌아오게 되었다고 합니다. 그 뒤로부터 파크톨루스 강에서 사금이 나온다는 이야기도 덧붙여 전해집니다.

사람의 어리석은 물욕이 어떤 결과를 가져오는지 말해주는 이 이야기 속에 디오니소스의 스승인 실레노스가 등장하기에 소개했습니다.

고대 그리스의
3대 비극 작가

고대 그리스는 문학 측면에서도 후대에 귀중한 유산을 남겼습니다. 호메로스의 서사시는 이후로 등장하는 문학 장르에 절대적인 영향을 미쳤고, 비극 경연대회를 통해 배출한 작가들의 작품은 공연 예술의 기원이 되었습니다.

호메로스의 서사시란, 인류 역사상 최고最古이자 최고最高라는 평가를 받는 호메로스의 〈일리아스〉와 〈오디세이〉를 말합니다. 〈일리아스〉는 그리스 연합군과 트로이가 벌인 10년 전쟁을 주제로 한 영웅들의 이야기이고, 〈오디세이〉는 트로이 전쟁의 영웅 오디세우스가 포세이돈의 노여움을 산 까닭에 고향으로 돌아가는 길에 10년 동안 바다를 표류하며 겪는 갖가지 사건과 모험에 관한 이야기입니다. 오디세우스 이야기는 아테네 국립 고고학박물관의 '사이렌 조각상(286쪽)'에서 설명합니다.

비극의 기원에 대해서는 명확하게 알 수 없으나, 대체로 BC 5세기 무렵에 아테네에서 시작된 디오니소스 제전의 연극 경연대회로부터 비롯된 것으로 봅니다. 당시 연극 경연대회에서는 비극과 사티로스 극이 공연되었는데 극작가 한 명당 사티로스 극은 1편 공연되는 데 비해 비극은 3편씩 공연되었습니다. 그래서인지 현재까지 전해지는 작품도 비극이 훨씬 풍부합니다.

여기서는 고대 그리스의 3대 비극작가에 대해 알아봅시다.

먼저, 인류 최초의 본격적인 비극작가라고 불리는 아이스킬로스 Aeschylos가 있습니다. 그는 BC 525년경(?)에 아테네 인근 엘레우시스에서 귀족 가문의 아들로 태어났습니다. 20대 중반인 BC 499년에 처음 비극 경연에 참석한 이래, 모두 합쳐 13회나 우승했습니다. 첫 우승은 40대였던 BC

아이스킬로스

484년에 차지했고, (비록 50대였던 BC 468년에 젊은 신인 극작가 소포클레스에게 아쉽게도 우승을 내주기는 했지만) 마지막 우승은 60대였던 BC 458년에 '오레스테스 3부작'으로 차지했지요.

그는 연극에서 배우의 수를 두 명으로 늘렸는데, 그럼으로써 배우들이 얼굴을 맞대고 진행하는 갈등 표현이 가능해졌습니다.

그의 대표작은 연극 경연대회에서 수상한 '오레스테스 Orestes 3부작'으로 '아가멤논', '제주 祭酒를 바치는 여인들', '자비로운 여신들'로 이루어진 작품입니다. 그리스 신화에 나오는 아가멤논 가문의 비극적 파멸을 다룬 이야기로 비극적 요소가 물씬한 주제이지요. (아가멤논 가문의 파멸에 관한 이야기는 국립 고고학박물관의 '아가멤논의 황금 마스크'(263쪽)에서 하겠습니다.) 그리스 비극 중에서는 유일하게 거의 완전한 형태로 전해지는 작품입니다.

아버지 아가멤논의 무덤에서 서로 만나는 엘렉트라와 오레스테스
(아버지를 살해한 어머니 클리타임네스트라를 죽이는 남매)

소포클레스Sophocles(BC 496?~BC 436)의 이름도 사람들의 입에 자주 오르내립니다. 그는 탁월한 재능을 보인 비극작가인 동시에 훌륭한 정치가이기도 했습니다. BC 443~BC 442년에 델로스 동맹 재무장관에 임명되어 페리클레스와 더불어 10인의 지휘관 직에 선출되었고, BC 413~BC 411년의 아테네 내정 동요기에는 국가 최고위원

바티칸박물관 소장 '소포클레스'

10인의 한 사람으로 선출되어 국가에 공헌하였습니다. 신앙심도 두터워 아스클레피오스의 신전을 자기 저택 내에 세웠다고 전해집니다.

28세 때 연극 경연대회에 참여하여 스승인 아이스킬로스를 꺾고 처음 우승한 이후로, 123편의 작품을 쓰면서 18회(일설에는 24회)나 우승하였다고 합니다.

그는 무대 배경을 그림으로 표현하는 방식을 고안하기도 하고 소도구를 사용하는 등 연극 공연에 있어서 새로운 시도를 많이 했습니다. 또한 합창단의 수를 12명에서 15명으로 늘리고, 배우도 2명에서 3명으로 늘렸습니다. 그러면서 3명의 배우들이 대화를 통하여 각자의 성격을 드러내고, 복선의 교묘한 배치로 등장인물들 사이의 갈등이 짜임새 있게 고조되도록 하는 방식을 택해 관객들의 호평을 받았습니다.

그의 대표작은 '안티고네Antigone', '오이디푸스 왕King Oedipus', '콜로너스의 오이디푸스Oedipus at Colonus' 등이 있습니다. (오이디푸스에 관한 이야기는 '오이디푸스의 피할 수 없는 신탁'(358쪽)에서 소개하겠습니다.)

에우리피데스Euripides(BC 484?~ BC 406?)는 신화나 전설에 구애받지 않고, 당시 사회의 정치, 종교, 철학에 관심을 두고 극을 썼다는 점에서 이전의 극작가들과 차별됩니다. 그의 관심은 인간 사이의 갈등이었고, 고뇌하는 인간을 묘사하지만 억지스러운 교훈이나 위안을 시도하지는 않았습니다. 그런 점에서 3명의 비극작가 중에서 가장 근대적인 작품 세계를 보여주었다는 평가를 받습니다.

바티칸박물관 소장 '에우리피데스'

모두 92편의 작품을 썼으나 현재까지 전하는 것은 '메데이아Mēdeia'(BC 431년 상연), '타우리스의 이피게네이아Iphigeneia en Taurois'(BC 413년경 상연) 등 18편이며, '엘렉트라Electra', '트로이의 여인들The Trojan Women' 등이 대표작으로 언급됩니다.

아스클레피오스의 성역 8

Sanctuary of Asclepius/Asklepios

디오니소스 극장 옆에 아스클레피오스 신전터가 남아 있습니다. 거의 다 파괴되어 신전의 흔적은 찾아볼 길 없지만, 아테네 사람들이 그를 숭배했다는 것을 알게 해주는 장소입니다.

아스클레피오스는 고대 그리스 사람들에게 올림포스의 신들 못지않게 중요한 사람이었습니다. 신이 아니었음에도 불구하고 '의술의 신'이라고 불릴 정도였지요.

실제로 아스클레피오스는 죽은 후에 광범위한 지역에서 거의 신에 가

아스클레피오스 신전터

까운 숭배를 받았습니다. 질병을 고쳐주어 죽음의 문턱에서 돌아오게 해주는 능력은 어떤 신의 권능보다도 인간에게 고마운 일이었기 때문입니다. 아크로폴리스 근처에 그를 기리는 신전이 있었다는 것은 아테네 사람들 역시 그를 신에 버금가는 중요한 존재로 여겼다는 증거가 됩니다.

아스클레피오스 숭배로 특히 유명한 도시는 에피다우로스Epidauros 입니다. 펠로폰네소스 반도에 위치한 에피다우로스에는 아스클레피오스의 성소聖所가 있으므로 '성스런 마을'로 불렸으며, 신전 주변은 건축이 철저히 금지되었다고 합니다.

에피다우로스 유적
에피다우로스 극장

그곳에는 현재도 헬레니즘 시대의 극장이 완전한 형태로 남아 있고, 유적 발굴 결과 병원, 목욕탕, 김나지움(고대 그리스의 종합 체육장), 체육관, 경기장, 병자들이 치료를 기다리던 엔코이메테리온enkoimeterion, 환자를 위한 숙소인 카타고제이온katagogeion 등이 있었음이 밝혀졌습니다. 병원과 목욕탕은 질병 치료와 관련 있는 시설이고, 체육관·경기장은 체력을 증진시켜 건강한 신체를 갖도록 하는 시설이며, 극장 또한 감정의 정화를 통해 치료의 기능을 하는 공간이었습니다. 그러니 그곳은 요즘으로 말하자면 '치료와 휴양을 위한 시설이 모여 있는 복합 의료시설'이었던 셈입니다. 이렇게 아스클레피오스 신전과 치료 관련 부속 시설이 함께 들어선 곳을 아스클레피온Asclepion이라고 합니다.

유네스코는 에피다우로스의 아스클레피오스 신전 지역을 세계문화유산으로 지정하면서 그 기준으로 '에피다우로스의 성역에 속하는 건물들은 그리스와 로마 시대의 의술 숭배에 대한 분명한 증거를 보여 주며, 의술의 신에게 바쳐진 신전과 병원 시설들은 일관되게 완벽한 조화를 이룬다.'는 점을 들었습니다. 이로써 아스클레피오스에 대한 숭배가 그리스 시대를 지나 로마 시대에까지 이어졌음을 알 수 있습니다.

코스 섬Kos island의 아스클레피오스 신전도 아스클레피오스 숭배와 관련하여 주목할 필요가 있는 주요 유적입니다. 코스 섬은 히포크라테스가 태어나 의술을 펼쳤던 곳으로 유명하지요.

코스 섬의 아스클레피오스 신전 유적

터키 서부 페르가몬Pergamon 유적지에 있는 아스클레피온도 아스클레피오스 숭배와 관련하여 중요한 유적지 중의 하나입니다.

페르가몬의 아스클레피온은 AD 1세기경에 세워진 것으로 추정되며, 설립자는 토착 귀족이었던 아르키아스Archias로 알려져 있습니다. 본래는 신전의 기능만 했으나 이 지역 출신의 의사인 갈렌Galen(131~210)에 의해 의료 시설로 명성을 얻게 되었고, 마사지, 진흙 목욕, 약초 등을 이용한 다양한 치료 및 해몽을 통한 심리 분석이 이루어지면서 명성을 얻게 되었다고 합니다.

오늘날 신전의 전체 규모는 남북으로 250m, 동서로 200m에 달하고 내부에는 아스클레피오스 신전, 회복의 신 텔레스포루스Telesphorus에게 봉헌된 신전, 도서관, 목욕탕 등이 있으며, 건물 북쪽 회랑 바깥으로 원형 극장이 있습니다.

페르가몬의 아스클레피온 유적

아스클레피오스의
탄생과 죽음

아스클레피오스는 아폴론의 아들입니다. 아폴론이 테살리아의 왕 플레기아스의 딸 코로니스Coronis를 좋아하여 그 사이에서 얻은 아들이 바로 아스클레피오스입니다.

아스클레피오스의 탄생과 관련하여서는 엇갈린 이야기가 전합니다.

하나는 코로니스가 아폴론과의 사이에서 이미 아이를 임신한 상태에서 아르카디아에서 온 이스퀴스Ischys란 남자와 다시 사랑에 빠졌다는 이야기입니다. 이 사실을 알게 된 아르테미스(아폴론의 누이이며, 순결한 처녀 신으로서 정절을 잃은 여자를 용서하지 않는 여신이지요)가 코로니스를 죽였는데, 그때 그녀의 배 속에 있던 아이를 아폴론이 꺼내어 살렸다는 것입니다. 그 아이가 아스클레피오스로, 최초로 제왕절개 수술로 태어난 아이라고 합니다. 그러나 디오니소스도 죽은 어머니의 배 속에서 세상 밖으로 나왔으니, 누가 최초인지는 더 알아봐야 할 것 같군요. 아폴론은 태어나기 전에 어미를 잃은 아들을 현명한 켄타우로스인 케이론에게 맡겼으며, 아스클레피오스가 의술을 배운 것은 스승인 케이론으로부터라고 하지요.

다른 하나는, 코로니스는 아폴론과의 사랑을 지켰는데, 아폴론의 전령인 까마귀가 코로니스가 바람피운다는 소문을 아폴론에게 전했다는 것입니다. 아폴론은 까마귀의 말만 믿고 코로니스를 죽였는데, 나중에 알고 보니 잘못된 소문이라 화가 나서 원래 흰색이던 까마귀의 깃털을 검게 만들어 버렸다고 합니다. 그리고 죽은 코로니스의 배 속에 있던 아이를 꺼내어 케이론에게 보내 의술을 배우게 했다는 것이지요.

아폴론이 거짓말쟁이 까마귀를 별자리로 만든 후, 가까운 거리에다 물컵자리를 만들어두었다는 이야기도 전합니다. 아무리 목이 말라도 까마귀가 물을 마실 수 없도록 해 벌을 주려고 했다는 것이지요.

어쨌든 의술의 신인 아폴론으로부터 의학적인 유전자를 물려받은 데다 케이론으로부터 의학을 배웠으니 그가 의술의 달인이 된 것은 자연스러운 일입니다. 그는 어찌나 아픈 사람들을 잘 치료했던지 "죽은 사람도 살려낸다."는 평이 자자했습니다.

실제로 그는 죽은 사람을 살려낸 적이 있습니다. 아테네 왕 테세우스의 아들 히폴리토스가 억울하게 죽었을 때 그를 살려낸 것입니다.

그러자 저승의 신 하데스가 제우스에게 항의합니다. 죽은 사람은 이미 하데스의 백성이 된 것인데, 아스클레피오스가 자신의 백성을 데려갔다는 것이지요. 산 사람과 죽은 사람의 세계는 엄연히 구분되어야 하는데 아스클레피오스 때문에 그런 질서가 무너지면 안 된다고 생각한 제우스가 벼락을 내려 아스클레피오스를 죽였다고 합니다.

그러자 아스클레피오스의 아버지인 아폴론이 반발합니다. 제우스에게 벼락을 만들어준 키클롭스를 죽이고, 제우스를 찾아가 격렬히 항의한 것입니다. 그러자 제우스는 아스클레피오스를 밤하늘의 별자리로 만들어 주는 것으로 사건을 무마시킵니다. 그런 까닭에 아스클레피오스는 밤하늘의 뱀주인자리(혹은 땅꾼자리)로 남게 되었습니다.

그런데 왜 의술의 신으로 추앙받던 아스클레피오스를 뱀주인자리로 만들었을까요. 그러고 보니 아스클레피오스가 들고 있는 지팡이를 뱀이 감싸고 있군요.

바티칸박물관 소장 '아스클레피오스'

뱀이 감고 있는 지팡이가 아스클레피오스의 상징이 된 이유를 설명하는 신화는 이런 내용입니다.

아스클레피오스기 제우스의 번개를 맞아 죽은 글라우코스 Glaukos를 치료하고 있는데, 뱀 한 마리가 방안으로 들어왔습니다. 깜짝 놀란 아스클레피오스는 옆에 있던 지팡이로 뱀을 때려죽였지요. 그런데 잠시 후 다른 뱀 한 마리가 약초를 물고 와서 죽은 뱀의 입에 대자 거짓말처럼 죽은 뱀이 다시 살아난 겁니다. 아스클레피오스는 그 광경을 보고 느껴지는 것이 있어 뱀이 물고 왔던 약초를 글라우코스의 입에 가져다 댔는데, 뱀이 살아나듯 그도 살아났다고 합니다. 그 일이 있은 후 아스클레피오스는 자신의 지팡이에 뱀이 감고 있는 모습을 새겨 자신의 상징으로 삼았다고 합니다. (이 이야기는 예언자 폴리이도스의 일화라고도 합니다)

이런 설명 외에도 뱀이 허물을 벗는 것을 재생과 부활로 이해하여 아스클레피오스가 죽은 사람을 살려내는 것과 연결 지었다는 해석도 있습니다. 어쨌든 뱀이 휘감고 있는 지팡이는 세계보건기구의 휘장에도 들어갈 정도로 의학 분야에서는 의미가 깊은 상징입니다.

세계보건기구 휘장

아스클레피오스는 비록 제우스의 번개를 맞고 죽었지만, 그의 빼어난 의술은 그 이후로 의학의 대명사가 되었습니다. 의사가 되려는 사람들이 하는 히포크라테스 선서에 그의 이름이 등장하는 것이 대표적인 예입니다. 히포크라테스 선서는 이렇게 시작합니다.

"나는 의술의 신 아폴론과 아스클레피오스와 히게이아 및 파나케이아에게 맹세하여 나의 능력과 판단에 의해 다음의 선서를 준수할 것을 모든 신과 여신 앞에서 맹세한다."

아스클레피오스의 가족

아스클레피오스는 에피오네(혹은 에피오나)와 결혼하여 두 명의 아들과 다섯 명의 딸을 두었습니다. 그의 자식들 또한 아버지의 유전자를 물려받아 의학과 관련된 분야에서 업적을 남겼습니다. 그에 대해 조금 더 자세하게 알아봅시다.

그의 부인인 에피오네Epione 는 고통을 달래주는 여신입니다. 그녀의 이름은 '달래다, 덜어주다, 진정시키다'는 뜻의 고대 그리스어에서 비롯된 것이니, 아스클레피오스의 부인으로서 안성맞춤인 여신이지요.

그의 아들인 마카온Machaon 과 포달레이오스는 외과 의사로, 형제가 함께 트로이 전쟁에 나갔습니다. 그들은 그리스 연합군의 일원으로 많은 활약을 했는데, 특히 의술로써 중요한 업적을 남겼습니다. 당시 그리스 연합군은 트로이 성을 함락시키기 위해서는 헤라클레스의 독화살이 반드시 있어야 한다는 신탁을 받았는데, 그것을 가지고 있던 필록테테스Philoctetes를 렘노스 섬에 버리고 온 상태라서 곤란한 처지였습니다. 그는 트로이로 오던 중에 뱀에 물려 상처가 깊었으므로 렘노스 섬에 버려지는 신세가 되었던 것입니다. 이에 마카온과 포달레이오스가 렘노스 섬으로 가서 필록테테스를 치료해 주고 헤라클레스의 독화살을 가져옴으로써 그리스 연합군은 승리의 기반을 마련할 수 있었습니다. 트로이 전쟁의 원인이 된 트로이의 왕자 파리스를 활로 쏘아 죽인 것이 필록테테스라고 하니, 그를 살려내어 전쟁터로 돌아오게 만든 마카온과 포달레이오스의 업적도 함께 평가되어야 할 것입니다.

아스클레피오스의 딸들은 치유와 관련된 역할을 맡았습니다. 건강의 여신 히게이아Hygeia(히기에이아), 만병통치약이라 불리던 파나케이아Panakeia 여신, 치료법의 여신 이아소Iaso, 생기의 여신 아이글레Aigle, 상처와 질병 치료의 여신 아케소Aceso 등이 그들입니다.

히게이아는 건강한 삶을 위한 지혜를 가르치는 여신으로, 아버지인 아스클레피오스가 질병에 걸린 환자들을 직접 치료하는 신이었다면, 히게이아는 질병에 걸리지 않도록 미리 예방하는 쪽에 중점을 두는 신이라는 데 차이가 있습니다. 이런 의미에서 히게이아는 위생 또는 위생학을 가리키는 단어 '하이진hygiene'의 어원이 되었고, 예방 의학의 선구자로 여겨집니다. 처음에는 히게이아가 더 높이 숭배되었으나, 질병에 걸린 환자를 직접 치료하는 것이 더 효과적이라는 믿음이 널리 퍼지면서 아스클레피오스에 대한 숭배가 우위를 차지하게 되었다고 합니다. 그래도 그녀 역시 히포크라테스 선서에 이름이 등장할 정도로 중요한 대접을 받았습니다.

히게이아는 특히 아버지인 아스클레피오스처럼 뱀을 지니고 있는 모습으로 표현됩니다. 아스클레피오스의 자식들

바티칸박물관 소장 '뱀을 들고 있는 히게이아'

중에서 제일 중요한 대접을 받는다고 볼 수 있지요.

파나케이아는 '모든 것을 치료한다'는 의미를 갖는 여신입니다. 주로 약초를 이용하여 질병을 치료하는데, 사람들은 그녀의 약초로 모든 질병을 다 치료할 수 있다고 믿었습니다. 그래서 '만병통치약의 여신'인 것입니다. 히포크라테스 선서에도 그녀의 이름이 등장하는 것으로 보아 고대인들에게는 질병을 치료하는 그녀가 매우 중요한 존재였던 것으로 보입니다.

이아소는 치유의 여신으로 특히 치료 방법에 관여합니다. 이아소라는 이름은 '치료법'을 뜻하는 고대 그리스어에서 비롯되었다고 합니다.

아이글레와 아케소도 많이 알려지지는 않았지만, 아스클레피오스의 딸들답게 질병 치료와 건강한 삶에 중요한 역할을 하는 여신이랍니다.

아크로폴리스박물관 9
Acropolis Museum

아크로폴리스박물관은 원래 아크로폴리스의 파르테논 신전 옆에 있었는데, 새 건물을 지어 이전했습니다. 새 박물관은 아크로폴리스의 아래쪽에 있습니다. 아크로폴리스에서 발굴된 유물들을 중심으로 전시하기 때문에 시간을 내어 방문하면 아크로폴리스 이해에 도움이 될 것입니다.

아크로폴리스박물관 입구

AD 2~3세기 무렵의 아크로폴리스 모형   1500년경의 아크로폴리스 모형

아크로폴리스의 변천사를 보여주는 모형을 보면 고대 그리스 당시의 모습을 짐작할 수 있습니다. 이 모형을 통해 헤로데스 아티쿠스 극장의 원래 모습을 알 수 있고, 헤로데스 아티쿠스 극장과 디오니소스 극장을 연결하는 에우메네스 주랑Stoa of Eumenes이 있었음을 알 수 있습니다.

그에 비해 1500년경의 모습을 보면 대부분의 건물이 훼손되고 사라진 것을 알 수 있습니다. 현재 우리가 보는 것과 거의 비슷하지요.

아크로폴리스의 건물들을 복원한 모형들도 실제 건물을 이해하는 데 도움을 줍니다.

아크로폴리스박물관에서는 앞서 살펴본 파르테논 신전, 아테나 니케 신전, 에렉테이온 신전의 부조와 조각상 등의 진품 또는 모조품을 볼 수 있는데, 특히 에렉테이온 신전에서 옮겨온 카리아티드가 전시된 곳은 관람객들의 관심이 집중됩니다. 원래 기둥은 6개인데, 이곳에는 5개만 있고, 그중의 하나는 훼손 정도가 심합니다. 나머지 1개는 대영박물관에 있답니다.

여기서는 아크로폴리스에서 살펴보았던 부조나 조각상 외에 아크로폴

프로필라이온

아테나 니케 신전

에렉테이온 신전

파르테논 신전

에렉테이온 신전의 카리아티드

리스박물관에 전시된 유물 중에서 특별히 관심 가질 만한 작품들을 몇 가지 살펴보겠습니다.

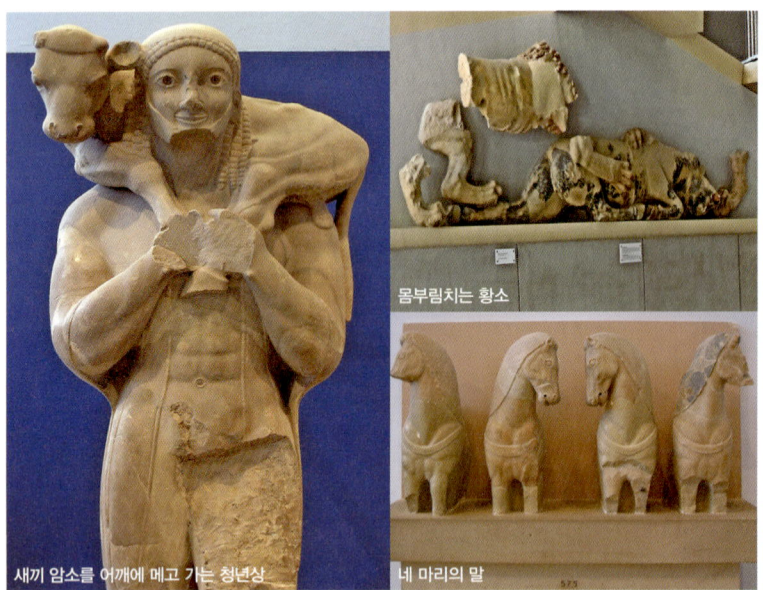

몸부림치는 황소

새끼 암소를 어깨에 메고 가는 청년상

네 마리의 말

● 새끼 암소를 어깨에 메고 가는 청년상

이 모습은 아마도 헤카톰페도스hekatompedos(아크로폴리스의 아테나 폴리아스 신전 옆에 있던 신전)로 향하는 모습이 아닐까 합니다. 헤카톰베hekatombe는 고대 그리스에서 소 100마리를 제물로 바치는 제사로, 아폴론, 아테나, 헤라에게 바치던 특별한 종교의식이었다고 합니다.

● 헤카톰페도스 신전의 조각

헤카톰페도스 신전의 페디먼트에 있던 조각으로 사자에게 공격당해 몸부림치는 황소를 묘사한 작품과 헤카톰페도스의 메토프를 장식한 네 마리 말의 조각입니다. 황소의 모습은 매우 사실적이고 생생한 표현이 당시 사람들의 예술적 능력을 말없이 증언하며, 네 마리의 말은 보존 상태가 양호하고 자세가 자연스럽습니다.

● 헤라와 아테나의 경합

사모스 섬의 수호신 자리를 놓고 헤라와 아테나가 경합하는 장면이
새겨진 부조입니다. 포세이돈을 물리치고 아테네를 차지한 아테나지만,
사모스 섬은 헤라에게 빼앗깁니다. 사모스 섬에는 파르테논 신전보다 4
배나 더 큰 헤라 신전이 있었다고 합니다.

● 옴파로스 위의 아스클레피오스

의술의 신이라고 불린 아스클레피오스가 옴파로스(세계의 중심이라고 생
각되는 곳에 놓은 돌) 위에 앉아 있고, 좌우에 그의 부인인 이피오네와 히
마티온himation(왼쪽 어깨에 걸쳐서 몸에 두르는 고대 그리스의 옷)을 입은 남자
가 서 있는 부조도 있습니다. 신이 아닌 아스클레피오스가 옴파로스 위
에 앉아 있는 것이 이색적인데, 아마도 옴파로스가 그의 아버지인 아폴
론의 성역(352쪽 참조)에 있는 것이라서 허용된 것이 아닐까 합니다.

헤라와 아테나의 경합   옴파로스 위의 아스클레피오스

● 아테나 여신을 따라다니는 올빼미

올빼미는 '어둠 속에서 사물을 꿰뚫어 보는 새'라 하여 지혜의 상징으로 여겨집니다. 진정한 지혜란 세상이 어두워져(즉, 혼란스러워져) 진실을 분간하기 어려울 때 정확하게 판단할 수 있어야 한다는 의미일 것입니다. 올빼미와 함께 있을 때 아테나는 학문의 여신이자 지혜의 여신으로 불립니다. 올빼미를 데리고 다니는 것은, 보이지 않는 것까지도 꿰뚫어 볼 수 있는 지혜를 가진 존재라는 자부심의 표현으로 보입니다.

● 배 모양의 등잔

전투용 배 모양을 한 등잔입니다. 당시의 등잔에 대한 정보를 알 수 있는 동시에 전투용 배의 모양과 구조를 알 수 있는 자료가 됩니다.

● 스핑크스 Sphinx

신전에 봉헌되었던 스핑크스입니다. 오이디푸스에게 "아침에는 발이 네 개고, 낮에는 두 개이며, 밤에는 세 개인 게 무엇이냐?"는 수수께끼를 냈던 스핑크스가 이렇게 생겼을 것입니다. 스핑크스는 인간의 머리에 사자의 몸을 하고 날개가 달린 괴물이었습니다. 이집트의 스핑크스와는 다소 다른 모습인데, 비교하면서 보면 좋을 것입니다.

아테나 여신을
따라다니는 올빼미

배 모양의 등잔

스핑크스

아레오파고스 💬10
Arios Pagos

아크로폴리스에서 고대 아고라 쪽을 내려다보면 야트막한 언덕이 보입니다. 거대한 바윗덩어리라고 표현하는 것이 더 적절할 것 같은 이곳의 이름은 아레오파고스Arios Pagos로, '아레스Ares의 언덕'이라는 뜻입니다.

이곳을 아레스의 언덕이라고 부르는 까닭은, 이곳에서 아레스가 재판을 받았기 때문입니다. 무슨 까닭으로 제우스의 아들이자 전쟁의 신인 그가 인간의 땅에 내려와 재판을 받았는지, 그 사연을 알아봅시다.

아레오파고스

아레스에게는 알키페Alkippe라는 딸이 있었습니다. 이 이름은 '굉장한 여자'라는 뜻으로, 아레스가 아테네의 왕 케크롭스의 딸 아글라우로스와의 사이에서 낳은 딸이었습니다. 그런데 포세이돈의 아들 할리로티오스Halirrothios가 알키페를 보고 반하여 납치하려 한 사건이 벌어진 것입니다. 그 사실을 알게 된 아레스는 분노를 참지 못하여 할리로티오스를 죽이고 맙니다. 그러자 이번에는 포세이돈이 아들의 죽음에 화를 참지 못하고 신들의 법정에 아레스를 고발합니다.

아레스의 살인 행위에 대한 재판이 열린 곳이 바로 아크로폴리스 아래의 언덕, 즉 지금의 아레오파고스인 것입니다. 아레스와 포세이돈을 제외한 올림포스 신들이 모두 배심원으로 참석한 재판에서 아레스에게 무죄 판결이 내려집니다. 딸의 정절을 지키기 위한 아버지의 부득이한 선택이었다는 아레스의 주장을 신들이 인정한 것이지요.

그 이후로 아레스의 언덕이란 이름이 붙은 이곳은 아테네에서 가장 오래되고 유서 깊은 법정으로서 살인이나 살인할 의도로 입힌 상해, 방화, 독살과 같은 중범죄를 재판하는 재판정으로 활용되었습니다. 살인을 저지른 경우에는 대부분 사형이 언도되고, 상해를 입힌 경우에는 재산 몰수나 유배 등의 중벌이 선고되었다고 합니다.

아레오파고스 법정에서 재판을 받은 이 중 아가멤논의 아들 오레스테스가 있습니다.

어머니가 정부情夫와 작당하여 아버지를 죽인 사실(아가멤논이 부인 클리타임네스트라에 의해 살해당하는 이야기는 '아가멤논의 황금 마스크(263쪽)' 편에서 다룹니다)을 알게 된 오레스테스는 고민에 빠집니다. 아버지의 원수를 갚으라는 신탁이 내려졌는데, 범인을 찾고 보니 어머니였기 때문입니다. 어머니를 죽이는 일에 망설임이 없었을 리 없습니다. 그러나 신탁을 거부할 수도 없었지요. 결국 그는 누나인 엘렉트라Electra와 힘을 합쳐 어머니 클리타임네스트라와 그녀의 정부 아이기스토스Aegisthus를 죽입니다. 신탁에 따라 아버지의 원수를 갚은 것이지요.

그 일로 인해 오레스테스는 살인자로 아레오파고스의 법정에 서야 했지만, 그보다 먼저 양심의 가책이 그를 괴롭혔습니다. 윌리엄 아돌프 부그로의 그림을 보면 복수의 여신 에리뉘에스Erinyes에게 쫓기는 오레스테스의 모습이 보입니다. 이 그림의 제목은 '오레스테스의 자책'입니다. 아버지를 위한 일이었지만, 어머니를 죽인 것은 자식으로서 못할 짓이었던 것입니다.

William Adolphe Bouguereau '오레스테스의 자책'

아레오파고스 법정에 선 오레스테스에 대한 배심원들의 판단은 유죄와 무죄로 팽팽하게 나뉘었는데, 재판장격인 아테나가 무죄에 한 표를 던진 까닭에 풀려날 수 있었다고 합니다.

그러나 법정에서 무죄 판결을 받았다고 하여 완전히 죄가 사라진 것은 아니었습니다. 어머니를 죽인 죄를 씻기 위해서는 타우리스Tauris(크림반도에 있는 도시)에 있는 아르테미스 여신상을 미케네로 가져와야 한다는 신탁이 내려진 것입니다. 할 수 없이 오레스테스는 친구인 필라데스Pylades와 함께 타우리스로 갔습니다. 그런데 그 도시에는 이방인을 붙잡으면 아르테미스 신전에 제물로 바치는 풍습이 있었습니다. 오레스테스와 필라데스도 꼼짝없이 제물이 되어 목숨을 잃을 위기에 빠지고 맙니다. 그때 아르테미스 신전의 신녀인 이피게네이아Iphigeneia가 오레스테스를 알아봅니다. 그녀는 아가멤논이 트로이를 향해 출정할 때 배를 띄울 수 있는 바람이 불지 않자 제물로 바쳤던 딸, 즉 오레스테스의 누나였던 것입니다. 제물로 바쳐진 이피게네이아를 아르테미스가 구해 자신의 신전을 지키는 신녀로 삼았는데, 마침 타우리스의 신전에 있다가 동생을 알아본 것이지요.

이피게네이아의 도움으로 아르테미스 여신상을 가지고 미케네로 돌아온 오레스테스는 클리타임네스트라와 아이기스토스 사이에서 태어난 알레테스Aletes를 죽이고 왕위를 되찾습니다.

비극적인 사건으로 점철된 아가멤논 가문의 악연은 그렇게 하여 끝나게 되는 것입니다.

마지막으로 아레오파고스 한쪽에 부착된 동판에 대한 설명을 하면서 이곳에 관한 이야기를 마칠까 합니다. 유일신교인 기독교가 다신교인 그리스 신화를 배척한 것은 잘 알려진 사실인데 기독교 신자들이 아레오파고스의 한쪽에 부착된 동판을 보면서 깊은 감회를 느끼는 것입니다. 이 동판은 대체 무엇일까요.

이것은 사도 바울Apostle St. Paul이 AD 51년 아테네에 전도 여행을 와서 아레오파고스 언덕에서 설교한 내용을 기록한 것입니다. 글의 내용은 「사도행전」 17장 22절 이하의 구절이라고 합니다.

기록에 의하면 바울은 선교를 위해 아테네에 도착했는데, 아테네가 우상(그리스 신화 속의 많은 신들)으로 가득 찬 것을 보고 격분하여 회당과 광장에서 날마다 토론을 벌였다고 합니다. 아테네 사람들은 자신들이 이해할 수 없는 주장(신은 오직 하나이며, 다른 신을 숭배하는 것은 우상을 섬기는 일이므로 옳지 않다'는 내용)을 하는 바울을 아레오파고스 법정으로 데려가 그의 신에 대해서 묻습니다. 이에 바울은 그리스도의 가르침을 전하려고 노력했지만, 다신교를 자연스럽게 받아들이던 당시의 아테네 사람들에게 그의 주장은 납득하기 어려운 것이었을 겁니다.

그러나 현재는 국민 대다수가 기독교의 한 계파인 그리스 정교회를 믿는 나라가 되었으므로 아레오파고스에 남아 있는 사도 바울의 흔적은 아레스의 일화보다 더 중요할지 모르겠습니다.

바울의 설교를 새긴 동판

아레오파고스 언덕에서 멀지 않은 고대 아고라 근처에 사도 바울의 전도 여행을 기념하여 1000년경에 성 아포스톨로스 교회(성 사도 교회)가 세워졌으며, 바울이 아레오파고스에서 설교하는 모습을 담은 그림도 여러 점 있답니다.

라파엘로 '아테네에서의 사도 바울의 설교'

Franz Georg Hermann the Younger '아레오파고스의 바울'

2장

고대 아고라
Ancient Agora

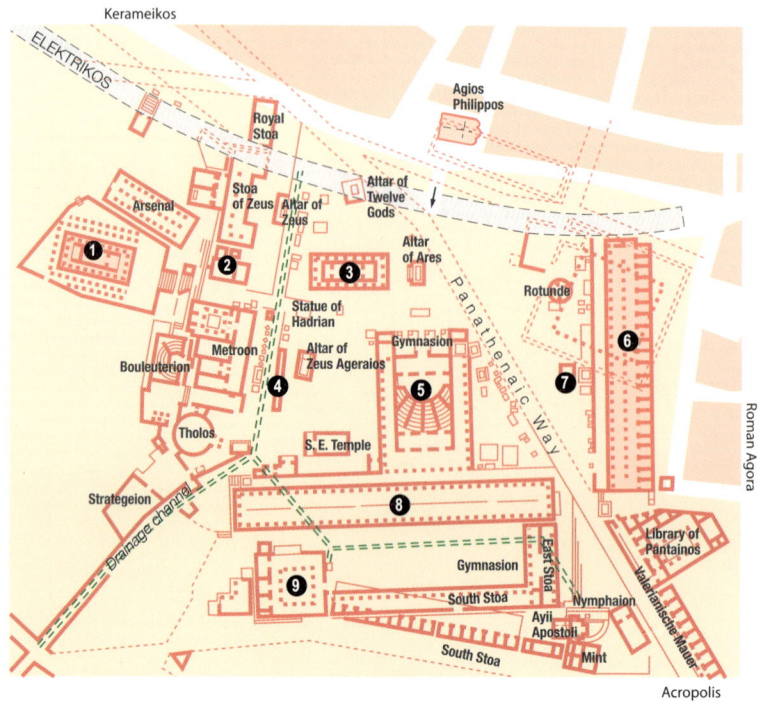

❶ 헤파이스토스 신전 Temple of Hephaistos
❷ 아폴론 신전 Temple of Apollo Patroos
❸ 아레스 신전 Temple of Ares
❹ 10개 부족 시조 청동상 Monument of Eponymous Heroes
❺ 아그리파 음악당 Odeion of Agrippa
❻ 아탈로스 주랑 Stoa of Attalos
❼ 연단 Bema
❽ 미들 스토아 Middle Stoa
❾ 시민법정 Heliaia

사람들이 모이는 광장, 아고라 ①

　아고라Agora는 '시장에 나오다', '물건을 사다' 등의 의미를 지니는 '아고라조Agorazo'에서 비롯된 말로, 많은 사람들이 모이는 시장이나 광장을 뜻했습니다. 이때의 시장은 단순히 물건을 팔고 사는 상업적 공간이라기보다는 사람들이 모여서 정보를 주고받고 생각을 나누는 커뮤니케이션 공간이라고 보는 것이 옳습니다. 또한 광장廣場도 '넓은 마당'이라는 공간적인 의미보다는 많은 사람들이 모여서 자유롭게 활동할 수 있는 곳이라는 기능적 측면이 중시된다고 봐야 합니다. 지금도 아고라라는 말이 여론이 모이는 공간을 가리키는 경우가 있는데, 본래 아고라의 기능을 생각한다면 그리 틀린 말이 아닙니다.

　그리스 도시국가들마다 아고라가 있었는데, 아테네에 있는 고대 아고라를 아고라의 기원으로 봅니다. 이곳은 BC 6세기 혹은 그보다 더 이전부터 아테네 시민들의 삶의 중심지로서 중요한 역할을 했습니다. 특히 아테네의 전성기인 BC 4~BC 5세기경부터 헤룰리족Heruli(게르만족의 일파)의 공격을 받기 전인 AD 267년까지 가장 활발하게 제 역할을 했다고 봅니다.

　아고라는 무엇보다 아테네 폴리스 시절, 정치가 이루어지는 곳이었습니다. 최초의 민주주의 제도라고 할 수 있는 민회民會(고대 그리스의 도시국가에 있었던 정기적인 시민 총회로, 아테네에서 직접 민주 정치가 실현되는 바탕이 됨)가 열린 곳이 바로 아고라였던 것입니다. 민회는 나중에 프닉스로 이전되었지만, 처음엔 아고라에서 시작된 것입니다.

아고라에 있는 연단 자리는 아테네 시민들이 민주적으로 자신의 주장을 펼칠 수 있는 무대였습니다. 아테네 시민이라면 누구나 정치적인 의견이 있을 경우, 이곳 연단에서 주장을 펼 수 있었습니다.

아고라는 경제의 중심지이기도 했습니다. 시장은 아고라가 수행한 기본적인 기능이었습니다. 아고라 안의 주랑stoa에는 크고 작은 가게들이 들어서서 아테네 경제의 중추 역할을 했던 것으로 보입니다.

정치적 발언을 할 수 있었던 연단 자리

미들 스토아 유적

특히 고대 아고라의 중심에는 미들 스토아middle stoa 라는 커다란 건물이 있었는데, 길이가 147m나 되는 건물로 고대 아고라에서 가장 큰 건물이었고 중심적인 시장의 역할을 했을 것으로 생각됩니다.

아고라는 종교 생활의 중심지이기도 했습니다. 비록 지금은 헤파이스토스 신전만이 남아 있지만, 원래 그곳에는 아폴론 신전, 제우스 신전, 아레스 신전 등이 있었다고 합니다.

아레스 신전터　　　법률 제정과 재판이 이루어지던 건물터　　　클레로테리아(Kleroteria)

　　또한 아고라에는 시민들의 재판을 담당했던 시민법정heliaea, heliaia이 있었습니다. 시민법정에서는 30세 이상의 아테네 시민들 가운데 추첨으로 뽑힌 배심원들이 재판을 담당했는데, 매년 6,000명의 배심원들이 추첨으로 선출되었습니다.

　　재판이 열리면 그날 재판에 참여한 사람들 중에서 즉석 추첨으로 재판을 담당할 배심원들이 선정되었는데, 추첨에 활용된 기계 클레로테리아Kleroteria를 뒤에서 설명하게 될 아탈로스 주랑의 고대 아고라 박물관에서 볼 수 있답니다. 클레로테리아(클레로테리온)의 사용 방법은 먼저 각자의 신원을 적은 청동조각pinakion(클레로테리아 사진의 아래 왼쪽)을 추첨기의 각 틈에 끼워 넣고, 추첨기의 왼쪽 위로 흰 공과 검은 공을 섞어 넣은 다음 아래 구멍으로 나온 공이 흰 공일 때 해당하는 줄의 사람들을 배심원으로 결정(맨 처음 나온 공이 흰색이면 첫 번째 줄, 두 번째 나온 공이 흰색이면 두 번째 줄)하는 것입니다. 이런 무작위 추첨 방식은 배심원의 사전 매수나 조작을 어렵게 하였습니다.

　　이처럼 아고라는 아테네의 경제·종교·정치·사법의 중심지로서 아테네 시민들의 생활에 중요한 영향을 끼쳤습니다.

페르게(Perge)

팔미라(Palmyra)

페르가몬(Pergamon)

에페소스(Ephesos)

　아고라는 비단 아테네에만 있었던 것이 아니라, 그리스의 다른 도시국
가들과 그리스의 영향을 받은 도시들에도 공통적으로 있었습니다. 아
크로폴리스가 어느 도시국가에나 있었던 것처럼 말이지요. 지금도 아고
라 유적이 남아 있는 도시들이 많은데, 그 당시 사람들의 중요한 활동
무대였던 만큼 규모가 크고 다양한 기능을 갖는 건물터가 남아 있다는
공통점이 있습니다. 몇몇 도시의 아고라 터를 사진으로 확인해 봅시다.

아탈로스 주랑 ②
Stoa of Attalos

　　고대 아고라에 들어선 아탈로스 주랑은 소아시아 페르가몬 왕국의
아탈로스 2세Attalos II가 아테네 유학 시절에 받은 친절에 감사하며 기증
한 건물입니다. BC 159년에 착공해 21년 만에 완공하였으며, 당시로서
는 가장 긴 건축물이었다고 합니다. 그런데 지어진 지 2,000년 가까이
되는 아탈로스 주랑이 너무 말끔하여 보는 이를 의아하게 합니다. 주변

아탈로스 주랑

의 다른 유적들과 어울리지도 않고요. 거기엔 이유가 있습니다. 원래의 건물은 267년 게르만족의 한 갈래인 헤룰리족이 아테네를 침략하여 약탈할 때 파괴되었습니다. 그 뒤로 복원을 못하고 방치되어 있다가 1953~1956년에 존 록펠러 2세가 비용을 지원하여 완벽하게 복원한 것입니다.

국립 고고학박물관 소장 '아탈로스 2세 두상'

옛 건물에서 풍기는 세월의 향기는 느낄 수 없지만, 전형적인 헬레니즘 건물의 형태를 그대로 살려 재건했기 때문에 고대 그리스의 건축물들이 어떤 형태였을지 짐작할 수 있게 해주는 역할을 하는 건물입니다.

헬레니즘 양식의 이 건물은 2개 층으로 이루어졌으며, 아래층은 도리아식, 위층은 이오니아식 열주列柱(늘어선 기둥)가 세워져 있습니다. 열주가 세워진 건물이라서 스토아stoa 라고 하는 것입니다. 스토아에 대한 설명은 앞서 에우메네스 주랑 편에서 했으므로 여기서는 생략합니다.

현재 이 건물은 '고대 아고라 박물관Ancient Agora Museum'으로 이용되고 있는데, 1층 외부에는 데메테르상, 아프로디테상 등 대리석 조각품들이 전시되고 있으며, 내부에는 BC 7~BC 5세기의 토기, 청동 유물, 조각품, 주화 등이 주로 전시되고 있습니다. 박물관 외부에 전시된 유물들은 워낙 오래전의 작품들이기 때문에 완벽하게 형태를 유지하고 있는 것은 거의 없지만, 그중에서 몇 가지 작품들을 골라서 소개하면서 아탈로스 주랑에 대한 설명을 마치겠습니다.

아탈로스 주랑의 열주랑

- **트리톤의 두상**

포세이돈의 아들인 트리톤Triton 의 두상입니다. 머리와 상반신은 인간이고 물고기 모양의 꼬리를 지닌 바다의 신으로, 포세이돈과 암피트리테 사이에서 태어났습니다.

- **테미스상**

테미스Themis 는 델포이에서 다시 이야기하게 되는 여신으로, 티탄 신들의 세상일 때 예언을 담당했으며, 제우스의 두 번째 부인입니다.

- **로마 제국의 인물들**

로마 제국 시대의 인물들도 보입니다. 다섯 명의 어진 황제五賢帝 중 두 번째인 트라야누스와 네 번째인 안토니누스 피우스 황제의 두상이 있고, 피우스의 양자였던 아에리우스 베루스와 역사학자인 헤로도투스의 두상도 있습니다.

- **헤르마**

헤르마Herma, Herm 란 일종의 이정표로, 여행자의 수호신인 헤르메스에서 이름을 따 온 것입니다. 대개 사각형의 기둥 몸통 위에 두상頭像이 올려져 있고 몸통 적당한 높이에 남성의 성기性器가 있습니다. 헤르마는 고대 그리스에서 유래한 것으로 로마 시대까지 사용되었습니다.

- **박물관 내부**

주로 고대 아고라터에서 발굴된 유물들이 전시되고 있는데, 도기 종류가 많습니다.

트리톤의 두상

테미스상

트라야누스 황제

안토니누스 피우스 황제

아에리우스 베루스

헤로도투스

헤르마

소년 머리 모양의 도기

곡물 저장고 모형

725~700년경 작은 보석상자와 뚜껑

물시계

와인 쿨러

아그리파 음악당 ③
Odeon of Agrippa

고대 아고라의 중심에는 아그리파 음악당Odeon of Agrippa이 있었다고 하며, 현재도 그 흔적을 볼 수 있습니다. 건설 당시에는 대리석이 깔린 무대에 1,000명의 관객이 한꺼번에 입장할 수 있는 큰 공연장이었다는데, 로마 제국의 정치가이자 장군이었던 마르쿠스 아그리파Marcus V. Agrippa가 아테네 시민들에게 선물로 지어준 것이라고 합니다. 그는 아크로폴리스의 프로필라이온 앞에 동상으로 서 있었던 인물이지요.

아그리파 음악당터

원래의 건물 형태는 알아볼 수 없지만, 지금도 음악당 입구에 서 있는 대리석 조각상은 볼 수 있는데 그중에는 트리톤을 새긴 것도 있습니다. 상반신은 인간이고 하반신은 물고기였다는 포세이돈의 아들 트리톤의 모습을 확인해 보세요. 트리톤의 두상은 아탈로스 주랑의 박물관에도 있습니다.

음악당 입구의 트리톤상

여기서는 아테네 시민들을 위해 음악당을 지어주었다는 아그리파란 인물에 대해 알아보겠습니다. 그는 준수하고 단호한 표정으로 석고상의 주인이 되어 우리에게 친숙하지만, 로마 역사에서 굵직한 업적을 많이 남긴 위대한 인물이기도 합니다. 로마를 여행하다 보면 그의 이름을 여러 군데서 듣게 됩니다. 특히 건설과 관련된 분야에서 그렇습니다.

아그리파(BC 62~BC 12)는 카이사르가 죽은 뒤, 그의 후계자인 옥타비아누스Octavianus Gaius Julius Caesar가 정권을 잡는 데 큰 공헌을 합니다. 옥타비아누스는 그 당시 약관의 나이로 정치적 애송이에 불과했습니다. 경쟁자였던 안토니우스Marcus Antonius가 중년의 나이로 산전수전 다 겪은 노회한 정치가였던 것과는 사정이 크게 달랐지요. 그럼에도 불구하고 옥타비아누스가 최후의 승자가 될 수 있었던 것은 아그리파의 정치적 조언과 군사적 지원 때문이었습니다. 특히 BC 36년에 섹스투스·폼

판테온 정면에 새겨진 글. 아그리파가 판테온을 세웠다는 내용이다.

페이우스와 대결한 해전, 안토니우스와 클레오파트라에 대항한 악티움 해전Battle of Actium의 공은 절대적이었습니다. 옥타비아누스가 훗날 '존엄한 자'라는 의미의 아우구스투스Augustus로 로마 제국의 일인자가 되는 데는 아그리파의 공이 매우 컸던 것입니다.

건설과 관련하여 말할 때, 아그리파가 로마 판테온을 세운 사람이라는 점을 먼저 이야기할 수밖에 없습니다. 현재의 판테온은 아그리파의 판테온이 불타서 없어진 뒤 하드리아누스 황제 때 새로 지어진 것이지만, 지금도 판테온 정면에는 'M·AGRIPPA·L·F·COS·TERTIUM·FECIT'라고 뚜렷하게 적혀 있습니다. '루시우스Lucius의 아들, 마르쿠스 아그리파, 세 번째 집정관 시절, 이것을 세우다'라는 뜻입니다. 비록 2,000년 동안 끄떡없이 지탱하고 있는 불후의 걸작 판테온의 실질적 건설자는 하드리아누스 황제이지만, 그가 아그리파에게 명예를 양보했을 때는 그럴 만한 이유가 있을 것입니다. 아마도 그에 대한 존경심 때문이 아니었을까 생각합니다.

아그리파의 이름은 로마의 명소인 트레비 분수에서도 들을 수 있습니다. 트레비 분수는 원래 그 자리에 있던 처녀의 샘Acqua Vergine을 활용하여 만들었는데, 처녀의 샘에 물을 대던 수로를 건설한 사람이 아그리파입니다. 그런 사실을 밝히기 위해서인 듯,

수로 건설을 지휘하는 아그리파

트레비 분수 왼쪽 벽면에는 아그리파가 수로 건설을 지휘하는 부조가 있습니다.

기록에 따르면 아그리파는 3개의 수로를 보수하고 1개는 새로 건설하여 로마 시내에 공급되는 물을 대폭 늘렸다고 합니다. 그 밖에도 700개의 수조, 500개의 급수반, 130개의 물탱크를 만들고, 다수의 공중목욕탕을 개장했다니 대단한 업적입니다. 깨끗한 물의 공급이 로마의 팽창과 로마 문화의 근간이 되었다는 점을 고려한다면 그의 업적을 과소평가할 수 없습니다.

그 밖에도 로마 제국을 측량하고 지리서를 제작하여 세계지도 작성의 기초를 닦은 것도 그라고 하니, 그의 다재다능한 능력을 다시 생각하게 됩니다.

로마 제국의 군인이었던 아그리파에 대해 굳이 고대 아고라터에서 생

루브르박물관 소장 '아그리파상'

각해 보는 것은, 사람들의 삶의 질을 향상시키기 위해 부단히 노력한 그의 업적이 고맙기 때문입니다. 식민지 사람들의 문화생활을 위해 음악당을 지어 선물한 것도 그의 너그러운 인품을 알게 해주는 증거가 됩니다.

10개 부족 시조 청동상 💬4
Monument of the Eponymous Heroes

클레이스테네스Cleisthenes of Athens는 아테네의 정치인으로, BC 510년에 히피아스Hippias(재위 BC 527~BC 510)를 몰아내고 민주정의 기초를 확립한 인물입니다. 그의 중요한 업적 중의 하나로 일컬어지는 '클레이스테네스의 개혁(BC 508년)'은 분열과 갈등으로 곪아가던 아테네를 회생시킨 혁명적인 조치였습니다.

그가 정권을 잡을 무렵의 아테네는 세습 귀족과 평민들 사이에 갈등의 골이 깊었고, 정치적·경제적으로도 혼란스러워 국가의 붕괴가 우려되는 상황이었습니다. 그 이전에 솔론Solon이 등장하여 개혁의 기초를 닦았지만, 워낙 뿌리 깊은 불신과 갈등이 있었던 터라 모든 문제가 완전히 해결되지는 않은 것입니다.

여러 차례의 우여곡절을 겪은 끝에 클레이스테네스는 서민층의 지지를 바탕으로 정적政敵을 제거하고 정권을 잡게 됩니다. 그는 정직하거나 어진 인물은 아니었던 것으로 알려져 있지만, 일단 집권하여 개혁 정책을 시작한 뒤로는 사사로운 감정을 버리고 아테네를 살리는 일에 집중합니다.

그의 가장 대표적인 업적이라면, 기존의 4부족 체계를 해체하고 새로운 10부족 체계를 도입한 것입니다. 고대 그리스의 도시국가들은 '필레phyle'라고 불리는 부족 집단이 있었는데, 필레는 독자적인 행정 조직이었으며 군사 조직이기도 하였습니다. 가문과 혈통을 중시하는 필레는 그들끼리의 단합이 철저하여 추진력 있게 정책을 수행하는 데 도움이 되기도 했지만, 한편으로는 자신들의 이익을 먼저 생각하기 때문에 도시국가 전체의 발전에는 걸림돌이 되기도 했습니다.

클레이스테네스는 이 문제를 해결하지 않고는 아테네가 이류국가를 벗어나기 어렵다고 판단하여 극단적인 해결책을 고안해냅니다. 기존의 필레를 해체하고 새로운 부족(즉 새로운 행정 구역 체계)을 만든 것입니다.

아테네 폴리스를 도시지역, 해안지역, 내륙지역의 3개 지역으로 크게 나눈 뒤, 이를 다시 에렉테이스Erechthides, 아이게이스Aegides, 판디오니스Pandionides, 레온티스Leontides, 아카만티스Acamantides, 오이네이스Oenides, 케크로피스Cecropides, 히포톤티스Hippothoontides, 아이안티스Æantides, 안티오키스Antiochides의 10개 부족으로 나눈 것입니다. 여기에 등장하는 이름들은 그리스 신화와 아테네 역사에 등장하는 위대한 인물들로, 아테네 시민은 이 중에서 하나를 자신의 새로운 조상으로 갖게 됩니다. 기존의 혈통은 의미가 없어지고, 전혀 새로운 혈연관계가 인위적으로 만들어진 것입니다.

이러한 혁명적인 조치는 혈연과 인맥에 얽매어 국가의 이익을 외면하던 기존 귀족들의 폐단을 뿌리 뽑고, 새로운 국가 건설이 가능하도록 했습니다. 실제로 이 개혁 이후로 아테네는 단결된 힘으로 국력을 키워 대제국이던 페르시아와의 두 차례 전쟁을 모두 승리로 이끄는 기적적인 결과를 얻어냅니다.

고대 아고라에는 클레이스테네스의 혁명적 개혁의 흔적이 남아 있습니다. 새로 만들어진 10개 부족의 시조들을 청동상으로 만들어 세워두었던 자리가 그것입니다. 비록 지금은 청동상의 흔적은 사라지고 기단

새로운 부족의 시조들을 모셨던 자리

시조 청동상 자리 안내 표지판

부분만 일부 남아 있지만, 아테네가 그리스의 수많은 폴리스 중에서 맹주로 발돋움할 수 있는 기반을 마련한 획기적 개혁의 증거를 확인할 수 있습니다.

헤파이스토스 신전 5

Hephaisteion

아크로폴리스에서 시내 쪽을 내려다보면 원형이 비교적 잘 보존된 신전 하나가 보입니다. 고대 아고라의 한쪽에 자리 잡은 헤파이스토스의 신전, 즉 헤파이스테이온Hephaisteion 입니다.

BC 450년~BC 440년경에 지어진 이 건물은 BC 448년~BC 432년에 재건된 파르테논 신전과 비슷한 역사를 갖고 있습니다. 약 2,500여 년 전에 지어진 건물인 셈이지요. 그런데도 이 정도로 완벽에 가깝게 보존

아크로폴리스에서 내려다본 헤파이스토스 신전

보존 상태가 좋은 헤파이스토스 신전   헤파이스토스 신전 메토프와 프리즈 부조

되었다는 것은 매우 이례적인 일입니다. 그것은 중세 시대에 교회로 사용되어 파괴를 면할 수 있었기 때문이라고 합니다.

이곳을 지금도 테세이온Theseion(테세우스 신전)이라고 하는 경우가 있는데, 신전 외부 메토프와 프리즈에 테세우스의 일생을 새긴 부조가 있기 때문에 그렇게 생각했던 것입니다. 그러나 발굴 결과 대장간과 관련된 유물들이 쏟아져 나와 대장장이 신인 헤파이스토스를 모신 신전으로 보는 견해가 우세합니다.

아테네의 다른 신전들이 다 그러하듯이 이 신전도 동쪽이 정면이며, 동쪽 페디먼트에는 켄타우로스와의 전쟁이, 서쪽 페디먼트에는 트로이 전쟁이 묘사되어 있었습니다. 두 전쟁은 파르테논 신전에서 이미 설명했으므로 여기서는 생략합니다. 다만 메토프에 테세우스와 헤라클레스의 일생이 새겨져 있었고, 내부 프리즈에도 테세우스와 관련된 부조가 있었으므로 헤파이스토스에 대해 먼저 알아본 다음 테세우스와 헤라클레스에 대해 설명하겠습니다.

헤파이스토스는
누구인가

　모든 올림포스 신들을 통틀어서 가장 손재주가 좋은 신인 헤파이스토스Hephaistos의 출생에 관해서는 이야기가 다소 엇갈립니다.

　제우스와 헤라 사이에서 태어났다는 설이 가장 유력합니다. 그러나 제우스가 스스로 아테나를 낳자 화가 난 헤라가 "나도 혼자서 자식을 낳을 수 있다."며 낳은 자식이 헤파이스토스라는 설도 있습니다. 그러나 이 주장은 제우스가 아테나를 낳을 때 헤파이스토스가 도끼로 제우스의 머리를 열어주었다는 신화 속 이야기와 충돌합니다. 어차피 신화 속 이야기를 과학적 근거를 따지면서 읽을 수 없는 일이기는 합니다만.

　헤파이스토스는 절음발이였는데, 그 원인에 대해서도 다소 엇갈린 주장이 있답니다. 한 가지 주장은, 제우스와 헤라가 옥신각신 입씨름할 때 옆에 있던 헤파이스토스가 어머니인 헤라 편을 들자 제우스가 화가 나서 지상으로 밀어버렸다는 것입니다. 다른 주장은, 헤라가 혼자서 아이를 낳고 보니 너무 못생겨서 실망한 나머지 지상으로 내던졌다는 것입니다. 하여간 그는 못생긴 데다가 신체장애까지 지닌 캐릭터입니다.

　그러나 그는 금속과 불을 다루는 일에 있어서는 누구도 따라올 수 없는 실력을 가졌으므로, 기술자·대장장이·장인匠人·공예가·조각가의 수호신이랍니다.

　헤파이스토스가 만든 물건들을 한번 살펴볼까요.

티탄 신의 세상일 때 태양신이었던 헬리오스의 궁전과 태양 마차도 헤파이스토스의 작품이라고 하는데, 사실 이것은 신빙성이 떨어지는 말이지요. 티탄 신인 헬리오스가 태양 마차를 몰 때 제우스의 아들인 헤파이스토스는 태어나지도 않았으니까요. 그런데도 사람들이 이렇게 믿은 것은, 태양신의 궁전과 태양 마차를 만들 수 있는 것은 오직 헤파이스토스뿐이라고 생각했기 때문이지요.

사랑의 신 에로스의 활과 화살도 그의 작품이라고 하는군요. 평범한 활과 화살이라면 굳이 그의 솜씨를 빌리지 않아도 될 것입니다. 에로스 화살의 황금 촉은 사랑의 감정을 느끼게 하고, 납 촉은 미움의 감정을 느끼게 하는 것이 중요하지요. 그런 특이한 힘을 가진 활과 화살은 헤파이스토스만이 만들 수 있는 것입니다. 그것이 얼마나 확실한 효력을 발휘했던지, 태양신 아폴론조차 속절없는 사랑의 고통을 겪으며 사랑하는 소녀 다프네를 잃어야 했습니다.

헤르메스의 날개 달린 모자(페타소스)와 샌들도 헤파이스토스가 만들어준 것입니다. 헤르메스가 단숨에 천 리를 갈 수 있는 것도 그 물건들 덕분이고, 천상과 지상, 심지어 저승 세계까지 마음대로 드나들 수 있는 것도 그 물건들 덕분이랍니다. 헤파이스토스가 아니라면 그런 신비한 물건을 누가 만들 수 있겠습니까.

아프로디테의 허리띠 이야기도 하지 않을 수 없군요. 케스토스 히마스라고 하는 마법의 허리띠를 몸에 지니고 있으면 아무리 목석 같은 이성이라도 유혹할 수 있었다고 합니다. 그런 신비한 힘을 가진 물건을 만들 수 있는 신이 누구이겠습니까. 오직 헤파이스토스뿐이지요.

트로이 전쟁의 영웅 아킬레우스의 갑옷과 무기도 헤파이스토스가 만들어 주었지요. 아킬레우스의 어머니인 테티스가 특별히 부탁했기 때문

'헤파이스토스를 찾아가 아킬레우스에게 줄 무기를 주문하는 테티스'
(왼쪽: 나폴리 고고학박물관 소장 프레스코화, 오른쪽: 안토니 반 다이크의 그림)

입니다. 헤파이스토스는 테티스의 부탁을 받곤 단 하루 만에 아킬레우스가 무장할 수 있는 갑옷을 만들었다고 합니다. 헤파이스토스가 만든 갑옷을 입고 있는 한, 아킬레우스는 무적無敵이었습니다. 다만 갑옷으로 가릴 수 없는 부위(게다가 테티스가 아들을 불멸의 몸으로 만들고자 스튁스 강에 담글 때 테티스의 손에 잡혀 강물이 묻지 않은 부위이기도 하지요)인 발목은 그의 약점이었고, 파리스의 화살이 그곳에 꽂히는 순간 아킬레우스는 절명하게 되는 것입니다.

그리스 신화의 헤파이스토스는 로마 신화에서 불카누스Vulcanus로 이름이 바뀝니다. 그의 이름인 Vulcanus에서 화산을 뜻하는 영어 단어 volcano가 나왔으니, 화산은 헤파이스토스의 대장간이란 뜻이 됩니다.

오쟁이를 진
헤파이스토스

오쟁이를 진다는 말은 자신의 아내가 다른 남자와 정분이 났다는 뜻입니다. 아내가 바람날 경우 그 남편을 일컬어 오쟁이 졌다고 하는 것이지요. 그리스 신화 속에서 오쟁이 진 인물로 가장 대표적인 이가 바로 헤파이스토스입니다.

잘 알려진 대로, 헤파이스토스의 아내는 아프로디테Aphrodite 입니다. 올림포스의 여신 중에서 가장 아름다운 여신이지요. 그렇게 아름다운 여신의 배필로 하필 올림포스 산에서 가장 못생긴 헤파이스토스를 선택한 것은 제우스라는 설도 있고, 헤라라는 설도 있습니다.

먼저 제우스가 그런 결정을 했다고 믿는 사람들은 이런 이유를 댑니다. 올림포스의 신들이 티탄 신들과 전쟁할 때 헤파이스토스가 만든 무기 때문에 승리할 수 있었으므로, 제우스가 그 대가로 가장 아름다운 여신을 헤파이스토스에게 주었다는 것이지요.

헤라의 결정이라고 주장하는 사람들은 이런 이유를 댑니다. 못생겼다고 자신을 버린 비정한 어머니 헤라에게 복수하기 위해 헤파이스토스가 신기한 의자를 만들어 선물했다고 합니다. 헤라는 아들의 속셈도 모르고 그 의자에 앉았는데, 도저히 일어날 수 없는 마법의 의자였던 것입니다. 그제야 헤파이스토스의 속셈을 알고 "가장 아름다운 여신을 배필로 맺어줄 테니 이 의자에서 일어날 수 있게 해 달라."고 부탁한 일이 있

었는데, 그 약속을 지키기 위해 아프
로디테를 헤파이스토스와 맺어주었
다는 얘기지요.

디에고 벨라스케스 '헤파이스토스의 대장간'(아폴론이 헤파이스
토스를 찾아와 아프로디테와 아레스의 스캔들을 알려주고 있다)

어찌 되었든 미스 올림포스를 아내
로 맞은 헤파이스토스는 횡재한 기
분이었을 것 같은데, 실제로는 두 사
람 사이가 별로 화기애애하지 못했습
니다. 헤파이스토스가 늘 대장간에
틀어박혀 뭔가를 만드느라 바빠 아
내를 찾지 않았기 때문입니다. 아프
로디테의 미모에 현혹된 수많은 남신男神들이 그녀 주변을 맴도는데, 남
편은 아내를 혼자 두었으니 탈이 날 수밖에 없었습니다. 헤파이스토스
가 오쟁이 지게 된 원인의 상당 부분은 자신에게 있는 것이지요.

아프로디테가 벌인 스캔들 중에서 가장 요란한 것은 전쟁 신 아레스
와 벌인 애정 행각입니다. 그들의 사랑은 올림포스 산에서 모르는 이가
없을 정도로 유명했는데, 정작 일에 파묻혀 사느라 바쁜 헤파이스토스
만 몰랐습니다. 그런 정황이 딱했던지 태양신 아폴론이 헤파이스토스
를 찾아가 귀띔해줍니다. 태양신인 아폴론이 알 정도면, 두 사람은 낮에
도 만났던 모양입니다.

그제야 아내의 불륜을 눈치챈 헤파이스토스는 거미줄보다 가는 철사
로 그물을 만들어 아프로디테의 침대 위에 걸쳐 놓습니다. 사람의 눈에
는 안 보이는 그물이지만, 헤파이스토스의 솜씨로 만든 것이니 한번 걸
리면 절대로 빠져나갈 수 없는 것이지요.

그 사실을 알 리 없는 아레스와 아프로디테는 평소처럼 만나서 사랑

틴토레토 '헤파이스토스의 출현에 당황하는 아프로디테와 아레스'
(알테 피나코테 미술관)

을 나누는데, 갑자기 헤파이스토스가 들이닥친 것입니다. 그 순간 그들이 얼마나 당황했는지는 틴토레토의 그림에 잘 표현되어 있습니다. 아레스는 탁자 밑에 숨어서 고개만 내밀고 있군요. 그러나 사실은 헤파이스토스의 그물에 갇혀 대롱대롱 매달리는 신세가 되었다고 합니다.

아레스와 아프로디테가 망신당하는 자리에는 다른 남신男神들도 있었다고 하는데, 그들은 아레스를 비난하기는커녕 도리어 부러워했다고 합니다. 아프로디테의 매력이 그 정도로 치명적이었던 것입니다.

그런 일을 겪으면서도 둘은 만남을 계속했던지, 둘 사이에서 아이가 태어납니다. 바로 사랑의 신 에로스입니다. 그런데 에로스가 아레스가 아닌 헤르메스의 자식이라는 설도 있답니다. 아프로디테가 헤르메스와도 바람을 피웠다는 뜻이지요.

최고의 미인이지만 끝없는 외도를 일삼는 아내 때문에 헤파이스토스는 씁쓸하기만 했을 것입니다.

페테르 폴 루벤스 '아프로디테와 아레스, 그리고 에로스'

코레지오 '아프로디테와 헤르메스, 그리고 에로스'

프리즈의 부조
- 영웅 테세우스의 일생

  앞서 헤파이스토스 신전의 프리즈에 테세우스의 일생을 주제로 한 부조가 새겨져 있어 사람들이 이 신전을 테세우스에게 바친 것이라고 생각하기도 했다고 했습니다. 비록 테세우스 신전이 아닌 것으로 판명이 났지만, 그래도 그의 일생을 담은 부조가 있는 신전을 보면서 그의 일생을 알아보는 것도 의미가 있을 것 같습니다.

  테세우스Theseus의 아버지는 아테네의 왕 아이게우스Aigeus였습니다. 그는 늙도록 슬하에 자식이 없어 외로웠지요. 아이게우스는 아무리 기다려도 생기지 않는 자식 때문에 애를 태우다가 결국 델포이를 찾아가 신탁을 듣기로 합니다.
  그런데 그가 델포이에서 들은 신탁은 모호한 것이었습니다.
  "아테네에 도착할 때까지는 포도주 부대의 마개를 열지 말라."
  아이게우스는 이 말이 무슨 뜻인지를 이해할 수 없었습니다. 그래서 아테네로 돌아가는 길에 펠로폰네소스 반도에 있는 트로이젠Troizen으로 가서 현명한 피테우스Pittheus 왕의 조언을 듣고자 합니다.
  피테우스 왕은 신탁의 의미를 알아차렸습니다. 그래서 사양하는 아이게우스에게 억지로 포도주를 취하도록 먹인 다음, 밤에 자신의 딸 아이트라Aithra를 아이게우스의 침실로 들여보냅니다.

아침이 되어서야 사태를 알아차린 아이게우스는 아이트라에게 이런 당부의 말을 남기고 아테네로 떠납니다.

"만약에 아들을 낳거든, 그리고 그 아이가 자라 아비에 대해 묻게 되거든 나의 신분을 알려주시오. 그리고 내가 이 궁궐 섬돌 아래에 신표로 칼과 신발을 묻어두었으니 그것을 찾아서 내게 오라고 일러주시오."

아이게우스가 떠나고 난 뒤 아이트라는 과연 아들을 낳는데, 그 아이가 바로 테세우스입니다. 테세우스는 어머니의 나라에서 훌륭한 청년으로 자랐습니다. 그런데 철이 들자 자신의 아버지가 누구인지에 대한 의문을 품게 되었지요.

아이트라는 아들을 아테네의 아이게우스 왕에게 보낼 때가 되었음을 깨달았습니다. 그래서 아들을 데리고 아이게우스가 신표를 묻어둔 곳으로 가서 섬돌 밑에 숨겨둔 칼과 신발을 꺼내게 합니다. 무거운 섬돌을 들고 그 아래에 묻힌 것을 꺼낼 수 있을 정도로 테세우스의 힘이 장사라는 의미이지요.

오른쪽 그림은 어머니의 가르침에 따라 섬돌 아래에 묻힌 칼과 신발을 꺼내는 테세우스의 모습을 그린 것입니다.

로랑 드 라 이르 '아버지의 신표를 발견하는 테세우스'

테세우스는 어머니와 이별하고 아버지를 찾아 아테네로 갑니다. 그런데 아테네 사람들은 테세우스의 영웅적인 면모를 돋보이게 하고자 그 과정에서 몇 가지 난제를 해결하는 것으로 이야기를 만듭니다. 바로 테세우스의 모험담인데, 페리페테스Peripetes(몽둥이로 사람을 때려죽이는 악당)와 시니스Sinis(나무에 사람을 묶어서 찢어 죽이는 악당), 스키론Skiron(나그네에게 발을 씻겨달라고 한 다음 절벽 아래로 차 버려 바다거북의 밥이 되게 하는 악당) 등을 해치운 것이 그것입니다. 이런 일화들은 헤라클레스의 모험담을 연상시키지요. 어쨌든 아테네 사람들에게 테세우스는 헤라클레스에 버금가는 위대한 영웅이었고, 그런 이유로 테세우스를 특별히 사랑했던 것입니다.

갖은 우여곡절을 겪은 끝에 아버지를 찾아 아테네의 왕궁을 찾아온 테세우스에게 마지막 시련이 기다립니다. 바로 아이게우스의 후처인 메데이아Medeia(이아손에게 버림받은 마녀)가 테세우스의 정체를 미리 알고는 독약을 먹여 죽이려고 한 것입니다. 다행히도 테세우스가 지닌 물건(아이게우스가 묻어두었던 칼과 신발)을 알아본 아이게우스가 독약을 마시려는 테세우스를 제지하여 아버지와 아들이 드디어 상봉하게 되지요.

아들을 만난 아이게우스의 기쁨은 이루 말할

Jean-Hippolyte Flandrin '아버지에 의해 아들로 인정받는 테세우스'

수 없이 컸지만, 그 당시 아테네는 국력이 약해 크레타에 해마다 인간 공물供物(제사에 쓰이는 제물)을 바쳐야만 하는 상태였습니다. 테세우스가 아버지를 찾아 아테네로 갔을 때가 바로 제물로 바칠 젊은이들을 선발하는 문제로 나라 안이 뒤숭숭할 때였지요. 테세우스는 그 사실을 알고 자청하여 크레타로 갑니다. 크레타로 간다는 것은 죽으러 가는 것과 마찬가지였으므로 아이게우스는 한사코 말렸지만, 테세우스가 고집을 부린 것이지요.

크레타가 약소국인 아테네에 인간 제물을 바치라고 강요한 데에는 까닭이 있습니다. 식인 황소 미노타우로스에게 먹잇감으로 자국의 백성을 던져줄 수 없기 때문에 애꿎은 아테네 사람들을 희생시킨 것입니다.

미노타우로스는 미노스 왕이 포세이돈과의 약속을 어긴 죄로 크레타에 내려진 재앙이었습니다. 왕비 파시파에가 소를 사랑하여 낳은 것이 미노타우로스인데, 풀은 먹지 않고 사람 고기만을 먹는 괴물이었던 것입니다. 미노스 왕은 자신이 지은 죄를 알기 때문에 미노타우로스를 죽일 수 없었습니다. 그래서 다이달로스라는 기술이 뛰어난 장인을 불러 미궁을 짓도록 한 다음, 미노타우로스를 거기다 가둔 것입니다.

아테네의 젊은이들이 크레타에 도착하면 미궁에 던져졌고, 일단 미궁속에 들어간 사람은 살아서 그곳을 빠져나올 수 없었습니다. 테세우스가 자청하여 간 길이 바로 그런 죽음의 길이었던 것입니다.

그런데 미노스 왕의 딸인 아리아드네Ariadne가 늠름한 테세우스를 보고 한눈에 반합니다. 그녀는 그처럼 준수한 젊은이가 죽는다는 사실이 너무 슬펐습니다. 그래서 몰래 테세우스를 찾아가 실꾸리를 건네주면서 미궁에서 빠져나올 수 있는 방법을 일러주지요.

이미 여러 괴물들을 처치할 정도로 힘이 장사였던 테세우스는 미궁 속으로 들어가 미노타우로스를 처치하고, 아리아드네가 건네준 실꾸리를 이용해 무사히 미궁 밖으로 빠져나옵니다.

자신의 목숨을 구해준 아리아드네와 함께 갔던 아테네 젊은이들을 데리고 아테네로 귀향하던 테세우스는 무슨 까닭에서인지 낙소스 섬에 들렀을 때 잠든 그녀를 두고 떠납니다. 테세우스에게 배신당한 아리아드네는 디오니소스의 사랑을 받아 결혼했다고 합니다.

Edward Burne Jones '테세우스와 미노타우로스'

그런데 아리아드네를 배신한 죄 때문인지 테세우스는 아테네에 도착하자마자 슬픈 소식을 듣게 됩니다.

그것은 바로 아버지의 죽음에 관한 소식이었습니다.

테세우스는 크레타로 떠날 때 미노타우로스를 죽이는 데 성공하면 돌아오는 배에 흰 돛을 달 것이고, 만약 실패했다면 검은 돛이 달려있을 것이라는 말을 남기고 떠났는데, 그만 아버지와의 약속을 잊고 크레타로 떠날 때 달았던 검은 돛을 흰 돛으로 바꿔 달지 않았던 것입니다.

그런 사정을 알 길 없는 아이게우스는 아들의 무사귀환만을 바라며 날마다 수니온 곳에 나가 바다를 바라보다가, 멀리서 오는 배에 검은 돛이 달려 있는 것을 보고는 낙심하여 바다에 몸을 던집니다. 아들이 괴물의 밥이 되었다고 생각하였기 때문이지요.

그 뒤로 아이게우스 왕이 몸을 던진 바다를 아이게우스의 바다Aigaion, 즉 에게 해Aegean Sea라고 부르게 되었다고 합니다.

아버지의 뒤를 이어 아테네의 왕이 된 테세우스는 아티카Attica 지역의 여러 마을들을 통합하여 하나의 도시국가Politeia를 탄생(아테나이Athenai라고 부릅니다) 시키고, 용맹함과 현명함으로 나라를 다스려 아테네 사람들이 자랑스럽게 생각하는 영웅이 되었다고 합니다. 아테네 사람들이 그를 영웅으로 추앙하는 것은 그런 이유에서입니다.

Charles-Édouard Chaise '미노타우로스를 죽인 승리자 테세우스'

마지막으로, 처음에 아이게우스가 받았던 신탁이 무슨 의미였는지 생각해 보겠습니다.

테세우스가 훌륭한 왕이 되었으니 결말이 비극적이라고만은 할 수 없지만, 어찌 됐든 아이게우스는 아들로 인해 자신의 목숨을 잃게 됩니다. 신탁은 바로 아테네로 돌아가기 전에 생긴 아들로 인해 목숨을 잃게 될 것이니 아테네로 돌아갈 때까지 포도주의 마개를 열지 말라(즉, 포도주를 마시지 말라)고 했던 것입니다.

메토프의 부조
- 헤라클레스의 업적

헤파이스토스 신전 벽의 메토프에 헤라클레스의 업적이 새겨져 있었다고 하는데, 훼손 상태가 심해 현재로서는 그 내용을 명확하게 알기 어렵습니다. 그러나 헤라클레스의 업적에 관한 이야기는 널리 알려져 있기도 하거니와 흥미진진한 것이므로 이야기가 나온 김에 알아보겠습니다.

제우스의 여러 자식들 중에서 가장 힘이 장사인 헤라클레스Hercules는 아버지의 각별한 총애를 받는 대신, 의붓어머니뻘인 헤라의 지독한 미움을 받아야만 했습니다. 그가 평생 동안 수행해야만 했던 12가지의 과제도 따지고 보면 헤라의 농간 때문이었지요. 그러나 결과적으로 헤라클레스를 영웅으로 만든 것은 12가지 과제였으니, 시련이 그에게는 영광의 근원이 된 셈입니다.

헤라클레스의 열두 가지 과제는 미술 작품으로 다양하게 제작되었습니다. 각각의 사건마다, 혹은 몇 가지를 묶어서 표현하였지요. 피렌체의 우피치미술관에 있는 부조는 여섯

우피치미술관 소장 '헤라클레스의 열두 가지 과제'

가지 과제가 차례대로 새겨져 있어 눈길을 끕니다. 아마도 뒷면에는 나머지 여섯 가지 과제가 새겨져 있지 않을까 생각합니다.

그럼, 헤라클레스의 열두 가지 과제를 하나하나 살펴볼까요?

먼저, 네메아 계곡의 사자Lion of Nemea를 처치한 이야기를 알아봅시다. 네메아 계곡에는 사나운 사자가 있어 많은 사람을 해쳤는데, 사람의 힘으로는 없앨 수 없었습니다. 왜냐하면 그 사자가 대지의 여신 가이아와 저승 세계의 신 타르타로스 사이에서 태어난 괴물 티폰Typhon의 자식이었기 때문입니다. 그런 괴물 사자를 처치하라는 것이 헤라클레스에게 주어진 첫 번째 과제였지요.

보통의 인간이라면 절대로 해낼 수 없는 일이었지만, 헤라클레스는 비교적 간단하게 해치웁니다.

네메아 사자의 살갗은 어떤 무기로도 뚫을 수 없었기 때문에, 헤라클레스는 칼과 활을 이용하여 공격하다가 포기하고 몽둥이로 때린 다음

목을 졸라 죽입니다. 그리고 가죽을 벗겨내 망토처럼 두르고 다니지요. 그때부터 몽둥이와 사자 가죽은 헤라클레스의 상징물이 됩니다.

Francisco de Zurbarán '네메아의 사자를 처치하는 헤라클레스'

두 번째 과제는 머리가 여러 개 달린 괴물 뱀 히드라Hydra를 해치우는 것이었습니다. 히드라를 처치하는 것이 어려운 까닭은, 하나의 머리를 베어내면 곧바로 두 개의 머리가 새로 돋아나기 때문이었습니다. 게다가 헤라클레스를 골탕먹일 생각으로 헤라가 보낸 커다란 게가 공격하기 때문에 헤라클레스로서는 더더욱 힘들었습니다. 처음에는 고전을 면치 못하던 헤라클레스였지만 조카인 이올라우스Iolaus의 도움을 받아 가까스로 문제를 해결합니다. 즉, 이올라우스에게 횃불을 들려주고 자신이 히드라의 머리를 베면 즉시 불로 그 자리를 지져버리도록 한 것입니다. 머리가 새로 돋지 못하게 하려고 그런 것이지요. 그렇게 하여 히드라를 처치한 다음 헤라가 보낸 게는 발로 밟아 죽였는데, 헤라는 자신의 명을 받아 일하다 죽은 게를 하늘로 불러 올려 별자리로 만들어주었다고 합니다. 그것이 바로 게자리입니다.

루브르박물관 소장 '히드라를 죽이는 헤라클레스'

Lucas Cranach '헤라클레스와 에리만토스의 멧돼지'

세 번째 과제는 에리만토스 산의 멧돼지The Erymanthian Boar를 처치하는 것이었습니다. 아르테미스가 보낸 이 난폭한 멧돼지는 논밭을 황폐하게 만들며 사람들을 괴롭혔는데, 워낙 사납고 동작이 빨라서 사람의 힘으로는 없앨 수 없었습니다. 헤라클레스는 며칠 동안 이 멧돼지를 쫓아다닌 끝에 멧돼지가 지쳐서 더 이상 달아날 수 없게 되자 죽였습니다.

네 번째 과제는 '케리네이아의 사슴(황금 뿔과 청동의 다리를 가진 사슴으로, 아르테미스와 아르카디아의 주민에게는 성스러운 신앙의 대상이었음)'을 산 채로 잡아야 하는 것이었습니다. 발이 빠른 사슴을 생포하는 일은 쉬운 일이 아니었으며, 더구나 아르테미스가 애지중지하는 동물이었기 때문에 각별히 조심해야 해서 헤라클레스는 곤욕을 치릅니다. 일 년 동안이나 쫓아다닌 끝에 겨우 산 채로 잡지만, 아르테미스의 분노를 피할 수는 없었습니다.

루브르박물관 '케리네이아의 사슴 생포하기'

부르델 '활을 쏘는 헤라클레스'

다섯 번째 과제인 스팀팔로스 Stymphalos의 새떼를 쫓는 일도 쉬운 일은 아니었습니다. 전쟁 신 아레스의 비호를 받는 이 새떼는 호전적이며 부리와 발톱, 날개가 청동으로 만들어져 어지간한 무기로는 죽일 수 없었습니다. 더구나 이들은 사람을 잡아먹는 포악한 존재였지요.

헤라클레스는 헤파이스토스가 만들어준 청동으로 만든 징을 쳐서 새들이 놀라 날아오르게 한 다음, 화살을 쏘아 죽였다고 합니다. 보통의 화살이라면 청동으로 된 새를 죽일 수 없었겠지만, 헤라클레스의 화살은 이야기가 달랐지요.

아우게아스_{Augeas} 왕의 외양간을 치우는 것이 헤라클레스가 해결해야 할 여섯 번째 과제였습니다. 엘리스의 왕 아우게아스는 3천 마리의 소를 키웠는데, 30년 동안 단 한 번도 외양간 청소를 한 적이 없었지요. 그것을 하루 만에 치워야 했는데, 헤라클레스는 알페이오스 강과 페네이오스 강의 물길을 끌어들여 깨끗이 청소하여 과제를 마칩니다.

크레타의 골칫덩어리인 괴물 황소를 처치하는 것이 일곱 번째 과제였지요. 이 황소는 제우스가 에우로페를 납치할 때 잠시 몸을 빌렸던 것이라는 설도 있고, 미노스 왕이 포세이돈에게 되돌려주겠다는 약속을 하고 받았는데 막상 받고 보니 너무 아름다워서 돌려주기 싫어 빼돌린 황소라는 설도 있습니다. 어쨌든 미노스 왕에 대한 신들의 징벌로 황소는 괴물로 변해 크레타 사람들에게 이루 말할 수 없는 고통을 주는 존재가 되었던 것입니다. 헤라클레스는 이 황소를 산 채로 잡아 에우리스테우스_{Eurysteus}(헤라의 농간으로 헤라클레스 대신 미케네의 왕이 된 인물. 헤라클레스는 에우리스테우스의 명령을 받아 열두 가지 과제를 수행함)

에게 데려갔고, 에우리스테우스는 그것을 헤라 신전에 바쳤는데 헤라가 받지 않아 풀어주었다고 합니다. 풀려난 황소는 다시 사람들을 괴롭히다가 나중에 테세우스에 의해 죽임을 당합니다.

여덟 번째 과제는 디오메데스Diomedes 왕의 말을 생포하는 일이었습니다. 트라키아의 왕 디오메데스는 자신이 기르는 말

베키오 궁전 소장 '헤라클레스와 디오메데스'

에게 사람을 먹이로 던져주곤 했습니다. 처음에는 나라 안의 범죄자나 사형수를 먹이로 주었으나, 나중에는 먹잇감이 부족해지자 지나가는 여행자에게 시비를 걸거나 씨름을 하자고 제안한 뒤 패한 사람을 먹이로 던져주어 원성이 자자했지요.

식인 암말을 생포하라는 과제를 받은 헤라클레스는 여행객으로 가장하고 트라키아로 간 뒤 디오메데스 왕에게 씨름을 제안합니다. 마침 암말의 먹잇감이 없어 고민하던 차에 잘 되었다고 생각한 디오메데스는 씨름에 응하지만, 그가 천하장사 헤라클레스를 이길 수는 없었습니다. 헤라클레스는 디오메데스에게 승리를 거둔 다음, 그를 말에게 던져주었다고 합니다.

피렌체 베키오 궁전에 있는 작품은 헤라클레스와 디오메데스가 씨름하는 장면을 묘사한 것입니다.

아마존의 여왕 히폴리테Hippolyte의 아름다
운 허리띠를 훔쳐오는 일이 헤라클레스의 아
홉 번째 과제였습니다. 이 과제는 생각보다 쉽
게 해결될 수 있었습니다. 왜냐하면 히폴리테
가 헤라클레스한테 반해서 허리띠를 선선히
넘겨줬기 때문입니다.

문제는 헤라가 아마존의 여인들에게 헤라
클레스가 여왕을 납치하려 한다고 헛소문을
퍼뜨린 것입니다. 사납기로 소문난 아마존의
여전사들은 여왕을 지키기 위해 헤라클레스
를 공격했고, 공격을 받은 헤라클레스는 히폴
리테가 자신을 속였다고 오해하여 전투가 벌
어지게 됩니다. 결국 히폴리테는 헤라클레스

Nicolaes Knüpfer '히폴리테의 허리띠를 얻는
헤라클레스'(에르미타주 미술관 소장)

의 손에 목숨을 잃게 되지요. 아름답게 끝날 수도 있었던 히폴리테의
선심이 피로 얼룩진 살육으로 끝나고 만 안타까운 사건이었습니다.

열 번째 과제는 게리온Geryon의 소를 끌고 와야 하는 것이었습니다.
게리온은 머리가 세 개인 괴물로, 세상의 서쪽 끝에서 살면서 아름다운
소 떼를 기르고 있었습니다. 헤라클레스는 이 과제를 수행하기 위해 아
틀라스 산맥을 넘어가야 했는데, 산을 넘기가 번거로웠던지 아예 산맥
을 밀어버려 대서양과 지중해가 서로 통하게 만들어 버렸습니다. 그리고
는 산맥의 양쪽 끝에 기둥을 세웠는데, 그것이 바로 '헤라클레스의 기
둥Pillars of Hercules'입니다. 스페인을 여행하다 보면 쉽게 볼 수 있는 이미
지이지요.

기둥을 세우는 헤라클레스(그린이 미상)　　루카스 크라나흐 '헤스페리스의 사과를 훔치는 헤라클레스'

　　열한 번째 과제는 헤스페리스Hesperis의 황금 사과를 가져오는 것이었습니다. 세상의 서쪽 끝 헤스페리스에는 제우스와 헤라가 가이아로부터 결혼 선물로 받은 황금 사과나무가 있었습니다. 그것을 도둑맞을까 봐 걱정한 제우스는 백 개의 머리를 가진 용맹한 용 라돈Ladon과 아틀라스의 딸들에게 지키도록 했습니다.

　　용감무쌍한 헤라클레스도 머리가 백 개나 되는 라돈을 무찌를 수는 없었습니다. 자신의 힘으로는 황금 사과를 얻을 수 없다고 생각한 헤라클레스는 하늘을 떠받치고 있는 아틀라스를 찾아가, "내가 대신 하늘을 떠받치고 있을 테니, 당신의 딸들에게 부탁하여 황금 사과를 얻어 달라."고 부탁합니다. 티탄 신들과 올림포스 신들이 전쟁할 때 제우스에게 맞선 죄로 하늘을 떠받치고 있어야 하는 벌을 받고 있던 아틀라스는 그 일이 너무 고통스러운 나머지, 헤라클레스의 제안을 받아들입니다. 그래서 딸들에게 부탁하여 황금 사과를 얻어오기는 하는데, 다시 하늘을 떠받치는 벌을 받고 싶지 않아 헤라클레스에게 건네주려고 하지 않지요. 아틀라스의 속셈을 눈치 챈 헤라클레스는 "하늘을 떠받치는 일은 내게 전혀 힘들지 않다. 다만 처음이라 편안한 자세를 몰라 불편해서 그러니, 어떻게 하면 편하게 하늘을 떠받칠 수 있는지만 알려 달라."고 합니다. 순진한 아틀라스는 헤라클레스의 꾀에 넘어가 하늘을 넘겨받았고, 헤라클레스는 아틀라스에게서 황금 사과를 빼앗아 달아났다고 합니다.

루카스 크라나흐의 그림에는 헤라클레스가 황금 사과를 따고 있는데, 그리스 신화에는 아틀라스의 딸들이 아버지의 부탁을 받아 따 주었다고 되어 있습니다.

마지막 과제는 저승을 지키는 개 케르베로스Kerberos, Cerberus를 이승으로 끌고 오는 것이었습니다. 저승은 죽은 사람만이 갈 수 있는 곳이기 때문에 살아 있는 상태로는 갈 수가 없습니다. 그런데 헤라클레스에게 저승에 다녀오라는 과제, 그것도 하데스의 사나운 개를 이승으로 데려오라는 것은 애당초 불가능한 미션이었던 것입니다. 그러

페테르 폴 루벤스 '헤라클레스와 케르베로스'

나 헤라클레스에겐 힘든 과제라고 거부할 수 있는 권리가 없었습니다. 무조건 수행해야 하는 의무만 있었지요.

헤라클레스는 헤르메스와 아테나의 도움을 받아 저승에 내려갔고, 하데스의 허락을 받아 머리가 셋 달린 저승 개 케르베로스를 이승으로 끌고 오는 데 성공합니다.

열두 가지 과제를 모두 수행하고 나서야 헤라클레스는 한숨 덜었지만, 그렇다고 그가 행복해진 것은 아닙니다. 아직 헤라의 분이 다 풀리지 않았기 때문이지요. 그는 이후로도 수많은 어려움을 겪으며 고통을 당했고, 결국은 스스로 목숨을 끊음으로써 헤라의 분노로부터 벗어납니다. 불행한 영웅 헤라클레스는 그렇게 죽은 다음에야 화가 풀린 헤라의 용서를 받아 올림포스 산으로 올라갔답니다. 어머니로부터 인간의 피를 물려받은 그가 신의 반열에 올랐다는 의미이지요. 그리고 헤라의 딸 헤베(청춘의 신)와 결혼하여 올림포스 산에서는 행복하게 살 수 있었습니다.

성 사도 교회와 비잔틴 건축 양식

고대 아고라 아탈로스 주랑 아래쪽에는 고대 그리스의 건축 양식과는 확연히 차이가 나는 아담한 건물이 한 채 서 있습니다. 거의 폐허로 변한 주변 건물터와는 달리 말끔하게 복원되어 도리어 이질적인 느낌을 주는 이 건물은 그리스어로 'Ayii Apostoli'라고 부르는 성 사도 교회, 혹은 성 아포스틀레스 교회Church of the Holy Apostles입니다.

성 사도 교회

이 교회는 사도 바울이 아테네를 찾아와 전도한 사실을 기리기 위해 10세기 무렵에 지은 비잔틴 양식의 건물입니다.

비잔틴 건축 양식이란 동로마 제국 세력권에서 발생한 건축 양식으로, (상하좌우 길이가 같은) 그리스 십자형 평면과 둥근 돔 지붕이 특징입니다.

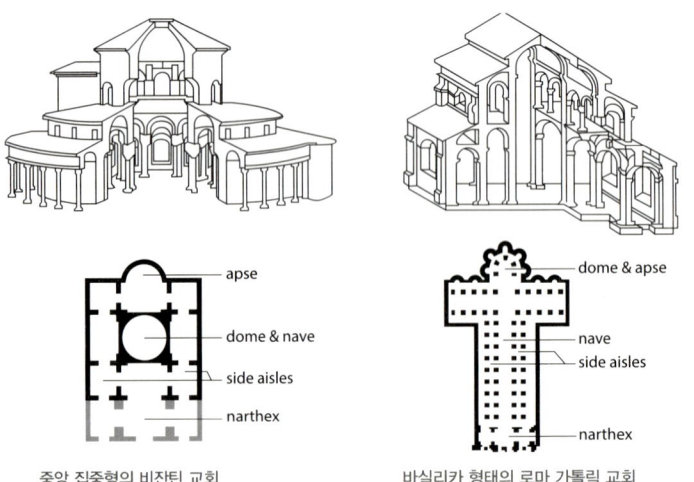

중앙 집중형의 비잔틴 교회

바실리카 형태의 로마 가톨릭 교회

성 사도 교회 내부

사도 바울은 서기 50년경의 두 번째 전도 여행 때 아테네를 방문하여 아레오파고스 언덕에서 아테네 사람들에게 예수의 가르침을 전파했다는 기록이 있습니다. 그러니까 교회 이름의 사도Apostles(예수의 제자)는 사도 바울에서 비롯된 것이지요. 현재의 교회는 1972~1975년에 복원되었고, 교회 안에는 17세기에 그려진 프레스코화가 일부 남아 있습니다.

특히 천장에는 예수의 모습을 그린 프레스코화가 비교적 선명하게 남아 있는데, 이런 유형의 그림은 비잔틴 교회의 특징이므로 잘 봐둘 필요가 있습니다.

비잔틴 양식의 교회에서 중앙 돔 꼭대기에 그려진 예수의 모습을 '판토크라토르Pantokrator'라고 합니다. 이 말은 '전능하신 분', '존엄한 지배자'란 뜻으로, 예수의 권위를 강조하기 위해 예수를 중앙에 배치하고 다른 인물들보다 훨씬 크게 그리며, 단호하고 엄격한 표정인 경우가 대부분입니다. 5세기 이후에 비잔틴 교회에서 나타나기 시작하여 로마네스크 시대에는 최후의 심판자, 혹은 최후의 승리자의 이미지로 표현되었습니다.

피렌체 산 지오반니 세례당의 천장에 그려진 판토크라토르와 성 사도 교회의 것을 비교해보세요. 성 사도 교회 쪽이 보다 엄격하고 권위적으로 보입니다.

성 사도 교회의 판토크라토르

피렌체 산 지오반니 세례당의 판토크라토르

로만 아고라 ⑥

Roman Agora

BC 146년 이후, 아테네는 로마 제국의 지배를 받게 됩니다. 찬란한 헬레니즘 문명을 꽃피웠던 문화 선진국이었지만, 파죽지세로 세력을 키워가던 로마 제국에 맞설 만한 군사적 힘은 없었기 때문이지요.

그런데 이때 이상한 현상이 벌어집니다. 정복자인 로마 제국이 식민지인 그리스의 문화를 선망하고 동경하면서, 오히려 문화적인 측면에서는 그리스가 우위를 점하게 되는 것입니다. 그리스 신화를 로마가 받아들여 이름만 살짝 바꿔 '로마 신화'라고 한 것이 그런 예입니다. 그뿐만 아니라 그리스 신전의 건축 양식은 이후 로마 제국의 건축에 큰 영향을 미칩니다.

로마인들은 자신들이 점령한 아테네를 파괴하기보다는 오히려 복원하고 새롭게 정비하려고 합니다. 고대 아고라에 아레스 신전, 제우스의 제단, 아그리파 음악당 등이 세워진 것이 바로 이때입니다. 고대 아고라는 새로운 전성기를 맞게 되지요.

하지만 고대 아고라에 자리 잡고 살던 상인들에게는 이러한 대대적인 공사가 장사에 방해가 되므로 고대 아고라에서 동쪽으로 80m 떨어진 곳에 새로운 장터를 개설합니다. 그곳이 바로 로만 아고라입니다. 로마 시대에 건설된 아고라이기 때문에 그렇게 부르는 것이지요.

새로운 아고라를 건설하는 데는 막대한 비용이 필요하므로 아테네 상

로만 아고라의 정문

인들은 당시의 로마 제국 일인자인 카이사르Gaius Julius Caesar에게 지원을
요청합니다. 그는 재정 지원을 약속했지만 로마 내부의 복잡한 사정으
로 중단되었고, 결국 새 아고라는 그의 후계자인 아우구스투스 시대에
완공됩니다. 그래서 이 아고라의 정식 명칭은 '카이사르와 아우구스투
스의 아고라the Agora of Ceasar and Augustus'이지만, 현재는 간단하게 로만 아
고라Roman Agora라고 부릅니다.

로만 아고라는 고대 아고라에서 조금 떨어진 아크로폴리스 북쪽에 있
습니다. 지금은 흔적만 남아 그 원형을 추측하기조차 어렵습니다만, 사
진에 보이는 곳이 로만 아고라의 정문 'Gate of Athena Archegetis'입니다.
로만 아고라는 BC 11년에 완성되었다고 하는 이 문을 중심으로 정사

각형의 커다란 건물로 되어 있었습니다. 도리아식 기둥이 지붕을 받치고 있었으며 수많은 기둥이 늘어선(열주) 지붕이 있는 사각형 형태의 건물이었던 것으로 추정됩니다. 현재도 열주의 흔적을 찾아볼 수 있답니다.

열주의 흔적

로만 아고라 동쪽에는 '바람의 탑 Tower of the Winds'이라고 불리는 13m 높이의 팔각형 건물이 있습니다.

현재는 사라졌지만 원래 이 건물의 꼭대기에

바람의 탑
바람의 탑 꼭대기의 트리톤상

는 트리톤 형상의 풍향계가 설치되어 있었다고 합니다. 트리톤은 포세이돈의 아들로 바다를 무대로 활동하는 신이지요. 아마도 트리톤이 소라고둥을 불어 바람을 일으키기도 하고 잔잔하게 만들기도 한다고 생각하여 풍향계를 트리톤의 형상으로 만든 것 같습니다. 끝이 뾰족한 그의 지팡이가 바람이 부는 방향을 가리키는 방식이었습니다.

이 탑이 BC 2세기의 헬레니즘 시대에 건축되었는지, 아니면 BC 1세기 로마 제국 초기에 건축되었는지에 대해서는 학자들의 의견이 엇갈리지만, 마케도니아 키로스Kyrrhos 출신 천문학자인 안드로니코스_{Andronicos}가 설계한 것으로 보는 견해가 우세합니다. 그래서 이 탑을 'Andronicos Kyrrhestes Clock'이라고도 합니다.

이 건물은 이름처럼 바람의 방향을 일러주는 풍향계로서의 역할이 중요했지만, 해시계와 물시계의 기능도 함께 했다고 합니다. 건물 내부에 아크로폴리스에서 내려온 물을 이용하여 시간을 알려주는 물시계가 설치되어 있었고, 주변에 비해 높게 세워진 탑의 그늘이 시간을 알려주는 해시계의 역할도 했다는 것이지요.

동로마 제국 시대에는 교회의 종탑으로 사용되었고, 오스만 제국 시대에는 이슬람교의 기도실로 이용되기도 했습니다. 현재의 건물은 19세기에 복원된 것입니다.

풍향계 아래에는 얕은 돋을새김으로 여덟 명의 바람의 신이 조각돼 있습니다. 풍향계는 사라졌지만, 바람의 신들을 새긴 부조는 지금도 선명하게 남아 있는데, 그들에 대해 알아봅시다.

Edward Dodwell '오스만 제국 시절의 바람의 탑' 바람 신의 부조

이들 바람의 신 이름은 각각 동풍은 에우로스Eurus, 서풍은 제피로스Zephyrus, 남풍은 노토스Notos, 북풍은 보레아스Boreas이며, 북동풍은 카이키아스Kaikias, 남동풍은 아페리오테스Apeliotes, 남서풍은 립스Lips, 북서풍은 스키론Skiron입니다.

서쪽에서 불어오는 바람인 제피로스는 보티첼리의 '비너스의 탄생'에 등장하여 유명해진 신입니다. 바다에서 태어난 비너스를 뭍으로 안내하는 역할을 했지요. 보티첼리의 '봄(La Primavera)'에도 제피로스가 등장합니다. 화면 오른쪽에 보이는 푸른색 옷을 입은 남신이 바로 제피로스입니다.

제피로스Zephyrus(로마 신화에서는 Favonius)는 서쪽에서 불어오는 바람을 담당한 신으로, 봄을 부르는 역할을 합니다. 봄

산드로 보티첼리 '비너스의 탄생'

산드로 보티첼리 '봄'

바람이지요. 그가 하루는 풀밭에서 노니는 클로리스Chloris라는 요정을 보았는데, 그만 한눈에 반하고 맙니다. 그녀는 꽃과 봄을 담당한 요정이었어요. 화사하고 아름다운 클로리스를 유혹하여 함께 다니다 보니 제

피로스조차 봄을 부르는 신이 된 것입니다. '비너스의 탄생'을 잘 살펴보면 제피로스 주변에 꽃송이들이 흩날리고 있는데, 서풍이 산들바람·미풍을 뜻하게 된 것은 이렇게 꽃의 요정 클로리스와 함께 다니기 때문입니다. 실제로 이탈리아에서는 서풍이 불면 봄이 온다고 믿는답니다.

그런 제피로스가 클로리스 말고 사랑한 상대가 있었습니다. 바로 미소년 히아킨토스Hyakintos였지요. 그런데 아폴론도 히아킨토스를 사랑한 것이 문제였습니다. 태양신 아폴론과 서풍의 신 제피로스는 신격神格에 있어 차이가 나니, 아무래도 제피로스 쪽이 불리했을 겁니다. 제피로스는 아폴론을 질투하고, 아폴론의 사랑을 받는 히아킨토스를 질투했지요.

Giovanni Battista Tiepolo '히아킨토스의 죽음'

하루는 아폴론과 히아킨토스가 원반던지기를 하면서 즐거운 시간을 보내고 있었습니다. 그것을 본 제피로스는 질투심에 사로잡혀 원반의 방향을 히아킨토스 쪽으로 돌려버립니다. 바람의 신이었으니 충분히 할 수 있는 일이었지요.

히아킨토스는 아폴론이 던진 원반에 이마를 맞고 그 자리에서 절명합니다. 사랑하는 소년의 죽음을 슬퍼한 아폴론은 히아킨토스가 흘린 피에서 꽃이 피어나게 했는데, 그 꽃이 바로 히아신스입니다.

위의 그림 '히아킨토스의 죽음'에서 머리에 월계관을 쓴 이가 아폴론이고, 그 앞에 쓰러져 있는 이가 히아킨토스입니다.

Giovanni Francesco Romanelli '오레이티아를 납치하는 보레아스'

보레아스Boreas(로마 신화에서는 Aquilo)는 북풍의 신으로 겨울바람을 상징합니다. 에오스Eos(새벽의 여신)와 아스트레오스Astraeos(밤하늘의 신)의 아들로 난폭한 성격이었으며, 서풍의 신인 제피로스와 남풍의 신인 노토스, 동풍의 신인 에우로스가 모두 형제입니다.

그는 아테네 왕 에렉테우스의 딸 오레이티아Oreithyia를 납치한 것으로 유명합니다. 에렉테우스의 딸 가운데 오레이티아의 미모가 특히 뛰어났는데, 그녀를 보고 반한 보레아스가 거친 성격을 누그러뜨리고 사랑을 고백하였으나 거절당하자 납치한 것입니다. 오레이티아는 나중에 보레아스의 아내가 됩니다.

하여간 이 일로 보레아스는 아테네 시민들의 분노를 샀는데, 나중에 페르시아 함대가 아테네를 치러 올 때 폭풍을 보내 페르시아 함대를 격파하는 것으로 과거의 잘못을 사과했다고 합니다. 나중에 이 사실을 알게 된 아테네 사람들은 감사의 뜻으로 그를 위한 신전을 짓고 그를 위해 축제를 열었다고 전해집니다.

노토스Notos(로마 신화의 Auster)는 남풍의 신으로 태풍과 비를 부르는 신입니다. 네 계절 중 여름과 관련된 신이지요. 오비디우스의 〈변신 이야기Metamorphoses〉에 따르면, 제우스는 타락한 인류를 멸망시키기로 결심하고 노토스를 보냈다고 합니다. 노토스가 구름을 건드리자 폭우가 쏟아지기 시작하였고, 세상은 물로 가득 차게 되었다고 하지요. 비바람의 신이라서 노토스의 수염은 늘 물에 젖어 무겁고 흰 머리카락에서는 물이 뚝뚝 떨어지는 모습으로 묘사됩니다.

마지막으로 에우로스Euros(로마 신화의 Vulturnus)는 동풍의 신으로 따뜻함과 비를 가져오는 것으로 알려져 있습니다. 에우로스는 아버지 아스트라이오스와 아버지의 집을 찾은 데메테르 여신의 시중을 들며 그들의 잔에 신들의 음료인 넥타르를 따르는 시중을 들었다고 합니다. 그는 주로 붉은 날개를 가진 곱슬머리 소년의 모습으로 묘사되는데, 이는 그가 저 머나먼 동쪽 지방 태양의 신 헬리오스Helios의 궁전 근처에 살아 몸에 항상 뜨거운 열기를 지니고 있다는 고대인들의 믿음에서 비롯된 것입니다.

바람의 탑에 새겨진 네 계절의 바람 신은 이런 모습입니다. 가지고 있는 물건을 주목해서 보세요.

  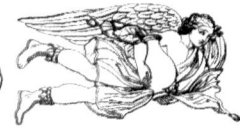 

동풍(따뜻한 비바람을 담은 작은 자루) 　 서풍(꽃송이) 　 남풍(물 단지) 　 북풍(춥고 강한 바람을 담은 큰 자루)

하드리아누스 도서관 ⑦
Hadrian's Library

로만 아고라 옆에 있는 이 건물은 로마 제국의 황제 하드리아누스(재위 117~138)가 세운 것이라서 하드리아누스의 도서관이란 이름이 붙었습니다. 안뜰을 둘러싸듯 기둥이 늘어서 있고, 동쪽 회랑을 따라 나 있는 5개의 방 중에서 가운데 방이 도서관이기 때문에 도서관이라고 부르지만, 전체 건물의 용도를 생각한다면 로마식 포룸forum에 가깝습니다. 도서관에는 파피루스로 된 책들이 보관되었고, 독서실과 강의실도 있었다

하드리아누스 도서관 유적

고 합니다.

132~134년에 지어진 이 건물도 아테네가 큰 피해를 입은 헤룰리Heruli족의 습격(267년) 때 대부분 파괴되었습니다.

이 도서관을 지은 하드리아누스 황제Publius Aelius Hadrianus는 로마 5현제Five Good Emperors/五賢帝 중 한 사람입니다. 오현제란 로마 제국의 전성시대에 잇달아 군림한 어질고 현명한 다섯 명의 황제를 일컫는 말로, 네르바(재위 96~98), 트라야누스(재위 98~117), 하드리아누스(재위 117~138), 안토니누스 피우스(재위 138~161), 마르쿠스 아우렐리우스(재위 161~180)를 말합니다. 이 시대에는 황제 자리를 혈연에 의해 세습世襲하는 것이 아니라 원로원 의원元老院議員 중에서 가장 유능한 인물을 지명하여 물려줬기 때문에 훌륭한 인물이 황제가 될 수 있었습니다. 따라서 이 시대에는 로마 제국의 정치가 안정되었고, 경제도 번영하였으며, 영토 또한 최대로 확장되었습니다.

하드리아누스는 개인적으로 그리스 문화에 대한 이해가 깊었고 심취해 있었기 때문에 아테네의 문화 유적을 복원하고 새로 짓는 일에 많은 지원을 한 것으로 알려졌습니다. 아테네에 있는 로마 제국의 흔적은 대부분 그의 시대에 만들어진 것이라고 보면 됩니다. 제우스 신전이 완성된 것도 하드리아누스 황제 시절이었으며, 제우스 신전과 아크로폴리스 사이에 있는 하드리아누스의 문Arch of Hadrian을 세운 것도 같은 시기였습니다.

하드리아누스 도서관의 앞쪽 출입구는 하늘 높이 솟은 기둥들이 당당한 자태를 뽐내고 있으며, 출입문 벽을 따라 서 있는 기둥들은 코린트 양식을 하고 있습니다. 아테네에 남아있는 유적지에서 코린트식 기

도서관 출입구 쪽 코린트식 기둥(왼쪽)과 내부 도리아식 기둥(오른쪽)　　　　　하드리아누스의 문

둥을 볼 수 있는 대표적인 건물이 바로 제우스 신전과 하드리아누스 도서관입니다.

　도서관 내부에 세워져 있던 도리아식 기둥들이 지금도 일부 남아 있는데, 완공 당시에는 이런 기둥이 100개 정도 서 있었다고 합니다.

　앞에서 잠깐 언급한 하드리아누스의 문도 함께 알아봅시다. 제우스 신전 바로 옆에 2층 건물의 일부분으로 보이는 아치가 서 있는데, 이것이 바로 '하드리아누스의 문'이라고 불리는 유적입니다.

　이 아치형 문은 하드리아누스의 명에 의해 131년에 세워진 것으로 높이가 18m, 너비는 13m의 규모입니다. 하드리아누스 황제는 자신이 심취해 있던 그리스 문화의 복원을 위해 많은 노력을 기울인 다음, 아테네 구시가지와 그가 새로 조성한 신시가지 경계에 아치를 세우고 아크로폴리스 쪽 아치 벽에는 '여기까지는 테세우스가 세운 아테네', 반대편 벽에는 '여기서부터는 하드리아누스의 아테네'라고 적었다고 하니, 이 말에서 우리는 하드리아누스가 아테네 재건에 쏟은 열정과 그에 대한 자부심을 읽을 수 있습니다.

프닉스와 위대한 현인, 솔론

아크로폴리스에서 내려다보면 아레오파고스 언덕 너머로 널찍한 공터가 보입니다. 평범한 언덕 배기로 보이지만 이곳은 프닉스Pnyx로, 민주주의가 탄생한 곳이라고 해도 지나친 말이 아닐 정도로 소중한 공간입니다.

프닉스는 민회가 열렸던 곳입니다. 민회民會/ecclesia란, 고대 아테네에서 시민권을 가진 성인 남자(20세 이상들)이 모여 국가의 중요한 정책을 토론과 투표로 결정한 회의를 말합니다. 다수결 원칙이 이미 그때 등장한 것입니다. 왕족이나 귀족이 아닌 평민도 시민권이 있으면 민회에 참여하여 자신의 의견을 정책에 반영할 수 있었습니다. 물론 노예나 여자는 민회 참석이 불가능했지만, 그래도 그 당시에 이렇게 민주적인 제도를 가지고 있는 나라는 아테네가 유일했습니다. 민회는 1년에 약 40차례 열렸다고 합니다.

아테네의 민주정치에 위협이 된다고 판단되는 사람을 투표로 정해 추방하는 도편추방제가 실시된 것도 프닉스였습니다. 도편추방제Ostracism/陶片追放制란, 고대 도시국가 아테네에서 독재자의 출현을 막기 위해 도입한 제도로, 민주정을 위협할 가능성이 있는 사람의 이름을 도자기 조각에 적어 투표한 다음, 총 6,000표가 넘으면 국외로 10년간 추방하던 제도입니다. 비밀투표의 일환인 이것은 직접민주정치의 기원으로 BC 487년경에 처음으로 실시되었습니다. 본래 취지는 민주주의를 수호하고 백성들의 뜻을 정치에 반영하기 위한 것이었으나, 나중에는 정치적으로 이념을 달리하는 정적政敵을 제거하는 목적으로 이용되는 등 부작용이 심해져 폐지되었습니다. 도편추방제는 폐단도 있었지만, 소수보다는 다수의 의견을 존중하는 민주제의 특성이 잘 드러나는 정치 제도였지요. 도편추방제에 사용된 도자기 조각 유물을 아탈로스 주랑에 있는 고대 아고라 박물관에서 볼 수 있습니다.

프닉스   고대 아고라 박물관 소장 '도편'

웅변가들의 연단이었던 자리

프닉스는 원래 그리스어로 '군중들이 꽉 들어찬', 또는 '사람들이 밀집한'이라는 의미를 가지고 있습니다. 기록에 따르면 프닉스에 들어올 수 있는 사람의 수가 최대 6,000명이었다고 하니, 민회가 열리는 날에는 말 그대로 프닉스가 군중들로 꽉 들어찼을 것입니다.

프닉스에는 아테네 시민들이 자유 발언을 했다는 연단이 있습니다. 누구나 자신의 주장을 소신껏 펼칠 수 있다는 것이야말로 민주주의의 출발점일 것입니다.

솔론Solon(BC 640~BC 560)이 아르콘으로 선출된 당시만 해도 아테네는 힘이 약한 도시국가에 불과했습니다. 솔론은 그런 아테네를 다른 폴리스보다 훨씬 부유하고 강력한 힘을 가진 나라로 만들었습니다. 솔론이 닦아놓은 기반을 통해 국력을 키운 아테네는 페르시아 제국에 맞서 싸워 승리를 거둘 수 있었습니다.

솔론은 왕족의 혈통을 받고 태어났지만, 몰락한 집안 환경 때문에 무역에 종사하면서 생계를 해결해야 했습니다. 솔론이 선택한 생업은 다른 나라와의 무역이었는데, 그것은 매우 고달픈 일이었지만 그 대신 그에게 세상을 보는 안목을 길러주었습니다.

BC 594년, 아테네의 최고행정관직(아르콘)에 선출된 솔론은 과감한 개혁을 단행합니다. 이 무렵 아테네는 계급간의 불신과 갈등이 위험할 정도로 깊어졌고, 경제적으로도 가난한 도시국가에 불과했습니다. 그는 아테네를 강한 국가로 만들기 위해서는 과감한 개혁이 필요하다고 생각하고 먼저 정치적인 제도 개선에 나섭니다.

소수 귀족에게만 주어졌던 정치 참여 기회를 상인 계급으로 확대하고, 그때까지 '돈 많은 귀족의 모임(아레오파고스회)'에서 아르콘을 선출하던 것을 '모든 아테네 시민의 모임(민회)'에서 뽑도록 했습니다. 이로써 귀족이 아니어도 재력과 실력을 갖춘 상인들이 최고 행정직에 나아갈 기회를 얻게 되었으며, 아테네의 모든 시민은 신분과 재력에 구애됨이 없이 민회에 참여할 수 있게 되었습니다. 이는 이전까지는 상상하기 어려웠던 파격적인 조치로, 솔론의 개혁을 통해 아테네는 실질적인 민주주의를 시작하게 된 것입니다.

또한 귀족뿐만 아니라 일반 시민도 범죄가 발생하면 누구나 피해자

개혁안을 제시하는 솔론과 이에 환호하는 아테네 민중들
(아테네국립대학 벽화)

를 대신하여 범죄자를 고발할 수 있게 되었고, 자신이 부당한 판결을 받았다고 생각하면 민회에 상소할 수 있게 되었습니다. 이러한 솔론의 정치 개혁은 아테네가 인류사 최초로 시도한 민주적 조치였습니다.

솔론은 아테네의 정치 개혁뿐만 아니라 경제 개혁도 단행하였습니다. 솔론 당시의 아테네는 부익부 빈익빈富益富貧益貧 현상이 심화되면서 가난한 농민들은 빚에 쪼들리다 논밭을 빼앗기고 나중엔 노예로 팔려가는 신세가 되었습니다. 이런 문제는 솔론이 등장하기 전까지는 해결될 기미가 전혀 보이지 않는, 오히려 점점 더 심각해지는 아테네의 고질병이었습니다.

솔론은 농민들의 생활이 안정되지 않고는 아테네의 안정도 기대할 수 없다고 생각하여 우선 농민들의 빚을 탕감해주고, 빚 때문에 노예로 팔렸던 사람들의 신분을 회복시켜주었습니다. 그런 다음, 아테네 농업의 근본적인 문제가 해결되지 않으면 머지않아 똑같은 문제가 또다시 발생할 것이라고 예상하여 농업 구조를 바꾸는 작업에 착수합니다. 그는 토양이 척박하여 식량을 자급자족할 수 없는 아테네의 문제점을 정확히 파악했습니다. 그래서 생산성이 낮은 작물을 포기하는 대신, 아티카 반도의 토양에서 잘 자라는 작물에 집중하는 전략을 택합니다. 그것이 올리브 나무와 포도나무였지요.

아테네 사람들이 먹고 남을 정도로 풍성한 수확을 거둔 올리브 열매와 포도를 주변 나라에 팔고, 그 대금으로 식량을 사 오는 것이 솔론이 선택한 생존 전략이었습니다. 거기에 올리브 열매에서 올리브 기름을 생산하고, 포도를 가지고 포도주를 생산하여 부가가치를 높인 것도 아테네 사람들의 살림을 윤택하게 만들었습니다.

젊은 시절 다른 나라와의 무역을 통해 세상을 보는 안목을 키웠던 솔론은 현대적인 무역의 장점을 그때 이미 알고 있었던 것입니다.

이와 같은 솔론의 개혁 정책이 성과를 거두면서 아테네는 경제적으로 안정되기 시작했고, 경제적 안정은 다시 정치적 안정을 가져왔습니다. 민주주의가 뿌리내릴 수 있는 토양이 마련된 것이지요.

솔론의 개혁으로 아테네는 부유한 국가로 탈바꿈할 수 있었으며, 정치적·경제적 안정은 민주주의가 정착될 수 있는 기반이 되어준 것입니다.

민주주의의 발생과 발달을 생각할 때 솔론의 공을 기억해야 하는 이유가 거기에 있습니다.

아르콘Archōn

아테네의 위대한 개혁가 솔론은 아르콘Archōn으로 선출된 인물이었습니다. 그의 개혁 정치에 대해 알아본 김에, 고대 그리스의 중요한 정치 제도인 아르콘에 대해 알아보겠습니다.

본디 고대 아테네 — 즉 폴리스가 성립하기 전인 호메로스 시대 — 는 왕정 국가였습니다. 초기 아테네 역사는 대부분 신화적이거나 반역사상의 인물로부터 시작되지만, 민주정, 참주정, 집정관 이전 시대는 왕정으로 분류됩니다.

호메로스 시대Homeric Age는 도리아인의 침입으로 미케네 문명이 멸망한 BC 12세기부터 폴리스가 성립하기 시작하는 BC 800년 사이의 시대를 말하는데, 이때에 대한 기록이 거의 없고 고고학적 유물과 유적뿐이므로 고대 그리스의 암흑시대로 불리기도 합니다. 이때를 호메로스 시대라고 하는 이유는, 호메로스의 서사시인 〈일리아스〉와 〈오디세이〉를 통해서만 당시의 역사를 짐작할 수 있기 때문입니다.

그러다가 BC 7세기 초에 왕의 권력이 약화되고 권력은 귀족들에게 넘어갔는데, 이때 등장하는 신분이 아르콘으로 이는 왕의 권력이 아르콘에게 넘어간 것을 의미합니다. 이때부터 귀족 계급이 왕의 역할을 대신하게 됩니다. 아르콘은 폴리스의 성립과 함께 탄생하여 민주정 시대까지 이어진 제도로 민주정 시대에는 9명의 아르콘이 있었습니다.

아르콘들은 막대한 권력을 휘두를 가능성이 있었기 때문에 여러 가지 제약을 받았습니다. 그들은 공직에 취임하기 전에 출신 성분, 신체적인 건강, 부모를 대하는 태도, 군사적 활동 등에 대해 입법 회의와 법정의 심사(도키마시아)를 받아야 했고, 임기가 끝나면 공직에 있을 때의 행실(특히 경제 문제)에 대한 조사(에우티나)를 받았습니다. 아르콘이 될 수 있는 자격은 원래는 세습 귀족(에우파트리다이)한테만 부여되었고, 이들은 평생 동안 아르콘으로 일했습니다. 그 후 아르콘의 임기는 10년으로, 다시 1년으로 줄어들었는데, 아르콘은 재선될 수 없었기 때문에 임기가 끝나면 아레오파고스회의 종신회원이 되었습니다.

귀족들의 전유물이던 아르콘이 시민 계급에게도 개방된 것은 솔론의 개혁이 있은 후부터의 일입니다. 귀족이 아니어도 재산이 많은 시민은 아르콘에 임명될 수 있는 자격이 있다고 인정되었고, 실제로 부유한 상인 계급에서 아르콘이 배출되기 시작합니다.

클레이스테네스 헌법이 시행되는 동안(BC 508~BC 487년경)에는 시민들이 민회에서 직접 아르콘을 뽑았고, 나중에는 미리 선출된 500명의 후보자들 중에서 추첨으로 뽑았습니다. 추첨으로 아르콘을 선출하면서부터는 그 권력이 약해졌으며, BC 457년 이전까지는 여전히 부유한 제1·2계급만 아르콘이 될 수 있었고, BC 457년에 처음으로 제3계급에게도 문호가 개방되었습니다. (제4계급에게도 자격이 주어졌지만 실제로 아르콘에 임명된 예는 없음)

참고로, 앞서 살펴본 파르테논 신전 동쪽 프리즈의 아테나 여신 페플로스 직조 관련 부조에서 접힌 천을 받던 이가 아르콘입니다.

3장

제우스 신전과 근대 올림픽 경기장
Temple of the Olympian Zeus & Panathinaiko Stadium

제우스 신전 💬①
Temple of the Olympian Zeus

아크로폴리스에서 내려다보면 멀리 제우스 신전의 기둥들이 보입니다. 거리가 먼 탓이기는 하지만, 넓은 공터에 오밀조밀 모여 있는 기둥들이 어쩐지 신전의 규모가 작았을 것 같은 인상을 줍니다. 그러나 사실은 제우스 신전이야말로 아테네에서 제일 큰 신전이었다고 합니다. 심지어 파르테논 신전보다 더 컸다고 하는군요. 파르테논 신전의 기둥이 46개인데 비해 제우스 신전은 104개였다니 규모의 차이를 짐작할 수 있습니다. 또한 파르테논의 기둥 높이가 11m인데 제우스 신전은 17m나 되니, 더 웅장했을 것입니다.

올림피에이온Olympieion으로도 불리는 제우스 신전은 BC 515년에 아테네의 지도자인 페이시스트라토스Peisistratos에 의해 착공되었지만 그

제우스 신전

올림피아 제우스 신상(당대 최고의 조각가인 페이디아스 (Pheidias)가 8년여에 걸쳐 완성한 것으로 그 위엄이 마치 살 아있는 것 같았다고 함. 그러나 426년 로마 황제 테오도시우스 1세의 이교(異敎) 신전 파괴령에 의하여 신전이 헐렸고, 이후 수차례의 지진과 하천 범람 등으로 신상마저 사라지게 된다.)

가 권력을 잃자 공사가 중단되었고, BC 2세기에 안티오쿠스 4세Antiochus IV가 공사를 재개하지만 다시 중단되었습니다. 결국 신전이 완공된 것은 로마 제국의 황제 하드리아누스 때(117~138)로, 그는 제우스 신전의 완성을 기념하여 아크로폴리스와의 사이에 하드리아누스 문을 세웠다고 합니다. 원래 104개였다는 코린트 양식의 기둥 대부분이 사라지고 현재 남아 있는 것은 고작 15개뿐입니다. 왼쪽에 13개가 모여 있고, 오른쪽 귀퉁이에 두 개가 남아 있습니다. 그 밖에는 신전 주위에 흩어진 건물 잔해들만이 이 신전이 웅장했음을 말해줍니다.

그러나 제우스 신전이 파르테논 신전보다 후대에 세워졌다는 사실과 아크로폴리스의 중앙에 자리 잡은 파르테논 신전과 달리 아테네의 동쪽 경계에 해당하는 곳에 위치(서쪽 경계는 케라미코스Keramikos)하였다는 사실은 제우스 신전이 상대적으로 홀대받았다는 증거가 될 수 있을 것입니다.

그래서일까요, 제우스 신전으로 제일 중요한 유적은 아테네가 아닌 올림피아Olympia(펠로폰네소스 반도 북서쪽의 엘리스 지방에 있는 유적지)에 있었습니다. 그곳의 신전에 안치된 제우스 신상은 세계 7대 불가사의에 포함될 정도로 엄청난 규모였다고 합니다. 아테네에서 홀대받은 제우스로서는 그나마 위안이 되는 부분일 겁니다.

제우스,
막내로 태어나 장남이 되다

그리스 신화는 하늘의 신 우라노스Uranus와 대지의 여신 가이아Gaia 사이에서 태어난 크로노스Kronos가 아버지를 거세한 다음 하늘 신 자리를 차지하는 이야기로부터 시작됩니다. 이때부터 티탄 신들의 세상이 시작되는 것이지요. 그럼, 크로노스는 어떻게 되었을까요.

Peter Paul Rubens '자식을 삼키는 크로노스'

하늘 세계를 다스리는 으뜸 신의 자리를 차지한 크로노스는 누이인 레아Rhea와 결혼하여 자식을 낳는데, 자신 또한 자식들에 의해 쫓겨나게 될까 봐 무척 두려워합니다. 그래서 레아가 자식을 낳을 때마다 삼켜버리지요.

레아는 낳는 족족 자식을 삼켜버리는 남편에게 화가 난 나머지, 맨 마지막에 낳은 아들은 남편 몰래 빼돌리고 대신 아기 크기만 한 돌덩어리를 천에 싸서 남편에게 건넵니다. 크로노스는 그것이 갓 태어난 자식일 거라고 생각하고는 삼켜버리지요.

레아가 빼돌린 막내아들이 바로 제우스입니다. 제우스는 아버지가 모르는 곳에서 자란 다음, 어머니를 찾아가 자신의 신분을 밝힙니다. 그리곤 아버지의 음료수를 담당하는 심부름꾼으로 써달라고 부탁하지요. 레아는 아들의 부탁을 들어줍니다.

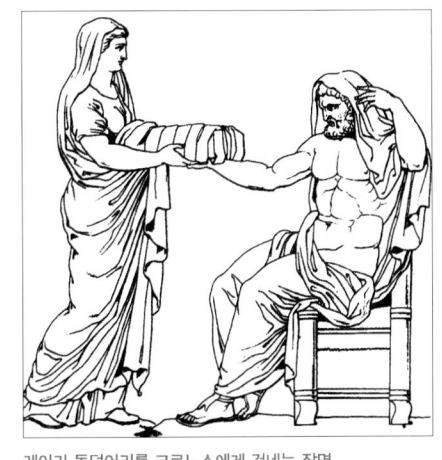

레아가 돌덩어리를 크로노스에게 건네는 장면

제우스는 그 뒤로 아버지에게 올리는 음료수에 토하는 약을 조금씩 넣고, 그 사실을 모르는 크로노스는 제우스가 권하는 음료수를 계속 먹은 끝에 그동안 삼킨 것을 다 토해 냅니다.

제우스보다 먼저 태어났다가 아버지의 배 속으로 들어갔던 형제들은 그때 세상 밖으로 다시 나옵니다. 불과 화로의 여신 헤스티아, 풍요로운 대지의 여신 데메테르, 제우스의 아내가 되는 가정의 수호자 헤라, 바다의 신 포세이돈, 저승의 신 하데스 등이 바로 그들입니다. 크로노스가 마지막으로 토해낸 것은 막내아들인 줄 알고 삼켰던 돌덩어리인데, 그것이 델포이에 있는 옴파로스Omphalos 라고 하는 사람도 있습니다.

어쨌든 이런 사정이 있기 때문에 제우스는 막내로 태어났지만, 실질적으로는 장남의 역할을 하게 됩니다. 형제들이 다시 세상 밖으로 나왔을 때 아기의 모습 그대로인 데 비해 제우스는 이미 성인이 되어 있었기 때문입니다.

삼켰던 자식들을 다 토해낸 크로노스는 신들의 제왕 자리를 제우스에게 물려주고 신화에서 사라집니다. 우라노스가 그랬던 것처럼요.

그런데 그리스 신화에서 자취를 감춘 크로노스가 로마 신화에서 중요한 신으로 부활합니다. 바로 사투르누스Sāturnus, Saturn 신이 그입니다.

로마 사람들은 사투르누스가 농업에 필요한 기술을 가르쳐주었다고 믿어 숭배했습니다. 토요일을 나타내는 영어 Saturday가 그의 이름에서 나왔고, 토성의 영어 이름인 Saturn도 그의 이름에서 나왔습니다. 그만큼 중요한 신으로 대접받았다는 의미지요.

로마 포로 로마노의 한가운데에 웅장한 자태로 서 있는 사투르누스 신전은 로마 사람들이 사투르누스 신을 위해 세운 신전인데, 웅장한 그 모습을 보면 로마 신화 속에서의 그의 위상을 짐작할 수 있습니다. 아마도 그는 그리스 신화에서 로마 신화로 옮겨오기를 정말 잘했다고 생각했을 것 같습니다.

포로 로마노의 사투르누스 신전

애증의 부부,
제우스와 헤라

올림포스 산의 주상 전하인 제우스와 중전마마인 헤라는 하루도 화목한 날이 없어 보입니다. 제우스는 헤라의 눈을 피해가며 수많은 염문을 뿌리느라 바쁘고, 그럴 때마다 헤라는 감시의 눈초리를 치켜뜨고 제우스의 행방을 추적하느라 바쁘니 말입니다.

바람둥이 제우스, 질투의 화신 헤라, 우리는 흔히 이렇게 말합니다. 그런데 제우스가 세상을 다스리는 데 필요한 자손들을 확보하기 위해서 한눈을 파는 것이라고 항변하는 것처럼, 헤라에게도 나름대로 이유는 있답니다. 그리스 신화 속에서 그녀가 맡은 역할은 '가정의 수호신'인데, 여기서 말하는 가정이란 정상적인 결혼을 통해 이루어진 가정을 말하는 것입니다. 그렇기 때문에 헤라는 합법적인 결합이 아닌 남녀의 만남을 용서할 수 없고, 그런 만남에서 태어난 아이를 그냥 둘 수 없는 것입니다.

헤라가 자신의 역할을 충실히 수행하는 과정에서 피해를 입는 것은 언제나 제우스의 상대가 된 여성이나 그 여성이 낳은 아이입니다. 잘못은 제우스가 하지만, 헤라로서는 제우스를 벌 줄 권한이 없기 때문입니다.

디오니소스의 어머니인 셀레네는 목숨을 잃었고, 알크메네의 아들인 헤라클레스는 죽을 때까지 고통받았습니다. 헤라로 인해 고통받은 또 한 명의 여인, 이오$_{Io}$를 통해 제우스와 헤라의 애증 관계를 살펴봅시다.

Corregio '제우스와 이오'

이오는 강의 신 이나코스Inachos와 멜리아Melia 사이에서 태어난 딸로 제우스의 사랑을 받았습니다. 제우스는 이오를 만날 때면 헤라의 눈을 피하기 위해 검은 구름으로 주변을 가렸지만, 헤라를 속일 수는 없었습니다. 하루는 이오와 함께 있는 것을 헤라가 눈치채자, 제우스는 당황하여 이오를 흰 암소로 변신시킵니다. 그리고는 시치미를 떼지요.

"이것은 단지 소일 뿐이오."

그러자 헤라는 그 소를 자신에게 선물로 달라고 합니다. 제우스는 헤라가 사랑하는 여인 이오한테 해코지

피에르 라스트만 '이오와 함께 있는 제우스를 발견한 헤라'

페테르 폴 루벤스 '헤르메스와 아르고스'

를 할까 봐 걱정스러웠지만, 내주지 않을 수도 없었습니다. 할 수 없이 헤라에게 암소로 변한 이오를 내줍니다.

헤라는 눈이 100개나 달린 거인 아르고스Argos에게 암소를 감시하도록 맡겼습니다. 아르고스는 잠을 잘 때도 2개의 눈만 감고 나머지는 뜬 채로 감시하므로, 제우스는 이오를 만날 수 없었습니다. 이오를 만나지 못해 애가 탄 제우스는 헤르메스를 보내 아르고스를 처치하도록 합니다. 헤르메스는 피리 소리로 아르고스를 잠들게 한 다음 목을 베고 이오를 구출해냅니다.

뒤늦게 아르고스의 죽음을 알게 된 헤라는 아르고스의 100개의 눈을 빼서 자신을 수행하는 새인 공작의 깃털에 붙였다고 합니다. 공작의 꼬리 깃털에 눈 모양의 무늬가 생긴 것은 그 때문이라는 것이지요.

헤라는 그 후로도 이오에 대한 응징을 그치지 않는데, 쇠파리를 보내 계속 이오를 괴롭힌 것입니다. 이오는 쇠파리를 피해 바다를 건너가는데, 이때 이오가 건너간 바다를 이오니아 해Ionian Sea(이오의 바다)라고 합니다.

이상과 같은 이오의 일화를 통해 제우스와 헤라의 끝없는 갈등을 짐작할 수 있습니다.

참고로, 태양계의 가장 큰 행성인 목성을 주피터Jupiter(그리스 신화의 제우스)라고 하는데, 목성의 제1위성이 바로 이오입니다. 헤라로서는 분통이 터질 노릇일 겁니다.

페테르 폴 루벤스 '유노(헤라)와 아르고스'
(아르고스의 눈을 빼서 공작의 꼬리깃털에 박는 헤라)

제우스,
아테나를 낳다

제우스의 딸인 아테나는 특이한 탄생 신화를 가지고 있는 여신입니다.

제우스는 티탄 신에 속하는 메티스Metis에게 반하여 결혼합니다. 메티스는 '신과 인간 중에서 가장 지혜로운 자wisest among gods and mortal men'라는 평가를 받은 여신이었는데, 제우스로서는 지혜로운 부인의 내조를 받고 싶어 결혼한 것입니다. 그런데 문제가 생깁니다. 이치의 여신 테미스(아폴론에게 델포이 신탁소를 물려주기 전까지 예언을 관장했던 신)가 "메티스가 낳는 아들은 아버지의 자리를 위태롭게 할 것"이라는 신탁을 알려준 것입니다. 아버지를 몰아내고 그 자리를 차지한 전력이 있는 제우스로서는 가장 두려운 것이 그런 내용의 신탁이었습니다. 훗날 아름다운 바다 요정 테티스를 사랑하면서도 포기하는 이유 또한 그런 신탁 때문이었습니다.

그런데 그때 메티스는 임신을 한 상태였습니다. 이미 생긴 아이를 어떻게 할 수 없었던 제우스는 아이가 태어날 수 없도록 하기 위해 아예 아내를 삼켜버립니다.

그런데 메티스의 산달이 다가오자 제우스는 머리가 깨질 듯한 두통을 느낍니다. 극심한 통증을 견딜 수 없었던 제우스는 아들인 헤파이스토스를 불러 도끼로 머리를 열어달라고 부탁합니다. 헤파이스토스가 제우스의 머리를 여는 순간, 안에서 아테나가 고함을 지르며 뛰쳐나왔다고

합니다. 이미 성인이었으며 중무장
한 상태였다고 하니, 참으로 특이
한 탄생이 아닐 수 없습니다.

어머니가 지혜로운 여신 메티스
이고 하늘 세계의 으뜸 신인 제우
스의 머리에서 태어났으니, 아테나
가 지혜의 신이 된 것은 당연한 일
일 겁니다. 또한 태어날 때 이미 중
무장을 하고 나왔으니, 전쟁을 주
관하는 신이 된 것도 당연해 보입

중무장한 채 제우스의 머리에서 태어나는 아테나

니다. 다만, 제우스와 헤라 사이에서 태어난 아레스가 완력을 쓰는 거친
이미지의 전쟁 신인데 반해, 아테나는 전략과 전술로 전쟁을 수행하는
지혜로운 전쟁의 신이라는 것이 다른 점입니다.

실제로 아테나와 아레스가 맞붙은 전쟁에서는 늘 아테나가 승리를 거
둡니다. 대표적인 예가 트로이 전쟁이지요. 아레스는 트로이 편을 들고
아테나는 그리스 연합군 편을 들었는데, 그 전쟁은 그리스 연합군의 승
리로 끝납니다. 이 말은 결국 아테나가 아레스를 이겼다는 뜻도 되는 것
입니다.

그건 그렇고, 메티스의 자식이 태어났으니 제우스의 처지는 어떻게 되
었을까가 문득 궁금해집니다. 테미스가 전한 신탁은 '메티스에게서 제우
스의 아들이 태어나면'이란 단서가 붙어 있었는데, 아테나는 딸이니 제
우스의 지위는 흔들리지 않습니다. 또한 메티스가 아직도 제우스의 배
속에 있으니 아들을 낳을 가능성은 전혀 없군요. 제우스로서는 다행스
러운 일일 겁니다.

제우스의 여인들

제우스의 부인으로 제일 유명한 것은 헤라Hera입니다. 그러나 바람둥이였던 제우스(제우스는 이런 수식어를 억울하게 생각합니다. 드넓은 세상을 다스리기 위해서는 많은 신들이 필요하기 때문에 열심히 자식을 생산했을 뿐이라는 게 제우스의 주장입니다)에게는 헤라 외에도 숱하게 많은 여인들이 있었습니다. 워낙 많기 때문에 다 언급할 수는 없고, 그중에서 중요한 여인들만 꼽아보겠습니다.

먼저, 앞에서 설명한 지혜의 여신 메티스Metis가 있습니다. 티탄 신이었던 그녀는 제우스의 첫 번째 부인이자 아테나 여신의 어머니입니다.

곡물과 수확의 여신 데메테르Demeter도 제우스와의 사이에서 딸을 낳습니다. 저승의 신 하데스에게 납치되어 그의 아내가 되는 페르세포네Persephone가 데메테르의 딸입니다. 데메테르는 곡물의 수확과 관련되는 여신이므로 곡식 다발을 지니고 있는 모습으로 표현될 때가 많습니다.

아폴론과 아프로디테의 어머니인 레토Leto 여신도 제우스의 사랑을 받았습니다. 자식 농사만 놓고 본다면 제일 알찬 수확을 거둔 것이 바로 레토 아닐까 싶습니다. 그렇기 때문에 레토는 출산 과정에서 질투심에 불탄 헤라로부터 많은 핍박을 받습니다. 거대한 괴물 뱀 피톤으로부터 쫓겨 다닌 것도 그렇고, 세상의 땅들이 헤라의 협박에 굴복하여 출

바르셀로나 카탈루냐 국립 미술관 앞
'데메테르'

Johann Georg Platzér
'리키아 사람들을 개구리로 만드는 레토 여신'

산할 땅을 내주지 않아 하염없이 떠돌아다닌 것도 그중의 하나입니다. 리키아에 갔을 때는 농부들이 물을 마시지 못하게 방해하자 홧김에 그들을 개구리로 만들어버렸다는 이야기가 전합니다.

괴물 메두사를 없애는 페르세우스Perseus는 제우스가 아르고스의 공주 다나에Danae와의 사이에서 낳은 아들입니다. 다나에를 유혹하기 위해 제우스는 황금의 비로 몸을 바꾸어 찾아가는데, 거기엔 이런 사연이 있답니다.

아르고스의 왕 아크리시오스Akrisios는 끔찍한 신탁을 듣고는 겁에 질립니다. 외손자의 손에 죽임을 당하리란 내용이었으니까요. 그는 불행한 미래를 어떻게 해서든 막고 싶었습니다. 그러자면 방법은 한 가지밖에 없었지요. 외손자를 보지 않는 것. 외손자가 태어나지 않으면 외손자의 손에 죽을 까닭이 없으니까요.

아크리시오스에게는 다나에란 외동딸이 있었는데, 그는 딸을 청동으로 만든 탑 안에 가둔 다음, 어느 누구도 절대로 접근할 수 없도록 합니

Jan Gossaert '다나에'

다. 그렇게 한 다음에야 그는 비로소 마음을 놓지요.

그러나 어디 신탁이 사람의 힘으로 막을 수 있는 것인가요. 다나에를 마음에 두었던 제우스가 황금의 비로 몸을 바꾸어 청동 탑 안으로 스며듭니다. 그리고 열 달의 시간이 흐른 뒤 다나에는 제우스의 아들을 낳게 되지요. 그 아이가 바로 페르세우스입니다.

외손자가 태어났다는 소식을 들은 아크리시오스는 경악합니다. 그러나 제우스의 아들을 죽일 수 없었던 왕은 딸과 외손자를 작은 배에 태워 멀리 떠나보냅니다. 다시 만나지만 않는다면, 외손자의 손에 죽을 일은 없을 거라고 생각하면서 말이지요.

온갖 우여곡절을 겪은 끝에 페르세우스는 메두사를 죽이고 에티오피아의 공주 안드로메다와 결혼하게 됩니다. 제우스의 아들답게 영웅이 갖추어야 할 덕목을 그는 다 갖추고 있었습니다.

그럼, 외손자에게 목숨을 잃게 되리라던 아크리시오스의 운명은 어떻게 되었을까요? 페르세우스는 우연한 기회에 원반던지기 대회에 참가하여 원반을 던졌는데, 그것이 엉뚱하게도 관중석으로 날아가 그곳에 앉아 있던 노인을 맞힙니다. 노인은 그 자리에서 절명하고 마는데, 그가 바로 아크리시오스 왕이었지요. 신탁이란 아무리 피하려 해도 피할 수 없는 것이란 걸 페르세우스의 일만 봐도 알 수 있습니다.

의도한 것은 아니지만, 결과적으로 외할아버지를 죽게 만든 페르세우스는 속죄하는 의미로 아르고스를 떠나 티린스로 갔는데, 나중에 그곳의 왕이 되어 나라를 잘 다스렸다고 합니다.

에우로페 Europe 는 페니키아의 공주였는데, 그녀의 아름다움에 반한 제우스가 황소의 모습으로 변신하여 접근했습니다. 그런 사정을 알 리 없는 에우로페는 멋모르고 황소 등에 올라탔다가 납치당합니다. 제우스가 에우로페를 등에 태우고 돌아다닌 곳을 그녀의 이름을 따서 에우로페라고 했는데, 우리는 그곳을 유럽 Europe 이라고 부릅니다.

에우로페는 크레타 섬에 도착하여 제우스와의 사이에 미노스, 라다만티스, 사르페돈을 낳았고 나중에 크레타 왕 Asterios 의 아내가 되었는데, 제우스는 그녀에게 섬을 지키는 청동 인간 탈로스와 사냥감을 절대로 놓치지 않는 사냥개, 그리고 과녁을 빗나가는 일이 없는 창檜을 주었다고 합니다.

Noël-Nicolas Coypel '에우로페의 납치'(부분)

제우스의 자식들

    제우스의 수많은 자식들 중에서 중요하면서도 이 책의 다른 부분에서 다뤄지지 않은 인물들을 중심으로 설명하겠습니다.

    먼저, 헤라와의 사이에서 낳은 자식들을 알아봅시다.

    헤파이스토스는 헤라 혼자서 낳았다는 설도 있지만, 제우스의 자식일 가능성이 높습니다. 부모에게 그다지 사랑받은 자식은 아닌 것으로 보입니다만.

    전쟁 신 아레스는 제우스와 헤라의 자식 중에서 가장 행적이 요란한 편입니다. 전쟁 신이다 보니 주변이 늘 소란스러울 수밖에 없지만, 아프로디테와의 염문으로 올림포스 산을 시끄럽게 한 것도 그의 요란스러운 성격과 어울리는 일이었습니다.

    에일레이티이아Eileithyia는 출산의 여신인데, 그녀가 가야만 여인들은 아이를 낳을 수 있었습니다. 그 점을 이용하여 헤라가 연적戀敵들을 골탕먹이는 일이 종종 있었지요. 제우스가 헤라클레스를 염두에 두고 "다음에 태어나는 페르세우스의 후손은 미케네의 왕이 될 것이다."라고 선언하자, 산달이 된 알크메네Alcmene(제우스와의 사이에서 헤라클레스를 낳는 여인. 알크메네는 원래 페르세우스의 손자인 암피트리온의 아내임)에게는 안 보내고, 엉뚱하게 스테넬로스Sthenelos의 아내에게 에일레이티이아를 보내 칠삭둥이를 낳게 한 것이 하나의 예입니다. 아폴론과 아르테미스의 어머니인 레토 여신이 출산할 때도 에일레이티아아를 보내지 않아 진통만 계속될 뿐 아이들이 태어나지 못했습니다. 그 안타까운 상황을 보다 못한 신들이 헤라 모르게 에일레이티아아를 불러내 출산을 도왔다는 이야기가 있습니다.

청춘의 여신 헤베Hebe도 제우스와 헤라 사이에서 태어났습니다. 부모의 사랑을 듬뿍 받은 사랑스러운 딸이었지요. 그녀는 올림포스 신들의 잔치가 있으면 신들의 음료인 넥타르를 따르는 임무를 맡았다고 합니다. 헤라클레스가 죽어 올림포스 산으로 올라갔을 때, 마음이 풀린 헤라는 자신의 딸인 헤베를 헤라클레스의 부인으로 내줍니다. 살아서는 헤라의 지독한 미움을 받으며 고난뿐인 삶을 살았지만, 죽어서는 헤라의 사위가 되는 것입니다.

9명의 뮤즈들은 제우스와 기억의 여신 므네모시네Mnemosyne 사이에서 태어났습니다.

티탄 신들과의 전쟁을 승리로 이끈 다음, 제우스는 위대한 그 업적을 후대에 남기고 싶어 합니다. 그러나 문자가 없던 시절에 글로 기록한다는 것은 불가능했지요. 그래서 생각해낸 방법이 기억의 여신 므네모시네와 9일 밤낮을 함께 보내 아홉 명의 뮤즈를 낳는 것이었지요.

제우스의 딸들인 아홉 명의 뮤즈는 아폴론 휘하에서 각각 맡은 임무를 수행하는데, 서사시는 칼리오페Calliope(서판과 펜)가, 희극은 탈리아Thaleia(익살스런 가면)가, 비극은 멜포메네Melpomene(슬픈 표정의 가면)가, 장엄한 종교 찬가는 폴리힘니아Polyhymnia(골똘히 생각에 잠긴 표정)가, 에로틱한 시는 에라토Erato(키타라/하프 비슷한 악기)가, 서정시는 에우테르페Euterpe(플루트)가, 합창과 춤은 테르프시코레Terpsichore(리라)가, 역사는

칼리오페 · 탈리아 · 멜포메네 · 폴리힘니아 · 에라토 · 에우테르페 · 테르프시코레 · 클레이오

클레이오Cleio(두루마리 책)가, 천문학은 우라니아Urania(둥근 천구와 막대기)가 맡았습니다. 뮤즈에 관한 것이 체계적으로 정리된 곳이 바로 바티칸 박물관의 '뮤즈의 방'입니다. 거기엔 방의 이름에 걸맞게 아폴론과 뮤즈들이 다 모여 있답니다. 뮤즈의 방에 있는 뮤즈들의 모습을 사진으로 감상하여 봅시다. 그녀들의 손에 들린 물건을 유심히 봐야 합니다.

페르세포네는 제우스와 데메테르 사이에서 태어났습니다.

땅에서 자라는 것들을 보살피는 역할을 맡은 데메테르는 맡은 소임 때문인지 올림포스 산에서 살지 않고 시칠리아에서 살았다고 합니다. 그녀의 딸인 페르세포네도 당연히 시칠리아에서 살았겠지요.

페르세포네는 어머니가 지배하는 대지 위에서 아리따운 처녀로 성장합니다. 그런데 저승의 신 하데스가 그녀에게 반하여 아내로 삼고자 합니다. 그러나 데메테르는 사랑스러운 딸을 저승으로 시집보낼 생각이 전혀 없었습니다. 제우스가 중매를 서고자 했지만, 데메테르의 마음은 요지부동이었지요. 결국 정식으로 결혼하는 것이 불가능하다고 판단한 하데스는 페르세포네를 납치하여 저승으로 데리고 갑니다.

우라니아

페르세포네의 행방을 몰라 애타게 찾아다니던 데메테르는 마침내 그것이 하데스의 짓이란 걸 알게 됩니다. 마음 같아서는 당장 저승으로 달려가 사랑하는 딸을 찾아오고 싶었지만, 데메테르에게도 저승은 마음대로 드나들 수 있는 곳이 아니었습니다. 하는 수없이 남편인 제우스를 찾아가 하소연하는데, 그 문제는 제우스로서도 참 난처한 일이었습니다. 하데스와 데메테르가 다 자신의 형제이니, 어느 한쪽 편을 들 수 없었기 때문이었지요.

제우스조차 자신의 호소를 들어주지 않자, 데메테르는 분노합니다. 그래서 파업에 돌입하지요. 자신의 소임을 내팽개친 것입니다.

데메테르가 대지의 생물을 돌보지 않자, 세상은 황폐해지고 사람들의 삶은 피폐해집니다. 굶주림에 지친 사람들의 아우성이 올림포스 산을 뒤흔들어대자 할 수 없이 제우스는 전령신 헤르메스를 하데스에게 보냅니다. 페르세포네를 어머니인 데메테르에게 돌려보내라는 말을 전하게 한 겁니다. 그러면서 슬쩍 "저승의 음식을 먹은 사람은 이승으로 돌아올 수 없는 법인데, 혹시 페르세포네가 저승에서 음식을 먹었으면 어쩌지?"라는 말을 흘립니다. 눈치 빠른 헤르메스가 이 말의 속뜻을 알아차리고 하데스에게 귀띔하자, 하데스는 페르세포네에게 "이승까지의 먼 길을 가려면 허기질 테니, 석류 몇 알이라도 먹어두라."고 권유합니다. 순

Frederic Leighton '페르세포네의 귀환'

진한 페르세포네는 그 말을 믿고, 하데스가 건네주는 석류 몇 알을 먹었다고 합니다.

제우스의 중재로 페르세포네는 어머니의 품으로 돌아왔지만, 저승에서 먹은 석류 몇 알 때문에 일 년 중에서 4개월은 저승에서 살아야만 하게 되었습니다. 데메테르로서는 뒤통수를 맞은 기분이었겠지만, 어쩔 수 없는 노릇이었지요.

데메테르는 페르세포네와 함께 사는 동안에는 최선을 다해 생물을 길러내고 수확하게 하지만, 딸이 저승으로 돌아가는 넉 달 동안은 시름에 겨워 아무 일도 하지 않으므로 세상은 죽은 듯 적막해집니다. 그때가 겨울인 것이지요.

이 이야기는 데메테르의 지극한 모성애를 말하고 있는 것처럼 들리지만, 사실은 농업의 이치를 설명하는 것입니다. 데메테르는 생명이 자라는 땅을 의미하고, 페르세포네는 씨앗을 의미하며, 하데스는 땅속 세상을 의미하는 것이지요. 하데스가 페르세포네를 사랑하여 땅속으로 데려갔듯이, 땅속 세상은 씨앗을 데려갑니다. 씨앗이 땅속에 있는 동안 땅

위는 황무지처럼 거칠어집니다. 그러다가 때가 되어 페르세포네가 돌아오듯 씨앗이 싹을 틔워 땅 위로 올라오면 세상은 풍요로움으로 가득한 낙원이 되는 것입니다. 딸을 만나 기쁨에 겨운 데메테르가 자신의 소임을 다해 오곡백과를 길러내는 것이지요.

제우스가 스파르타의 왕 틴다레오스Tyndareos의 왕비인 레다Leda에게서 낳은 자식들도 중요합니다. 레다는 백조로 변한 제우스의 사랑을 받아 두 개의 커다란 알을 낳는데, 그 안에서 아들 쌍둥이와 딸 쌍둥이가 태어났습니다. 레오나르도 다 빈치의 그림(분실된 후 프란체스코 멜치가 모사한 작품)을 보면 백조로 변한 제우스와 그의 사랑을 받는 레다, 그리고 그들 사이에서 태어난 네 명의 아이들이 다 나옵니다.

레다가 낳은 쌍둥이 아들은 카스토르Castor와 폴룩스Pollux이고, 딸 쌍둥이는 헬레네Helen와 클리타임네스트라Klytaimnestra입니다. 이 가운데 헬레네는 트로이 멸망의 원인이 되는 여인이고, 클리타임네스트라는 앞서 몇 번 언급된 바 있었던 아가멤논의

레오나르도 다 빈치(프란체스코 멜치가 모사함) '레다와 백조'

아내입니다.

카스토르와 폴룩스는 제우스의 아들답게 무예에도 능하고 용감했으며, 준수한 용모에 형제간의 우애도 각별했다고 합니다. 그리스 신화 속에서 그들은 몇 차례 등장합니다. 예를 들어, 테세우스에게 납치된 누이동생 헬레네를 되찾아온다든지, 칼리돈Calydon의 멧돼지 사냥 대회가 열렸을 때 참가하여 용맹을 뽐낸다든지 하는 식으로요. 또한 이아손Iason 등이 아르고Argo 호를 타고 황금 양피를 구하러 떠날 때 함께 갔던 경력도 있어, 항해자들의 수호신으로 여겨지기도 합니다.

로마의 포로 로마노 한복판에 그들을 위해 세워진 신전의 흔적이 지금도 남아 있으며, 캄피돌리오 광장 입구에는 그들 형제의 조각상이 세워져 있습니다. 로마 사람들이 그들을 각별히 사랑했다는 의미입니다.

카스토르와 폴룩스 신전   카스토르와 폴룩스 조각상(캄피돌리오 광장 입구)
(로마 포로 로마노)

그럼 로마 사람들은 무슨 까닭으로 그들 형제를 각별하게 여겼을까요. 거기엔 이런 이야기가 전합니다.

BC 5세기 말, 로마는 라틴인을 상대로 레길루스Regillus 호수 근방에서 전투를 벌입니다. 이때 흰 말을 탄 두 젊은이가 나타나 로마 군대를 도와 전투를 승리로 이끕니다. 뿐만 아니라, 그들은 전투가 끝난 뒤 로마 시내에 나타나 시민들에게 승전보를 알렸다고 합니다. 그 젊은이들이 바로 카스토르와 폴룩스였던 것이지요.

그 일이 있은 후로 로마 사람들은 카스토르와 폴룩스가 자신들 편이라고 믿게 되었고, 그들에게 고마운 마음을 표현하기 위해 그들이 승전보를 전해주었던 포로 로마노 한복판에 신전을 세워 준 것입니다. 비록 지금은 기둥 세 개만 남고 건물의 대부분이 사라졌지만, 로마 사람들의 마음을 짐작하기엔 충분합니다. 만약 기둥만으로 아쉽다면 로마의 캄피돌리오 광장 입구의 조각상을 통해 용맹하면서도 준수하였다는 그들의 모습을 떠올려 보시기 바랍니다.

판아테나이코 경기장 ②

Panathinaiko Stadium

아크로폴리스에서 제우스 신전 쪽을 내려다보면, 제우스 신전 너머로 판아테나이코 경기장(근대 올림픽 경기장)이 살짝 보입니다.

판아테나이코 경기장은 1896년 제1회 근대 올림픽이 개최된 뜻 깊은 장소입니다. 여기서 잠깐, 근대 올림픽에 대해 알아보고 갑시다.

근대 올림픽은 프랑스의 쿠베르탱 Pierre de Coubertin 이 제창하여 1896년

에 처음 개최된 이후 지금까지 4년마다 열리는 가장 규모가 크고 전통이 오래된 국제적인 체육 행사입니다.

쿠베르탱은 프로이센 – 프랑스 전쟁(1870~1871)에 패배한 조국을 재건하기 위한 교육 개혁 방안을 모색하던 중, 육체와 정신의 조화로운 발달을 지향한 고대 그리스의 체육 교육에 매료됩니다. 그래서 그는 1894년에 국제올림픽위원회IOC를 창설하고, 2년 뒤에 첫 번째 올림픽을 개최하는 데 성공하는 것입니다.

1895년에 첫 개최지 선정을 위한 회의가 있었는데, 아테네가 선정된 것은 당연한 일이었습니다. 올림픽이 고대 그리스의 제전인 올림피아 제祭에 기원을 두었기 때문이지요.

근대 올림픽 첫 개최지의 영광을 안은 아테네 시민들은 어디에 경기장을 지을 것인지를 두고 고민할 필요도 없었을 것입니다. 왜냐하면 그들은 이미 판아테나이아 제전 때 운동 경기가 열리던 규모가 큰 경기장을 갖고 있었기 때문입니다. BC 4세기에 경기장으로 건설되어 사용되었고, BC 2세기에 헤로데스 아티쿠스(아크로폴리스의 헤로데스 극장을 건립한 인물)가 대리석으로 아름답게 재건한 경기장이 그들에게는 있었던 것입니다.

1895년에 올림픽 개최지로 정해진 다음, 1년 동안의 보수 공사를 거쳐 드디어 첫 올림픽이 이곳에서 열리게 됩니다. 당시의 사진을 보면 현재의 모습과 크게 다르지 않은 것을 알 수 있습니다.

판아테나이코 경기장은 고대 경기장의 구조와 비슷한 말발굽 모양으로 되어 있습니다. 원래 이곳은 로마 시대에는 투기장으로 사용되었으며, 현재에도 각종 육상 경기와 행사 등에 사용되고 있습니다. 그리고 2004년 아테네 올림픽 때는 개막식과 폐막식이 거행되기도 했지요.

그런데 이 경기장에는 눈여겨 볼만한 것이 하나 있습니다. 입구에서 볼 때 반대편 트랙에 서 있는 돌기둥 두 개인데, 아탈로스 주랑의 박물관에서 본 적이 있는 헤르마입니다. 헤르마는 이

작자 미상 '1870년의 판아테나이코 경기장'

정표로서 도시의 경계를 표시해주는 역할을 했으며, 여행자의 수호신인 헤르메스에서 이름을 따왔습니다.

제1회 근대 올림픽 자료 사진을 보면 현재와 같은 자리에 헤르마가 서 있는 걸 알 수 있군요. 적어도 그 당시에 경기장 안에 있었던 것이 분명하고, 어쩌면 그보다 훨씬 전부터 그 자리에 서 있었을지도 모릅니다.

그런데 경기장 안에 헤르마를 세워둔 이유는 무엇일까요.

원래 헤르마는 기둥의 윗부분에는 사람의 머리가 놓이고 기둥 부분은 긴 사각형으로 되어 있습니다. 그리고 기둥의 중간 부분에는 남성의 성기가 조각되어 있지요. 그렇게 생긴 것이 헤르마의 기본 형태입니다. 그런데 판아테나이코의 헤르마는 약간 변형된 형태로 되어 있습니다. 우선 한쪽 면은 젊은이의 두상이, 반대편에는 노인의 두상이 새겨진 것이 독특합니다. 게다가 더욱 파격적인 것은 젊은이 쪽의 성기는 힘이 없어 보이고, 노인 쪽의 성기는 힘이 넘쳐 보인다는 점입니다. 뭔가 뒤바뀐 것 같은데, 이것을 두고 사람들은 이렇게 해석합니다.

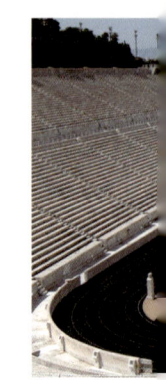

'운동을 열심히 하면 노인도 젊은이처럼 젊음을 유지할 수 있고, 젊은이라고 해도 운동을 하지 않으면 노인처럼 기력 없이 살게 된다.'는 교훈

제1회 올림픽 마라톤 우승자인 스피리돈 루이스(Spiridon Louis)가
결승 지점을 향해 달리는 모습

을 주기 위해 그런 모양으로 새겨 경기장 안에 세워두었다고 말입니다. 그게 사실일까요? 듣고 보니 그럴싸하기는 합니다.

마지막으로 경기장 입구에는 제1회부터 근대 올림픽을 개최한 국가와 도시의 이름이 대리석에 새겨져

있는데, 제24회 서울 올림픽이 마지막을 장식하고 있습니다. 대리석에 새겨 넣을 공간이 더 이상 없기 때문이라고 합니다.

말발굽 모양의 판아테나이코 경기장   경기장에 서 있는 헤르마   올림픽 개최지 표지석

올림픽의 기원, 올림피아 제전

그리스는 아티카 반도와 펠로폰네소스 반도가 국토의 대부분을 차지합니다. 그 밖에는 이오니아 해, 크레타 해, 에게 해에 흩어진 여러 섬들이 있지요.

펠로폰네소스 반도는 펠로폰네소스 동맹의 맹주였던 스파르타가 있던 땅으로, 그곳에 있는 올림피아에서 올림픽의 기원이 된 올림피아 제전이 열렸습니다. 여기서는 올림피아 제전에 대해 알아볼까 합니다.

올림피아에는 제우스를 위한 신전과 헤라 여신을 위한 신전이 있었습니다. 애초에는 제우

펠로폰네소스 반도의 북서부에 위치한 올림피아

스의 아버지인 크로노스와 할머니뻘인 가이아 여신을 숭배했다고 하는데, 올림포스 신들의 세상이 되고 난 뒤 자연스럽게 으뜸 신인 제우스와 그의 아내인 헤라를 숭배하는 것으로 바뀐 듯합니다.

올림피아의 제우스 신전은 으뜸 신의 위상에 걸맞게 웅장했으며, 그 안에 모신 제우스 신상은 세계 7대 불가사의 중의 하나로 꼽힐 만큼 크

고 화려했다고 합니다.

올림피아 사람들은 제우스를 위해 신전을 세우는 것으로 그치지 않고 그를 위한 제전을 4년마다 열었는데, 그것이 바로 고대 그리스의 4대 제전(이에 대해서는 델포이에서 '피티아 제전'을 설명할 때 다시 이야기할 것입니다) 중의 하나인 올림피아 제전이었습니다.

올림피아 제전의 기원에 대해서는 두 가지 엇갈리는 주장이 있습니다. 탄탈로스Tantalos는 제우스의 아들로 가끔씩 올림포스 신들의 잔치에 초대될 정도로 아버지의 총애를 받았다고 합니다. 그러자 한껏 오만해진 탄탈로스는 신들을 시험해 보기로 합니다. 자신의 아들 펠롭스Pelops를 죽여 만든 요리를 신들에게 바친 다음, 신들이 과연 그 사실을 알아차릴까 하는 것을 보려 한 것이지요.

다른 신들은 모두 탄탈로스의 속셈을 알고 음식에 손을 안 댔는데, 딸 페르세포네가 행방불명된 후 깊은 슬픔에 빠져 있던 데메테르는 아무 생각 없이 펠롭스의 어깨 부분을 먹게 됩니다.

신들은 오만방자한 탄탈로스를 그냥 둘 수 없다고 판단하여 그를 지옥으로 보냅니다. 그는 지옥에서 '영원한 갈증과 굶주림에 시달리는 벌'을 받게 되지요. 그의 앞에는 산해진미가 가득 쌓여 있는데, 막상 먹으려 하면 음식이 달아나기 때문에 먹을 수 없는 벌입니다.

비정한 아버지에게 죽임을 당한 펠롭스는 신들의 보살핌을 받아 다시 환생합니다. 다만 데메테르가 먹어 버린 어깨 부위는 상아로 채워 넣었다고 하지요.

그런데 펠롭스 또한 아름답지 못한 사건에 연루됩니다. 그는 펠로폰네소스 반도 서쪽에 있는 피사의 공주 히포다메이아Hippodameia에게 반하여 청혼했는데, 그녀의 아버지인 오이노마오스Oinomaos 왕은 딸을 결혼시키지 않기 위해 청혼자들을 죽이곤 했습니다. 그에게는 사위에게 죽을 것이란 신탁이 내려져 있었기 때문이지요.

오이노마오스 왕은 청혼자가 오면 전차 경주를 제안한 다음, 자신을 이기면 딸을 주겠노라고 약속했습니다. 다만 청혼자가 지게 되면 목숨을 내놓는 조건이었지요. 그런데 그는 그 당시 최고의 전차 경주자였으므로 누구도 그를 이길 수 없었습니다. 그러니 애꿎은 청혼자들만 목숨을 잃게 되었지요.

펠롭스는 그런 위험을 무릅쓰고 히포다메이아에게 청혼합니다. 그러자 오이노마오스 왕은 늘 그러했듯이 전차 경주를 제안하지요.

펠롭스는 자신이 전차 경주에서 오이노마오스 왕을 이길 수 없다는 것을 잘 알고 있었습니다. 그래서 왕의 마부인 미르틸로스Myrtilos를 매수하여 마차의 바퀴가 주행 중 빠지도록 만드는 편법을 씁니다.

마차 경주가 시작되어 치열한 승부가 펼쳐지던 중, 오이노마오스 왕은 마차의 바퀴가 빠지는 바람에 목숨을 잃게 되고, 펠롭스는 히포다메이아와 결혼하게 됩니다. 이로써 오이노마오스 왕에게 내려졌던 신탁, 즉 자신의 사위에게 목숨을 잃게 되리라던 예언은 실현되었군요.

그런데 문제는 그것이 끝이 아니었다는 점입니다. 펠롭스가 마부를 매수할 때 약속한 것이 있는데, 그 약속을 지키기 싫었던 펠롭스가 마부를 유인하여 살해한 것입니다. 처음부터 지킬 수 없는 약속을 하였기 때문인데, 공주와 결혼하게 되면 첫날밤을 마부에게 양보하겠다는 내용이었다고 합니다.

자식을 죽여 신들을 시험하려 한 탄탈로스의 패륜과 마부를 매수하여 목적한 것을 얻은 뒤 헌신짝 버리듯 배신한 펠롭스의 비열함은 그들 가문에 대대로 피바람이 부는 원인이 됩니다. 부인인 클리타임네스트라의 손에 목숨을 잃는 아가멤논이 펠롭스의 손자이며, 클리타임네스트라의 정부였던 아이기스토스 또한 펠롭스의 손자로 아가멤논과는 사촌 간이었습니다. 클리타임네스트라와 아이기스토스가 아가멤논의 아들인 오레스테스의 손에 죽게 되니 피가 피를 부르는 저주받은 가문이었던 것입니다.

그 밖에도 쌍둥이(아폴론과 아르테미스)밖에 낳지 못한 레토 여신보다 자신의 팔자가 더 낫다고 떠벌리다가 열네 명의 아들딸을 모두 잃게 되는 니오베가 탄탈로스의 딸이며, 트로이의 왕자 파리스에게 부인 헬레네를 빼앗겨 트로이 전쟁의 원인을 제공한 메넬라오스가 펠롭스의 손자입니다. 또한 아가멤논은 아르테미스 여신의 노여움을 사서 딸 이피게네이아를 제물로 바치기도 했으니, 그 가문의 추악함과 불행은 이루 말할 수 없는 것입니다.

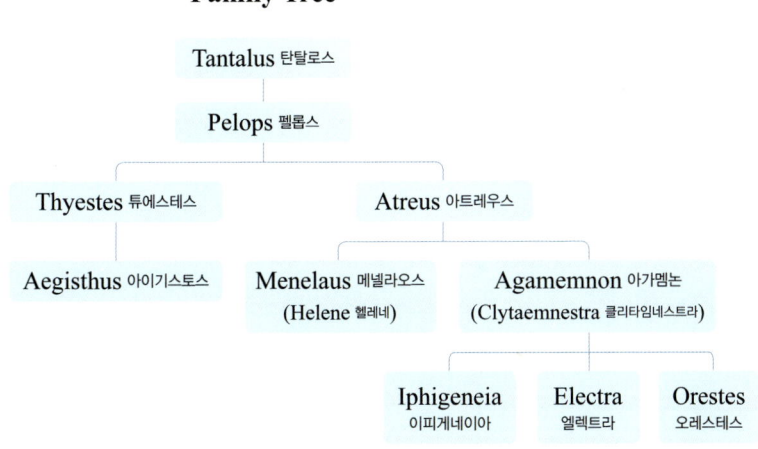

Family Tree

탄탈로스 가문의 가계도

그런데 이렇게 아름답지 못한 펠롭스의 일화가 고대 올림픽의 기원이 되었다고 보는 것은 무슨 까닭일까요. 오이노마오스 왕과 펠롭스의 전차 경주가 막상막하의 시합의 기원이 된다고 보아 고대 올림픽의 시합과 연관시킨 것입니다. 올림피아의 제우스 신전 정면 페디먼트에 펠롭스의 전차 경주를 새겨놓았다고 하니, 그 당시 사람들이 올림픽의 기원을 펠롭스에게서 찾았다는 주장에 일리가 있는 듯합니다.

올림픽의 기원을 헤라클레스에게서 찾는 또 다른 주장도 있습니다. 헤라클레스가 열두 가지 과제를 수행해야 했던 이야기는 '헤파이스토스 신전'에서 이미 했습니다. 그 가운데 올림피아 지역과 관련이 있는 과제가 바로 '아우게아스 왕의 외양간을 하루 만에 치우는 일'이었지요.

헤라클레스는 아우게아스 왕에게 외양간을 깨끗이 치워줄 테니 소의 십분의 일을 달라고 요구합니다. 아우게아스 왕은 수천 마리의 소가 사는 외양간을 수십 년 동안 치우지 않아 분뇨가 산더미처럼 쌓인 것을 하루 만에 치운다는 것은 불가능한 일이라고 생각하여 선선히 약속합니다.

그런데 헤라클레스가 올림피아 지역을 흐르는 알페이오스 강과 페네이오스 강의 물줄기를 끌어들여 단 하루 만에 외양간을 말끔히 청소한 것입니다.

일을 마친 헤라클레스는 약속대로 십분의 일에 해당하는 소를 달라고 요구하고, 그렇게 많은 소를 내주기 싫었던 아우게아스 왕은 트집을 잡아 거부합니다. 즉, 강의 신들의 도움을 받았으니 약속 위반이며, 어차피 외양간을 치우는 것은 헤라클레스에게 주어진 과제였기 때문에 대가를 지불할 필요가 없다는 것이었지요.

그러자 화가 난 헤라클레스는 아우게아스 왕을 공격하여 그와 자식들을 죽인 뒤, 전리품을 제우스에게 제물로 바쳤다고 합니다. 그리고 승리에 감사하고 이를 기념하기 위해 형제들과 함께 달리기 경주를 하였는데 이것이 고대 올림픽의 기원이 되었다고 보는 것입니다. 헤라클레스는 신이 아니면서도 신보다 더 위대한 능력을 가졌던 인물로, 그리스인들이 헤라클레스를 인간의 체력과 기량의 한계를 다투는 고대 올림픽의 창설자로 생각한 것은 자연스러운 일로 보입니다.

어느 쪽의 설명이 옳든, 올림피아의 제전은 고대 그리스의 도시국가들에게는 중요한 행사였습니다. 고대 그리스의 도시국가들은 평소에는 분쟁과 전쟁이 잦았지만, 4대 제전이 열리면 선수를 파견하고 그 기간에는 휴전했는데, 그중에서도 올림피아 제전이 가장 큰 규모의 행사였습니다. 올림피아 제전은 BC 776년에 최초의 경기가 시작되어 약 1,000년간 4년마다 개최되었으며, 경기 도중에는 일체의 전투 행위와 무기 사용이 금지되고 운동 경기가 끝나면 토론, 음악, 연극 등 사교 행사가 열렸으며 심지어는 조약의 체결 등 외교 교섭까지도 이루어졌다고 하는군요. 진정한 평화의 제전이었던 셈입니다.

제1회부터 13회까지는 달리기 경주만 했는데, 1 스타디온(192.27m)의 거리를 뛰는 방식이었습니다. 1 스타디온을 뛰는 경기를 스타디온이라고 하고, 나중에는 스타디온 경기가 열리는 운동장도 스타디온이라고 불렀는데, 여기에서 관중석과 트랙 등을 갖춘 경기장을 일컫는 스타디움stadium이란 단어가 나왔습니다.

BC 176년부터는 달리기 외에도 다양한 종목이 도입되었는데, 멀리뛰기, 창던지기, 원반던지기, 레슬링, 승마, 복싱, 전차 경주 등이 그것이었습니다. 전쟁과 관련이 있는 나팔수와 전령들을 위한 경기도 열렸다고

고대 올림피아 모형도

하는군요. 당시의 운동은 현재의 스포츠와는 기능이 다소 달라서, 전쟁 시 유용하게 쓸 수 있는 기량을 쌓는 것이 주된 목적이었으므로 어쩔 수 없는 일이었을 것입니다.

올림픽이 계속되면서, 우승자에 대한 특혜가 부여되기 시작했습니다. 우승자의 등신상等身像이나 흉상이 세워졌고, 개선장군 못지않은 대접을 받으며 귀향할 수 있었습니다. 우승자를 찬양하는 글이 지어지고, 연금이나 높은 관직을 주는 도시국가도 생겨났습니다. 최초의 순수한 아마추어 정신에서 벗어나 나중에는 돈을 받고 시합에 나서는 프로 선수도 나타나게 됩니다.

이처럼 고대 그리스인에게 중요한 의미를 가진 올림피아 제전은 로마 지배 당시 박해받으며 명맥이 끊겼다가 쿠베르탱에 의해 근대 올림픽으로 부활하게 된 것입니다.

마라톤의 유래

　운동 경기의 한 종목인 마라톤Marathon은 아테네에서 북동쪽으로 약 35km 떨어진 곳에 위치한 들판 이름에서 유래되었습니다. 그곳에서 벌어졌던 페르시아 제국과 아테네의 전투가 바로 '마라톤 전투'이며, 그곳에서 거둔 귀한 승전보를 아테네 시민들에게 한시바삐 알리려고 필리피데스란 연락병이 목숨 걸고 달렸던 것을 기리기 위해 만들어진 종목이 바로 마라톤이란 설명이 널리 알려져 있습니다. "우리가 이겼다!"란 말

Luc Olivier Merson '마라톤의 병사'

을 남기고 탈진한 병사가 그만 숨을 거두었다는 이야기도 함께 전하지요. 이에 대해 다소간의 이견도 있습니다. 필리피데스는 마라톤 전투의 승전보를 전한 것이 아니라 스파르타에 페르시아의 침략 사실을 알리고 도움을 요청하기 위해 파견된 것이라는 헤로도토스의 주장이 대표적인 예입니다.

어쨌거나 재미있는 것은 마라톤 전투에서 패전한 페르시아 제국의 후예인 이란은 현재까지도 마라톤을 금기시한다는 사실입니다. 그렇기 때문에 올림픽을 비롯한 육상 경기대회에 마라톤 선수는 출전시키지 않는다고 하며, 심지어 이란의 수도인 테헤란에서 열린 1974년 아시안 게임에서도 마라톤 종목을 제외했다고 하니, 마라톤 전투의 여파가 현대에까지 미치는 것 같습니다.

그러면 마라톤의 거리가 42.195km로 정해진 데에는 어떤 근거가 있는 것일까요. 전하는 말로는 승전보를 갖고 달린 병사가 달린 거리가 42.195km였다고 하는데, 그것은 사실과 다릅니다.

제1회 아테네 올림픽 때 마라톤 평원에서부터 판아테나이코 경기장까지 달린 장거리 달리기 종목에 마라톤이란 이름을 붙인 것은 앞에서 설명한 고사에서 유래한 것이 맞습니다. 그런데 그 거리를 재어보니 36.75km였습니다. 그 뒤로 1920년 안트베르펜에서 열린 제7회 올림픽까지는 대회 개최지의 여건에 따라 통일된 거리가 아닌 40km 전후를 달렸지요. 그러다가 1924년 제8회 파리 올림픽을 앞두고 마라톤 종목의 거리를 일정하게 통일하자는 의견이 대두되었습니다. 그래서 논의한 끝에 1908년에 런던에서 개최된 제4회 올림픽 때의 마라톤 코스인 윈저 성에서 올림픽 스타디움까지의 거리인 42.195km를 마라톤의 공식 거리로 채택한 것입니다. 그것이 현재까지 이어지고 있는 것이지요.

월계관의 유래

아래 그림들을 보고 공통점을 한번 찾아보세요.

나폴레옹은 프랑스의 군인이자 황제였던 사람입니다. 단테는 이탈리아의 정치가이자 시인이었고, 아폴론은 그리스 신화 속의 인물이지요. 그리고 엠마 해밀턴은 영국의 해군 제독이었던 넬슨과 스캔들이 있었던 여자입니다.

이처럼 이들은 국적도, 성별도, 활동한 분야도 다 다릅니다. 심지어 아폴론은 실존 인물이 아니기도 하지요.

그런데도 이들에게는 공통점이 있습니다. 그렇습니다. 바로 머리에 월계관을 쓰고 있다는 점입니다.

Andrea Appiani
'나폴레옹의 초상'

Cristofano dell'Altissimo
'단테의 초상'

Carriera Rosalba '아폴론'

George Romney
'엠마 해밀턴의 초상'

월계관laurel crown/月桂冠은 월계나무laurel/月桂樹의 잎을 엮어서 만든 관을 말합니다. 나뭇잎으로 만든 관이니, 금은보석으로 장식한 왕관처럼 값진 물건은 아닙니다. 그런데도 그것은 매우 영예로운 승리의 상징입니다. 승리의 여신 니케가 전쟁터에서 누군가에게 월계관을 씌워준다면 그것은 그가 전쟁의 승리자가 되었다는 의미입니다. 그리고 고대 올림픽에서 우승자에게 수여한 것도 월계관이었습니다. 이 전통은 지금까지 이어지고 있지요. 우리는 1936년 베를린 올림픽 마라톤에서 우승한 손기정 선수와 3위로 입상한 남승룡 선수의 머리에 월계관이 씌워져 있었던 것을 기억합니다.

그렇다면 월계관이 승리와 명예를 상징하게 된 까닭은 무엇일까요? 이 문제에 대한 답은 태양신 아폴론Apollon(로마 신화의 Apollo)의 안타까운 사랑 이야기에서 찾아야 합니다.

루브르박물관 '활을 가지고 있는 에로스'

거대한 괴물 뱀 피톤Python을 화살로 죽인 후, 아폴론은 큰 자부심을 느꼈습니다. 그런 위대한 일은 궁술의 신인 자신만이 할 수 있는 일이라고 생각했기 때문이지요. 그런 아폴론에게 화살을 가지고 노는 꼬마 에로스Eros(사랑의 신)는 깜찍하기만 했지요. 그래서 이렇게 놀렸어요.

"애야, 활과 화살은 너 같은 꼬마에게는 어울리지 않는단다. 다른 장난감을 가지고 노는 게 어떠니?"

그 말을 들은 에로스는 기분이 나빴습니다. 헤파이스토스로부터 선물 받은 자신의 화살이야말로 무엇과도 비교할 수 없는 특별한 성능이 있는데, 놀림을 당했으니 화가 난 것이지요. 그래서 에로스는 속으로 '흥, 그래? 그럼 어디 한번 내 화살을 맞아보라지.' 하며 골탕을 먹이겠다고 별렀습니다.

에로스가 가진 화살은 두 종류였는데, 하나는 금으로 만든 화살촉이 붙어 있고 다른 하나는 납으로 만든 화살촉이 붙어 있었습니다. 금으로 만든 화살촉에 맞은 사람은 처음으로 보는 사람을 무작정 좋아하게 되었고, 납으로 만든 화살촉을 맞은 사람은 반대로 처음 본 사람을 무작정 싫어하게 되어 있었지요. 그런데 에로스가 앙심을 품고 아폴론에게는 금 화살을 쏘고, 마침 주변에 있던 다프네Daphne란 소녀에게는 납 화살을 쏜 것입니다.

다프네를 본 순간, 아폴론은 참을 수 없는 사랑을 느꼈습니다. 그래서 제우스의 아들이자 태양신인 자신의 체통도 잊고 그녀에게 사랑을 애원하게 된 것입니다. 그러나 다프네는 이미 납으로 된 화살을 맞은 터라, 세상에서 아폴론이 제일 싫었습니다. 싫은 남자가 사랑한다며 끈질기게 매달리니 더욱 싫어졌지요.

그리하여 아폴론과 다프네 사이에는 쫓고 쫓기는 숨바꼭질이 계속되었습니다. 결국 아폴론에 쫓기다 지친 다프네가 아버지인 강의 신 페네이오스Peneios에 제발 구해달라고 애원하였고, 페네이오스는 딸을 나무(월계수)로 바꾸어주었습니다.

다프네가 나무로 변한 후에도 아폴론의 사랑은 변함없었습니다. 그는 월계수를 어루만지며 이렇게 약속했다고 하죠.

진 에티엔느 리오타르드 '아폴론과 다프네'

"사랑하는 소녀여, 이제부터 그대는 나의 나무가 되었소. 그대는 앞으로 영광스러운 자리에 놓이게 될 것이오. 나는 이제부터 왕관 대신 그대의 잎으로 만든 관을 쓸 것이며, 개선장군의 머리에도 또한 그대의 잎으로 만든 관이 씌워질 것이오."

진 에티엔느 리오타르드 Jean-Étienne Liotard가 그린 '아폴론과 다프네'를 보면, 다프네가 월계수로 변하는 순간의 모습이 담겨 있습니다. 오른쪽에 보이는 노인은 다프네의 아버지인 강의 신 페네이오스입니다.

그때부터 월계수는 아폴론을 상징하는 나무가 되었으며, 아폴론을 그린 그림을 보면 그의 약속처럼 월계관을 쓰고 있는 것을 볼 수 있습니다. 또한 전쟁에서 승리한 장군이나 올림픽 제전에서 승리한 선수에게도 월계관이 수여되었고, 나중에는 위대한 작가에게도 '계관 작가(월계관을 쓴 작가)'란 이름을 부여하여 명예로움을 확인시켰던 것입니다.

4장

아테네 국립 고고학박물관
National Archaeological Museum

GROUND FLOOR

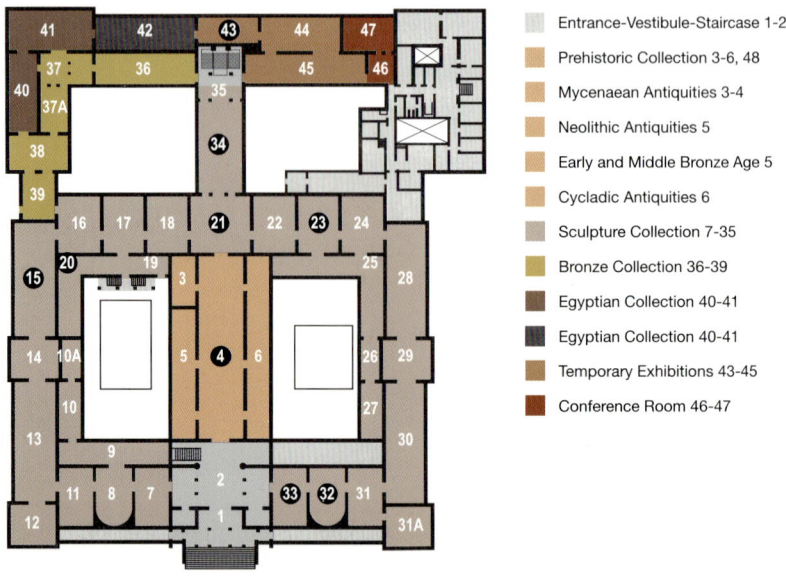

- Entrance-Vestibule-Staircase 1-2
- Prehistoric Collection 3-6, 48
- Mycenaean Antiquities 3-4
- Neolithic Antiquities 5
- Early and Middle Bronze Age 5
- Cycladic Antiquities 6
- Sculpture Collection 7-35
- Bronze Collection 36-39
- Egyptian Collection 40-41
- Egyptian Collection 40-41
- Temporary Exhibitions 43-45
- Conference Room 46-47

1st FLOOR

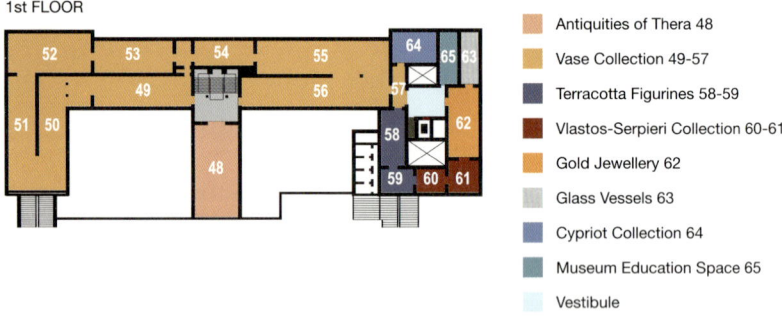

- Antiquities of Thera 48
- Vase Collection 49-57
- Terracotta Figurines 58-59
- Vlastos-Serpieri Collection 60-61
- Gold Jewellery 62
- Glass Vessels 63
- Cypriot Collection 64
- Museum Education Space 65
- Vestibule
- WC
- Emergency Exit

❹ 아가멤논의 황금 마스크
⓯ 미노타우로스 조각상
　　엘레우시스 제전과 데메테르 부조
⓴ 아우라 조각상
㉑ 아르테미스 조각상
　　정숙한 아프로디테 조각상
㉓ 사이렌 조각상

㉜ 잠든 미내드 조각상
　　술 취한 디오니소스와 사티로스 조각상
㉝ 천마를 탄 벨레로폰 조각상
　　키벨레와 아티스 부조
㉞ 잠자는 에로스 조각상
　　판 조각상
㊸ 헤라클레스와 힐라스 부조

고고학박물관

개요

그리스에서 가장 큰 박물관인 아테네 국립 고고학박물관은 선사 시대에서 헬레니즘 시대에 이르는 그리스 조각·회화·공예품 등의 방대한 컬렉션을 자랑하는데, 특히 그리스 신화를 바탕으로 한 조각과 부조 작품들이 볼 만합니다.

건물은 고대 그리스 신전을 모방했는데, 정면의 이오니아식 기둥이 우아한 자태로 건물을 지탱하고 있으며, 지붕 위에는 그리스 신화 속의 주인공들이 서 있습니다.

아테네 국립 고고학박물관

박물관 입구는 세 곳인데, 시대순으로 보려면 가운데, 왼쪽, 오른쪽 순서로 동선을 잡는 것이 좋습니다.

중앙으로 입장하면 '미케네 방'이 나오는데, 아가멤논의 황금 마스크를 비롯한 미케네 문명의 유물들이 전시되어 있습니다. 황금 마스크 외에도 황금으로 만든 유물들이 다수 전시되어 있어 미케네 문명의 풍요로움을 확인할 수 있지요.

왼쪽 입구로 들어가면 수니온 곶의 포세이돈 신전에서 발굴된 쿠로스상을 볼 수 있으며, 15번 방부터 28번 방까지는 고전기 조각상들이 전시되어 있습니다. 그리스 역사에서 고전기라면 두 차례에 걸친 페르시아 전쟁을 승리로 이끈 BC 480년부터 아테네와 스파르타의 패권 다툼이 벌어진 펠로폰네소스 전쟁을 거쳐 알렉산드로스 대왕이 사망하는 BC 323년까지의 시기를 말합니다. 이 시기의 조각상은 고대 그리스 예술의

포세이돈상

정수를 보여준다고 할 수 있지요.

15번 방에는 정중앙에 놓여 있는 포세이돈상을 비롯하여 그리스 신화 속의 인물들이 모여 있습니다. 테세우스, 미노타우로스, 데메테르, 페르세포네 등 그리스 신화를 알고 보면 더 재미있을 전시실입니다. 포세이돈상의 경우, 벼락을 던지는 제우스를 묘사한 것이란 주장과, 삼지창을 던지려는 포세이돈이란 주장이 엇갈리는 상태입니다. 그러나 이 작품이 에우보이아Euboea 섬 북쪽의 아르테미시온 곶Cape Artemision 부근 바다에서 발견되었기 때문에 포세이돈이라는 주장에 더 힘이 실린답니다.

17번 방의 조각품들도 주로 그리스 신화 속의 인물들입니다. 헤르메스, 아프로디테, 헤베 등이 보입니다.

21번 방은 역동적인 말의 근육과 섬세하게 표현된 소년의 얼굴 표정으로 유명한 '말 타는 소년' 조각상이 있는 곳으로, 아프로디테, 아르테

말 타는 소년

미스, 헤르메스 등의 신화 속 인물들과 그리스의 청년·귀부인 등의 조각상이 모여 있어 그리스 조각을 감상하는 재미가 있습니다.

2층의 36번 방에서 39번 방까지는 그리스 각지에서 발굴된 청동 유물을 모아놓은 곳이며, 49번 방에서 56번 방에는 각종 도자기와 항아리가 전시되어 있습니다. 도자기 겉면에 그리스 신화 속 인물과 사건들이 새겨져 있으므로 신화 속 내용과 연결 지으면서 보면 재미있을 것입니다.

2층을 모두 둘러보고 내려오면 22번 방에 아스클레피오스상, 23번 방에 사이렌상 등이 있으니 눈여겨보면 좋을 것입니다.

고고학박물관의 수많은 작품들을 모두 소개하기는 어려우므로, 여기에서는 그리스 신화 속의 재미있는 일화나 사건과 관련이 있는 작품을 중심으로 살펴볼까 합니다.

4번 방
아가멤논의 황금 마스크

4번 방에는 여러 개의 황금 마스크가 전시되어 있는데, 그 가운데 아가멤논Agamemnon의 것이라고 이야기되는 것이 있습니다. 그러나 정확한 근거가 있는 것은 아니며, 다만 그렇게 믿어지는 것뿐이라고 합니다.

아가멤논의 황금 마스크

아가멤논은 그리스 신화 속 영웅으로 파란만장한 삶을 살았으며 그의 죽음은 또 다른 비극의 불씨를 남겼는데, 그에 대해 알아봅시다.

아가멤논은 탄탈로스 왕(탄탈로스 2세)의 아내인 클리타임네스트라를 보고 반한 나머지, 탄탈로스와 그 자식들을 죽이고 그녀를 아내로 맞이합니다. 이런 일은 신들의 노여움을 살 수 있는 일이지요.

아가멤논은 그 외에도 신의 노여움을 산 일이 있는데, 그것은 사냥의 신이자 야생동물의 수호신인 아르테미스의 성역에서 그녀가 아끼는 사슴을 사냥한 것입니다.

그래도 아가멤논은 클리타임네스트라와의 사이에서 자식들을 낳고, 미케네의 왕이 되어 남부러울 것 없는 생활을 하고 있었습니다.

그런데 그와 형제간인 스파르타의 왕 메넬라오스의 왕비인 헬레네가 트로이의 왕자 파리스를 따라 트로이로 가버리는 사건이 발생합니다.

헬레네는 클리타임네스트라의 쌍둥이 자매로, 아가멤논에게는 계수이자 처제인 여자였습니다. 세상에서 제일 아름다운 여인이라는 평을 받았기에 아가멤논도 그녀와 결혼하려고 했으나 동생인 메넬라오스에게 빼앗기고, 차선책으로 클리타임네스트라와 결혼했던 것입니다.

트로이로 간 헬레네를 되찾아오자는 명분으로 그리스 연합군이 결성되었을 때, 아가멤논이 총지휘관이 되어 군사를 지휘하게 됩니다.

그런데 출정하는 날 문제가 생깁니다. 트로이로 가기 위해 배를 띄워야 하는데, 바람이 불지 않는 것입니다. 그래서 델포이 신탁소에 사람을 보내 그 이유를 물어보니, 아가멤논이 과거에 저지른 잘못 때문에 아르테미스가 노해서 그런 것이라는 신탁이 내려집니다. 그리고 바람이 불도록 하기 위해서는 아가멤논의 딸 이피게네이아 Iphigeneia 를 제물로 바쳐야 한다는 것이었습니다.

아가멤논은 아버지로

나폴리 고고학박물관 '제물로 바쳐지는 이피게네이아'

264

서 차마 할 수 없는 일이나, 대의명분을 내세우고 일어난 일에 사사로운 감정을 앞세울 수 없다고 판단하여 이피게네이아를 제물로 바치기로 합니다.

이피게네이아를 제물로 바치자 바람이 불기 시작했고, 아가멤논과 그리스 연합군은 트로이로 출정합니다.

그런데 그 사실을 알게 된 클리타임네스트라는 남편에게 원한을 품게 됩니다. 첫 번째 결혼에서 낳은 자식도 그의 손에 잃었는데, 이번에는 자기 자식까지 죽이는 것을 보고 클리타임네스트라는 남편을 용서하지 않겠다고 벼릅니다. 그래서 남편이 집을 비운 10년 동안 아이기스토스란 남자와 손을 잡고 남편을 향한 복수의 칼을 갈았으며, 전쟁을 마치고 돌아온 남편을 살해하는 것입니다.

그러나 이것은 또 다른 비극의 씨앗이 됩니다. 아가멤논과 클리타임네스트라 사이에서 태어난 또 다른 자식들인 오레스테스와 엘렉트라는 정부情夫와 손잡고 아버지를 죽인 어머니를 용서할 수 없어 어머니를 죽이기 때문입니다. 그 일로 오레스테스는 아레오파고스의 법정에서 신들로부터 재판을 받게 되었던 것입니다. 이 이야기는 '아레오파고스 언덕' 편에서 이미 하였지요.

Pierre-Narcisse Guérin '클리타임네스트라와 아가멤논'

참고로, 클리타임네스트라의 손에 아가멤논이 죽임을 당할 때 함께 목숨을 잃는 여자가 있습니다. 그녀는 트로이 왕 프리아모스의 딸로, 파리스의 누나인 카산드라Cassandra 입니다. 그녀는 누구이며, 왜 아가멤논의 부인에 의해 목숨을 잃게 되는 것일까요.

하늘 세계의 권력을 독점한 제우스에게 반기를 들었던 포세이돈과 아폴론이 트로이로 유배를 간 적이 있습니다. 그때 아폴론은 트로이의 공주 카산드라를 보고 반하여 사랑을 간청하는데, 그녀는 사랑을 받아들이는 조건으로 예언하는 힘을 달라고 아폴론에게 요구했지요. 아폴론은 어떻게 해서든 그녀의 사랑을 얻고 싶었기에 예언하는 힘을 나누어 줍니다. 그는 예언의 신이기도 하니까요.

Evelyn De Morgan '카산드라'

그런데 예언 능력을 받은 카산드라가 약속을 지키지 않고 아폴론을 외면한 것입니다. 그러자 분노한 아폴론은 그녀가 옳은 예언을 해도 아무도 믿지 않게 만들어버립니다. 그 이후로 카산드라는 세상을 내다보는 힘을 얻었으면서도 누구에게도 신뢰받지 못하는 외로운 신세가 되고 맙니다.

파리스를 스파르타에 외교사절로 보내면 트로이에 불행한 일이 생길 거라고 주장했을 때도, 그리스 연합군이 두고 간 목마를 성안으로 들여놓으면 도시가 불바다로 변할 것이라고 주장했을 때도 아무도 그녀의 말을 믿지 않았지요. 그녀는 트로이의 멸망을 막을 수 있는 힘을 갖고 있었지만, 아폴론의 저주를 받은 까닭에 그 힘은 아무짝에도 쓸모가 없었던 것입니다.

아폴론이 반할 정도로 아름다웠던 그녀는 트로이가 망한 후, 아가멤논의 차지가 됩니다. 그녀는 아가멤논이 고향으로 돌아가면 부인의 손에 죽을 거라는 것을 알았기에 만류했지만, 그 말 또한 아가멤논을 설득하는 데 실패합니다. 결국 아가멤논의 손에 이끌려 그리스로 갔다가 아가멤논이 부인 클리타임네스트라의 손에 죽을 때 함께 죽임을 당합니다. 아폴론을 배신한 죄가 그렇게 컸던 것입니다.

미노타우로스 조각상

　15번 방에는 크레타의 괴물 소 미노타우로스Minotauros 조각상이 있습니다. 사람의 몸에 소의 머리를 하고 있군요. 소의 몸에 사람의 머리를 한 것으로 표현하는 경우도 더러 있지만, 미노타우로스는 대개 이 조각상처럼 사람의 몸에 소의 머리를 한 것으로 표현됩니다.

　미노타우로스가 테세우스에게 처치되는 이야기는 '헤파이스토스 신전(테세이온)'에서 이미 했습니다. 사람 고기를 먹는 미노타우로스를 위해

미노타우로스　　　　　　　　　George F. Watts '미노타우로스'

미노스 왕이 약소국가인 아테네의 젊은이들을 제물로 요구했는데, 영웅 테세우스가 나서서 해치웠다고 했지요.

그러면 식인 괴물 미노타우로스는 왜 태어나게 된 것일까요. 여기서는 그 이야기를 하려고 합니다.

제우스에게 납치되어 크레타 섬으로 간 에우로페는 미노스, 라다만티스, 사르페돈 등의 아들을 낳습니다. 에우로페는 나중에 크레타의 왕 아스테리오스의 아내가 되었는데, 왕이 죽고 난 뒤에 에우로페의 아들들 사이에 왕위 계승을 둘러싼 분쟁이 일어납니다.

미노스는 포세이돈에게 자신을 지지한다는 표시로 특별한 선물을 보내달라고 간절히 기도합니다. 그러면 사람들에게 그것을 보여주기만 한 뒤 곧바로 되돌려주겠다고 약속했지요.

포세이돈은 미노스의 간절한 기도에 마음이 움직여 흰 소 한 마리를 보내줍니다. 누가 봐도 예사롭지 않은, 정말로 아름다운 소였지요.

포세이돈으로부터 특별한 선물을 받은 미노스는 사람들의 지지를 받아 크레타의 왕이 됩니다. 그러나 미노스는 소를 다시 포세이돈에게 돌려보내지 않고 비슷하게 생긴 다른 소를 포세이돈 신전에 바쳤습니다. 그는 아름다운 소를 포기할 수 없었던 모양입니다.

미노스의 얄팍한 술수를 눈치챈 포세이돈은 화가 난 나머지 미노스 가문에 재앙을 내립니다. 왕비 파시파에Pasiphae가 소에게 사랑을 느끼도록 만든 것입니다. 소와 사랑을 나눈 파시파에가 낳은 자식이 바로 반인반우半人半牛의 괴물 미노타우로스입니다. 인간과 소 사이에서 태어났기 때문에 절반은 사람의 모습이고, 절반은 소의 모습인 것이지요.

문제는 미노타우로스가 소임에도 불구하고 풀은 먹지 않고 사람 고기만 먹는다는 점이었습니다. 미노스 왕으로서는 자신이 포세이돈을 속인 대가로 일어난 일이기 때문에 함부로 미노타우로스를 죽일 수 없었습니다. 그래서 처음에는 범죄자 등을 먹이로 주었지만, 더 이상 먹잇감을 구할 수 없게 되자 애꿎은 아테네의 젊은이들을 제물로 요구했던 것입니다.

미노타우로스는 다이달로스Daedalus가 만든 미궁labyrinth에 갇혀 있었습니다. 한번 들어가면 절대로 빠져나올 수 없는 곳이 바로 미궁이지요. 그것을 설계한 다이달로스는 헤파이스토스의 자손으로, 아테나 여신에게 기술을 전수받았다고 합니다. 도끼·송곳·자 등 많은 연장을 발명하였고, 그가 만든 조각상은 마치 살아 움직이는 것 같았다고 합니다. 미궁 또한 그의 솜씨가 유감없이 발휘된 걸작이었을 것입니다.

그러나 테세우스가 아리아드네의 조언을 받아 실꾸리를 이용해 빠져나오고 난 뒤로, 미궁은 그 의미를 상실합니다. 그러자 화가 난 미노스왕은 다이달로스와 그의 아들 이카루스Icarus를 미궁에 가두었습니다.

Jacob Peter Gowy '이카루스의 추락'

다이달로스는 미궁 안에서 새의 깃털을 모아 날개를 만든 다음, 탈출을 시도합니다.

다만 밀납을 이용해 붙인 새의 깃털이 녹을까 봐 이카루스에게 "너무 높이 날아서 태양 가까이 가면 안 된다."고 누누이 주의를 주었음에도 불구하고, 우쭐해진 이카루스가 태양 가까이 다가가다가 땅으로 추락하는 이야기는 널리 알려져 있습니다.

15번 방
엘레우시스 제전과 데메테르 부조

15번 방의 한 부조에는 '엘레우시스 제전Eleusinian Mysteries과 데메테르Demeter'라는 제목이 붙어 있습니다.

데메테르는 제우스의 누이이면서 부인이기도 합니다. 그들 사이에서는 페르세포네란 어여쁜 딸이 태어났지요.

제우스에게는 수많은 자식들이 있었으니 페르세포네가 특별하지 않을 수도 있지만, 데메테르에게는 의미가 남달랐습니다. 하늘 아래 단 하나뿐인 외동딸이었으니까요.

그런데 그 어여쁜 딸이 저승의 신인 하데스에게 납치당한 것입니다. 데메테르는 딸의 행방을 알 수 없게 되자, 세상 구석구석을 돌아다니며 딸을 찾기 위해 노력합니다.

엘레우시스는 데메테르가 페르세포네를 찾아 돌아다니다가 들른 고장 중의 하나입니다. 이 과정에서 데메테르

엘레우시스 제전과 데메테르

는 인간에게 벌을 주기도 하고, 복을 내려주기도 합니다.

데메테르의 분노 때문에 벌을 받은 것은 철없는 어린아이였습니다. 엘레우시스의 미스메란 여인 집에 들렀을 때, 그녀의 아들 스텔리온이 데메테르의 남루한 모습을 보고 깔깔대며 놀렸다고 합니다. 철없는 아이가 한 짓이었지요. 그런데 딸을 잃고 상심에 빠져 있던 데메테르는 화를 참을 수 없었던지, 그 어린아이를 도마뱀으로 만들어버립니다.

반대로 자신의 슬픔을 위로해 준 사람에게는 축복을 내려줍니다. 지친 데메테르가 우물가에서 쉬고 있을 때, 켈레오스Celeos 왕의 딸들이 물을 길러 왔다가 가엾은 여인을 발견하고는 궁전으로 데려가 대접하면서 위로해 주었다고 합니다. 여신인 줄 모르고 베푼 선행이었지요. 데메테르는 인간들로부터 받은 따뜻한 위로와 환대에 감격하여 밀을 경작하는 방법을 가르쳐줍니다. 뒤늦게 데메테르의 신분을 알아본 켈레오스 왕은 엘레우시스에 데메테르 여신을 위한 신전을 세우고 제사를 지냈다고 합니다.

켈레오스 왕이 데메테르를 위해 세운 신전이 엘레우시스 제전과 밀

아담 엘스하이머 '놀림당하는 데메테르'

접한 관련이 있습니다.

엘레우시스 제전은 매년 봄과 가을에 열렸는데, 봄은 씨앗을 뿌리며 농사가 잘되기를 기원하는 의미였고, 가을은 풍성한 수확을 감사하는 의미였습니다. 한편으로는 봄은 페르세포네가 어머니인 데메테르의 품으로 돌아오는 기쁨의 계절이었고, 가을은 데메테르가 딸을 다시 저승세계로 보내야 하는 슬픔의 계절이었습니다. 데메테르의 딸인 페르세포네가 저승의 신인 하데스에게 납치되어 간 이후의 일은 제우스 신전에서 설명했으므로 여기서는 생략합니다.

데메테르를 위한 제전은 대지의 여신 데메테르의 기쁨과 슬픔을 함께하면서 그녀의 도움으로 풍성한 수확을 거둘 수 있기를 바라는 사람들의 마음이 담긴 행사였던 것입니다.

그리스 신화에 바탕을 둔 이런 의식은 로마 시대에도 지켜집니다. 그리스 신화의 데메테르는 로마 신화에서 케레스로 이름만 바뀔 뿐, 농경의 중요성은 여전했으므로 로마인들에게도 그녀를 위한 제전은 필요했던 것입니다. 다만, 로마 제국에 기독교가 뿌리내리기 시작하면서 신화 속의 인물에게 제사를 바치는 행위가 우상 숭배로 여겨져 박해받게 되었는데, 기독교를 로마 국교로 공인한 테오도시우스 황제가 379년에 엘레우시스의 제전을 금지시켰다고 합니다.

그런데 엘레우시스의 제전에서는 신비스러운 의식이 함께 거행되었다고 합니다. 비밀스러운 그 의식에 참여한 사람은 비밀 유지를 서약해야 했고, 비밀을 누설한 사람은 사형에 처할 정도로 엄격하게 비밀이 유지된 까닭에 구체적인 내용은 알려지지 않았지만, 영생과 영적인 해탈에 이르는 비법을 전수한 것이 아닐까 추측한답니다.

20번 방
아우라 조각상

20번 방의 여신 조각상은 몸통 부분만 남아 있어서 누구인지를 파악하는 데 어려움이 있습니다. 그런데 제목을 보니 '아우라Aura'라고 되어 있군요.

요즘에는 아우라라는 말이, '후광, 광채', '예술 작품에서 흉내 낼 수 없는 고고한 분위기', '(어떤 사람이나 장소에 서려 있는) 범접할 수 없는 독특한 기운' 등의 의미로 쓰입니다. 그런데 그리스 신화에는 이 이름을 가진 여신이 있었지요. 바로 산들바람을 신격화한 여신으로, 이른 아침에 느낄 수 있는 청명한 공기를 아우라 여신이라고 보았습니다. 그러니까 이 조각상이 하늘하늘한 옷차림을 하고 있는 것은 아우라의 속성을 그대로 표현한 것이군요.

그녀의 이름은 '미풍, 산들바람, 아침 공기'를 뜻하는 고대 그리스어와 라틴어의 아우라aura에서 비롯되었다고 합니다. 그리스

아우라

서사시인 논노스Nonnus of Panopolis의 '디오니소스 이야기Dionysiaca'에는 티탄족에 속하는 바람의 여신 아우라에 관한 신화가 실려 있습니다.

아우라는 티탄족의 거인 렐란토스Lelantos와 바다의 요정 페리보이아Periboea 사이에서 태어났습니다. 바람처럼 발이 빠르고 몸이 가벼웠던 그녀는 자주 숲으로 맹수 사냥을 다녔는데, 어느 날 숲 속에서 디오니소스와 마주치게 되었습니다. 아우라를 본 디오니소스는 그만 그녀에게 반하고 말았지요. 디오니소스는 그녀에게 사랑을 고백했지만, 아우라는 바람처럼 달아날 뿐이었습니다. 애가 탄 디오니소스가 힘껏 그녀의 뒤를 따랐지만, 그녀는 그를 피해 전속력으로 달아났어요.

절망한 디오니소스는 아프로디테 여신을 찾아가 하소연합니다. 아프로디테는 남녀 간의 사랑을 맺어주는 신이지요. 그녀의 허리띠인 케스토스 히마스에는 이성을 홀리는 마법의 힘이 있기 때문에, 아무리 자신을 거부하는 이성이라도 품에 안을 수 있었거든요.

결국 아우라는 아프로디테의 책략에 말려 디오스소스의 사랑을 받아들이게 되었다고 합니다. 그러나 바람 같은 그녀의 사랑을 영원히 붙잡아둘 수는 없었습니다. 디오니소스의 아이를 가진 그녀는 출산 중에 광기에 사로잡혀 바다에 몸을 던지고 말았다는 비극적인 결말이 전합니다.

오비디우스의 〈변신 이야기〉에 아우라로 인한 비극적인 일이 아티카의 사냥꾼인 세팔루스 가정에서 일어난 이야기가 나옵니다. 이 사건은 아우라와는 직접적인 관련이 없고, 다만 아우라의 존재를 오해한 부부 사이에 일어난 불미스러운 사건입니다. 이런 내용이지요.

아티카Attica의 사냥꾼인 세팔루스Cephalus는 아테네의 공주인 프로크

페테르 폴 루벤스 '세팔루스를 유혹하는 아우라'

리스Procris와 결혼한 지 두 달 만에 새벽의 여신 에오스Eos의 눈에 띄어 납치당하게 됩니다. 하지만 세팔루스는 아내를 진심으로 사랑했기에 에오스의 구애를 거부하지요. 그러자 화가 난 에오스는 프로크리스가 그를 별로 사랑하지 않을 것이라고 하며 그의 의심을 조장합니다.

여신의 말을 듣고 의심이 생긴 그는 아내의 정절을 시험하기 위해 변장을 한 채 찾아가서 유혹합니다. 프로크리스는 낯선 남자의 유혹을 처음에는 완강히 거부하지만, 결국 받아들이게 되지요. 그러자 세팔루스는 자신의 신분을 밝혔고, 남편이 자신을 시험했다는 사실에 분노한 프로크리스는 그의 곁을 떠납니다.

하지만 나중에 두 사람은 서로를 용서하였고, 프로크리스는 세팔루스에게 무엇이든 맞힐 수 있는 창槍과 라이라프스Laelaps라는 이름의 사냥개를 선물로 줍니다. 이것들은 그녀가 세팔루스를 떠나 방황할 때 아르테미스 여신을 모신 일이 있는데, 그때 사냥의 여신인 아르테미스로부터 받은 귀한 선물이었습니다.

본디 사냥꾼이었던 세팔루스는 아르테미스로부터 받은 창을 들고 사냥 나가는 것을 좋아했습니다. 그런데 그는 사냥을 하다 지치면 "아우라Aura(산들바람)여! 나에게 와 나를 감싸 안아다오! 그리고 불타는 나를 식혀다오!"라고 말하는 습관이 있었습니다. 그 말을 우연히 엿들은 어떤 사람이 프로크리스에게 가서 "당신의 남편이 아우라란 여자와 바람이 났다."고 알려주었습니다.

남편을 의심하게 된 프로크리스는 사냥 가는 남편의 뒤를 밟아가 덤불에 숨어 감시하고 있었습니다. 그런데 남편이 "아우라여!" 하자 질투심에 눈이 어두워져 남편의 상대를 찾으려고 일어나다가 바스락거리는 소리를 내고 말았습니다. 그러자 세팔루스는 그것이 들짐승의 소리라고 생각하여 본능적으로 창을 던졌는데, 그것이 아르테미스의 백발백중 창이었던지라 프로크리스는 그 자리에서 목숨을 잃게 됩니다.

이 이야기 속의 아우라가 바로 산들바람입니다. 산들바람의 여신인 것입니다. 페테르 폴 루벤스의 '세팔루스를 유혹하는 아우라'는 사냥에 지친 세팔루스의 달궈진 몸을 식혀주는 산들바람을 표현한 것입니다.

21번 방
아르테미스 조각상

  21번 방의 조각상은 주인공을 짐작하기가 비교적 수월합니다. 활달한 자세의 여신인 데다가 옆에 동물이 있기 때문입니다. 이런 자세는 사냥의 여신이자 야생동물의 수호신인 아르테미스Artemis의 전형적인 모습입니다. 아마도 이 여신은 지금 팔을 뒤로 뻗어 화살을 꺼내고 있을지도

국립 고고학박물관 '아르테미스'   루브르박물관 '아르테미스'

모릅니다. 루브르박물관에 있는 작품과 비교해 보면 놀랍도록 닮은꼴이라는 사실을 금세 눈치챌 수 있을 것입니다.

아르테미스는 사냥의 여신이면서 달의 여신입니다. 쌍둥이 남매인 아폴론이 태양의 운행을 맡은 태양신인 데 반해, 누이인 아르테미스는 달의 운행을 맡아 달의 여신이 되었지요.

아르테미스의 어머니인 레토 여신은 쌍둥이 남매를 낳을 때 갖은 고생을 다 하는데, 헤라 여신의 방해로 출산의 여신인 에일레이티이아가 오지 않아 아흐레 밤낮을 진통에 시달린 끝에 가까스로 출산했다고 합니다. 이때 아르테미스가 먼저 태어나 어머니의 출산을 도왔다는 믿기 어려운 이야기가 있습니다. 신화 속의 이야기이니 그냥 재미로 듣고 넘기면 될 것입니다.

아르테미스는 아테나와 마찬가지로 처녀 신으로서 순결한 여신이면서 다산과 풍요를 가져다주는 신으로 숭배되었습니다. 아르테미스와 관련된 사건을 그리스 신화에서 찾아봅시다.

순결한 처녀 신인 아르테미스는 사내들의 접근을 절대 용서하지 않습니다. 무심결에 실수한 까닭에 목숨을 잃는 악타이온의 일화를 보면 그녀의 이런 앙칼진 성격을 알 수 있습니다.

악타이온Actaeon은 케이론에게 교육을 받은 테베의 왕자로 사냥에 특히 뛰어난 재능이 있었습니다. 이아손 등과 함께 황금 양모를 찾으러 가는 모험에도 참여했다고 합니다.

뛰어난 사냥꾼이었던 그는 사냥개들을 이끌고 산야를 누볐는데, 하루는 실수로 아르테미스가 시녀들과 함께 목욕하는 장면을 보게 되었습니다. 악타이온으로서는 그녀가 여신인 줄 몰랐을 테고, 또 처음부터 음

Alessandro Turchi '다이아나(아르테미스)와 악티온'

탕한 마음을 가지고 훔쳐본 것도 아니었을 테지만, 아르테미스는 용서하지 않았습니다. 악타이온을 사슴으로 변하게 한 것입니다.

악타이온은 결국 자신을 사슴으로 착각한 사냥개들에 의해 목숨을 잃습니다. 알레산드로 투르치의 '다이아나(아르테미스)와 악타이온'이란 그림을 보면 사냥꾼 악타이온의 머리에 사슴뿔이 돋고 있습니다. 사슴으로 변하는 중인 거지요. 그리고 악타이온에게 사나운 표정으로 물을 끼얹는 여인의 이마에 초승달이 보이는데, 그녀가 바로 달의 여신 아르테미스입니다.

냉정한 처녀 신인 아르테미스가 딱 한 번 사랑에 빠진 적이 있습니다. 포세이돈의 아들 오리온이 그 상대였지요.

바다를 걸어 다닐 수 있을 정도로 거인이었던 오리온은 미남인 데다가 사냥에도 뛰어났다고 합니다. 오리온은 키오스 섬의 왕녀 메로페와 사랑에 빠졌는데, 그녀의 아버지인 오이노피온 왕은 오리온을 탐탁잖게 생각했습니다. 그래서 술을 잔뜩 먹인 다음 오리온의 두 눈을 뽑아버렸지요.

두 눈을 잃은 오리온은 렘노스 섬에 있는 헤파이스토스를 찾아갔는데, 헤파이스토스가 그를 태양신 아폴론에게 보내주었다고 합니다. 아폴론은 자신의 태양 빛으로 오리온의 시력을 되찾아주었지요.

아르테미스가 오리온을 만난 것은 그때입니다. 아폴론의 궁전에서 오리온을 본 아르테미스는 사랑에 빠졌습니다. 오리온 또한 아르테미스를 좋아했지요.

그러나 아폴론은 자신의 누이가 오리온과 사귀는 것이 싫었습니다. 그래서 둘을 떼어놓기로 마음먹고, 하루는 오리온이 바다를 걸어가고 있을 때 아르테미스에게 이렇게 말합니다.

"네가 아무리 활을 잘 쏜다고 해도 저렇게 멀리 있는 것은 맞추지 못하겠지?"

오리온이 비록 거인이라고는 하지만 워낙 멀리 떨어져 있어서 아르테미스는 그가 누구인지를 알지 못했습니다. 그래서 자신의 활 솜씨를 과시하기 위해 화살을 날렸지요.

사냥의 여신 아르테미스의 활 솜씨는 빗나가는 법이 없었습니다. 오리온은 그렇게 영문도 모른 채 연인의 손에 목숨을 잃습니다.

아르테미스는 사랑하는 오리온의 죽음을 슬퍼하다가 아버지인 제우스를 찾아가 부탁하여 그를 밤하늘의 별자리로 만들어주었다고 합니다. 그것이 겨울철 남쪽 하늘에서 볼 수 있는 오리온자리입니다.

오리온자리   바티칸박물관 '풍요와 다산의 여신 아르테미스'

　아름다운 처녀 신인 아르테미스가 때로는 유방이 주렁주렁 달린 기괴한 모습으로 표현될 때가 있습니다. 이는 그녀가 풍요와 다산을 상징하는 여신이기 때문에 그런 것입니다. 즉, 유방은 땅의 생명을 먹여 살리는 풍요로운 사랑을 의미하는 것입니다. 에페소스Ephesos(소아시아 서쪽 연안에 있던 이오니아의 고대도시. 지금의 터키)의 아르테미스 신전에 모셔졌던 아르테미스상이 그런 모습이었다고 하는데, 바티칸박물관에서 같은 유형의 조각상을 볼 수 있습니다.

21번 방
정숙한 아프로디테 조각상

  21번 방의 아프로디테는 매우 전형적인 자세를 하고 있습니다. 이런 자세의 아프로디테를 '정숙한 아프로디테 Venus Pudica (베누스는 아프로디테의 로마식 표현)'라고 합니다. 나체를 다 드러내지 않고 가릴 곳은 살짝 가린 모습이 정숙함을 나타낸다고 하여 그렇게 부르는 것입니다.

고고학박물관의 정숙한 아프로디테   루브르박물관   바티칸박물관

오귀스트 르누아르
'Bather with
a Griffon Dog'

Amedeo Modigliani
'속옷 차림의 젊은 여자'

이러한 아프로디테의 포즈는 후대 화가들에게 영향을 미쳐 비슷한 누드화들이 등장하지요.

신체의 일부를 살짝 가린 아프로디테를 '정숙하다'라고 말하는 것은, 거꾸로 생각하면 그녀가 별로 정숙하지 않기 때문인지도 모릅니다. 아프로디테의 또 다른 별명이 바로 '음탕한 아프로디테Aphrodite porne'인 것이 그런 사정을 잘 설명해 줍니다.

아프로디테는 헤파이스토스란 남편이 있었음에도 불구하고 아레스를 비롯한 여러 신들과 스캔들을 일으켰고, 그녀의 마법의 허리띠(이성을 유혹하는 데 매우 강력한 효력을 가진 허리띠)를 빌려주어 부도덕한 사랑조차 이루어질 수 있도록 조장하곤 했습니다. 트로이 전쟁의 원인이 된 파리스와 유부녀 헬레네의 사랑도 아프로디테의 농간에 의한 것이었지요.

'아프로디테 포르네'의 '포르네porne'가 음란한 영상물을 가리키는 포르노그래피와 어원이 같은 것을 생각하면, 아프로디테의 본래 성격을 잘 알 수 있습니다. 그런 아프로디테가 치부를 살짝 가렸으니, 그나마 정숙하다고 말해주는 것이랍니다.

23번 방
사이렌 조각상

사이렌Siren은 그리스 신화에 나오는 마녀의 이름으로, 사람의 얼굴에 새의 몸을 하고 있습니다. 오이디푸스에게 수수께끼를 냈다는 괴물 스핑크스와 생김새가 비슷한 점이 있는데, 스핑크스가 사자의 몸에 날개가 달린 것과 달리 사이렌은 새의 몸입니다.

사이렌은 아름다운 목소리로 노래를 불러 뱃사람을 유혹한 다음, 배를 난파시키고 사람들을 잡아먹었다고 합니다. 사이렌의 노래를 듣고도

사이렌   바티칸박물관 '스핑크스'

죽지 않은 사람은 오디세우스Odysseus가 유일합니다. 그 이야기를 알아봅시다.

트로이 전쟁을 승리로 이끈 그리스 연합군은 귀향길에 오르는데, 오디세우스만은 그 뒤로도 10년 동안 가족들 곁으로 돌아가지 못하고 바다 위를 떠돌아다니는 신세가 됩니다. 왜냐하면 그가 포세이돈의 아들인 외눈박이 거인 폴리페모스Polyphemus의 눈을 멀게 했기 때문이었습니다. 포세이돈이 자신의 아들을 해친 오디세우스를 용서하지 않았던 것이지요.

호메로스의 서사시 〈일리아스〉가 10년에 걸친 트로이 전쟁을 다루고 있다면, 〈오디세이〉는 오디세우스의 10년에 걸친 유랑을 다루고 있습니다. 오디세우스가 사이렌이 있는 바다를 지날 때 겪는 모험담도 〈오디세이〉에 나옵니다.

오디세우스는 사이렌의 노래가 얼마나 치명적인지 이미 알고 있었습니다. 잘못하면 목숨을 잃을 수 있다는 것도 잘 알고 있었지요. 그런데 한편으로는 호기심이 생긴 것입니다. 사람들의 목숨을 앗아갈 정도로 아름다운 노래란 과연 어떤 것인지 궁금했던 겁니다. 그의 모험심은 '그 노래를 꼭 들어보고 싶다.'는 데로 발전했지요.

어떻게 하면 목숨을 잃지 않고 사이렌의 노래를 들을 수 있을까 고심하던 오디세우스는 키르케Kirke(그가 1년간 함께 산 마녀)의 조언을 받아들여 묘안을 실행에 옮깁니다. 선원들의 귀는 밀랍으로 틀어막아서 사이렌의 노래를 못 듣도록 하고, 자신은 귀를 열어두는 대신 돛대에 꽁꽁 묶도록 한 것입니다. 그리곤 부하들에게 신신당부하지요. 사이렌의 영역을 다 지나기 전에는 자신이 아무리 묶은 걸 풀라고 명령해도 들어서는 안 된다고요.

John William Waterhouse '율리시스(오디세우스)와 사이렌'

오디세우스를 묶은 채 배가 사이렌이 있는 곳을 지나갑니다. 아무리 감미로운 노래를 불러도 귀를 막아 들리지 않는 선원들은 묵묵히 노를 저을 뿐입니다. 그러나 노랫소리를 들은 오디세우스는 사이렌한테 다가가고 싶어서 참을 수가 없습니다. 그래서 부하들에게 외치지요. 배를 돌리라고요. 그러나 그 소리도 선원들의 귀에는 들리지 않는 것입니다. 그는 미친 듯 화를 내면서 부하들에게 자신을 풀어달라고 호령하지만, 부하들은 들은 척도 하지 않습니다. 아니, 들리지 않았다고 하는 게 맞는 말이겠지요.

드디어 사이렌의 영역에서 멀어진 다음, 부하들은 오디세우스를 풀어줍니다. 이때는 오디세우스의 이성도 돌아온 뒤라 별 탈이 없었지요. 이렇게 해서 오디세우스는 사이렌의 노래를 듣고도 목숨을 잃지 않은 유일한 사람이 되는 것입니다.

오디세우스 일행이 지나가고 난 다음에 절망한 사이렌들은 스스로 목숨을 끊었다고 합니다. 오이디푸스 이야기에 나오는 스핑크스의 운명과 그것도 비슷하군요.

뱃사람들을 유혹하여 목숨을 빼앗는 바다 괴물 이야기는 독일에도 있습니다. 독일 라인 강변에 로렐라이 언덕이 있는데, 그곳에는 아름다운 목소리로 노래를 불러 뱃사람들을 유혹하는 요정이 살았다는 전설이 전해지고 있습니다. 아름다운 노랫소리에 도취되어 넋을 잃고 그녀를 바라보는 동안 배가 소용돌이에 휩쓸려서 암초에 부딪쳐 난파한다는 로렐라이 이야기는 사이렌 이야기와 매우 흡사합니다.

32번 방
잠든 미내드 조각상

32번 방에 '잠든 미내드Sleeping Maenad'라는 제목의 조각상이 있습니다. 말 그대로 곤히 잠든 여인을 새긴 작품입니다. 여기에서는 제목에 등장하는 '미내드'가 어떤 존재를 말하는지 알아봅시다.

미내드란, 디오니소스 신을 모시는 여사제를 말합니다. 로마 신화에서는 bacchante(바쿠스 신의 여사제)라고 하지요. 그런데 이 단어에는 '술주정하는 여자', '음탕한 여자'라는 뜻도 있습니다. 왜 그럴까요.

디오니소스는 잘 알려진 대로 술의 신입니다. 그러다 보니 디오니소스를 기리는 축제에는 춤과 술이 빠질 리 없고, 절제되지 않은 술은 말썽을 일으키곤 했습니다. 술주정이 지나치면 광란에 빠지기 쉽고, 그것이 음란한 행동으로 이어지기도 했던 것입니다. 디오니소스 신의 여사제인

잠든 미내드

루브르박물관 소장 '춤추는 미내드'

미내드가 축제의 흥을 돋우는 긍정적인 역할뿐만 아니라 절제되지 않은 난잡한 행동을 하는 부정적 이미지로 이해되는 것은 그런 이유 때문입니다.

그런데 그리스 신화 속에는 미내드가 저지른 살인 사건이 나옵니다. 부인을 잃고 상심에 빠진 오르페우스를 유혹하다가 뜻대로 되지 않자 살해한 사건이 그것인데, 미내드의 소행이 아니라 디오니소스 축제 때 광란에 빠진 트라케Thrace(그리스 북동부의 옛 지방)의 여인들이 죽였다는 설이 있기도 하지만, 흥분한 미내드들이 죽였다는 설이 대세입니다. 어느 말이 맞든지, 디오니소스 축제에서의 지나친 술이 이성을 마비시켜 벌어진 끔찍한 사건으로 보입니다. 그럼, 오르페우스가 왜 여인들의 손에 목숨을 잃게 되는지 자초지종을 알아봅시다.

뮤즈의 한 명인 칼리오페는 아폴론의 사랑을 받아 아들을 낳았습니다. 바로 오르페우스Orpheus입니다. 예술의 신인 아폴론과 뮤즈인 칼리오페의 유전자를 물려받았으니, 그가 예술적 재능이 탁월했을 것임은 쉽게 짐작할 수 있습니다. 그는 리라 솜씨가 특히 탁월했는데, 그가 리라를 연주하면 맹수들조차 얌전해지고 돌마저 부드러워졌다고 합니다.

오르페우스는 에우리디케Eurydice라는 여인과 결혼하여 행복한 신혼

Alexandre-Auguste Hirsch
'오르페우스를 가르치는
칼리오페'

Jacob Hoefnagel '동물들과 즐거운 시간을 보내는 오르페우스'

생활을 시작합니다. 그런데 불행히도 그녀는 뱀에 물려 목숨을 잃고 맙니다. 그녀의 아름다움에 반한 아리스타이오스Aristaeus란 청년이 사랑을 고백했는데, 에우리디케가 놀라 달아나다가 그만 풀섶의 뱀을 밟고 만 것입니다.

사랑하는 아내의 죽음 앞에 오르페우스는 오열합니다. 도저히 아내를 잊을 수 없었던 오르페우스는 결국 아내를 찾아 저승 세계로 내려갑니다.

저승 세계란 죽은 사람만이 갈 수 있는 곳입니다. 죽지 않은 인간 오르페우스가 갈 수 있는 곳이 아니지요. 그러나 오르페우스는 막무가내였습니다. 저승을 흐르는 강의 뱃사공 카론Charon 영감은 산 사람을 건네준 일이 없는데, 오르페우스의 리라 연주를 듣고는 마음이 움직여 말없이 그를 배에 태웁니다.

저승의 입구를 지키는 케르베로스Kerberos란 개는 사납기가 이루 말할 수 없고 산 사람은 절대로 통과시키는 법이 없는데, 오르페우스의 리라 연주를 듣고는 양처럼 순해져서 그를 막지 않았습니다.

오르페우스는 드디어 하데스 앞으로 갑니다. 하데스는 처음엔 산 사람이 저승 세계에 온 사실을 알고는 불같이 화를 냈지만, 오르페우스가 연주하는 리라 소리를 듣고는 어찌나 마음이 슬퍼졌던지 눈물을 흘리고 맙니다. 하데스 옆에서 연주를 듣던 저승의 왕비 페르세포네도 마찬가지였지요.

하데스는 오르페우스의 하소연을 듣고 마음이 움직여, 에우리디케를 데려가도록 허락합니다. 한 가지 당부의 말을 덧붙이면서요. 즉, 완전히 이승에 도착하기 전까지는 절대로 뒤를 돌아보아서는 안 되며 만약 뒤를 돌아보게 되면 에우리디케는 다시 저승으로 돌아와야 한다는 것이었지요.

오르페우스는 철석같이 약속한 다음, 에우리디케를 데리고 저승 세계를 빠져나옵니다. 그러나 신화 속에서의 그런 금기는 항상 깨지기 마련입니다. 오르페우스 또한 마찬가지였습니다. 이승이 보이는 곳까지 무사히 오자 마음속에 불안한 생각이 싹튼 것입니다. '에우리디케가 잘 따라오고 있을까? 혹시 하데스가 거짓

Frans Francken '저승의 오르페우스'

말한 것은 아닐까?' 그래서 오르페우스는 뒤를 돌아보게 되고, 그 순간 에우리디케는 다시 저승으로 돌아가게 됩니다.

다시 오르페우스가 카론 영감을 찾아가 배를 태워달라고 하소연했지만 그는 두 번은 오르페우스의 음악에 감동하지 않았습니다. 오르페우스는 할 수 없이 혼자서 이승으로 돌아왔지요.

그 뒤로 오르페우스는 폐인으로 살아갑니다. 여자라면 거들떠보지도 않고, 더 이상 악기를 연주하지도 않았지요. 여자들이 그의 관심을 끌려고 갖은 노력을 다했지만 소용없었습니다.

오르페우스를 사랑하던 여자들의 마음이 증오로 변했고, 디오니소스 축제 때 술에 만취해 이성을 잃은 여인들이 오르페우스를 잔인하게 죽였다는 것이 오르페우스의 죽음에 얽힌 이야기입니다.

그 여인들이 술에 취해 이성을 잃은 디오니소스 축제 참가자일 수도 있지만, 미내드라는 주장이 있으므로 소개했습니다.

Peter Paul Rubens '오르페우스와 에우리디케'

Enrico Scuri 저승으로
돌아가는 '에우리디케'

32번 방
술 취한 디오니소스와 사티로스 조각상

32번 방의 이 조각상은 제목이 '술 취한 디오니소스와 사티로스Satyr, Saturos'입니다. 제목 그대로 디오니소스(왼쪽)와·사티로스(오른쪽)가 술에 취해 거나한 상태가 되어 흥겨워하는 모습을 표현한 것으로 보입니다.

디오니소스에 대해서는 '디오니소스 극장' 편에서 자세히 설명했습니다. 제우스가 인간 여자인 세멜레에게서 얻은 아들로, 태어나기 전에 어머니가 죽었으므로 제우스가 허벅지에 넣어 키운 다음 세상에 내보냈다고 했지요.

술의 신 디오니소스와 함께 다니며 때때로 말썽을 부리기도 하고 흥을 돋우기도 하는 존재가 사티로스입니다. 생김새를 묘사한 글을 보면 목신牧神(사냥이나 목축을 맡아보는 신)인 판Pan과 흡사합니다. 하반신은 염소를 닮았고, 상반신은 사람의 형상인데 이마에 뿔이 나 있다고 합니다. 디오니소스를 따라다니기 때

술 취한 디오니소스와 사티로스

페테르 폴 루벤스 '두 사티로스'

문에 사티로스를 포도송이를 들고 있거나 술잔을 들고 있는 모습으로 표현하기도 합니다.

영어의 'Satyric'은 '사티로스 같은'이란 의미인데, 여기에는 '호색한 好色漢(여색을 밝히는 사람), 난봉꾼 같은' 등의 의미가 있습니다. 그리스 신화 속의 사티로스가 술을 마시고 행동을 절제하지 못하여 난잡한 처신을 하는 경우가 있었기 때문에 얻은 불명예스러운 표현입니다.

그런가 하면 그리스 연극 중에는 '사티로스 극satyr plays'이라는 게 있는데, 이 말 또한 그리 명예롭지 못한 의미를 담고 있답니다. 이것은 고대 그리스에서 행해지던 4부작 연극의 네 번째 극으로 합창단이 사티로스로 분장하고 나와 디오니소스에게 바치는 찬가를 부르는 형식의 희극입니다. 그런데 내용 중에는 신화 속 인물을 우스꽝스럽게 묘사하거나 음탕한 유머를 주고받는 내용이 있어 점잖지 못하고 경박한 느낌을 주는 연극이 되었습니다. 비극이 묵직한 주제를 갖고 인생의 의미를 깊이 생각하게 하는 진지한 연극인 데 반해 사티로스 극은 가볍고 익살스러운 내용으로 웃음을 자아내는 연극입니다. 그런 연극도 필요하고 또 가치가 있는 건 사실이지만, 하필 거기에 사티로스의 이름이 붙은 것은 그들이 디오니소스의 추종자들이면서 행동이 품위 없기 때문이므로 그리 명예롭다고 볼 수는 없는 것입니다.

33번 방
천마를 탄 벨레로폰 조각상

33번 방에는 '천마를 탄 벨레로폰'이라는 제목의 조각상이 있습니다. 원형이 완벽하게 보존된 작품은 아니지만, 말의 날개를 확인할 수 있습니다. 날개가 달린 말이라면 천마天馬 페가수스Pegasus이지요. 그리고 천마가 사자의 머리를 한 동물을 짓밟고 있는 것이 보이는데, 키마이라Chimaira를 표현한 것으로 여겨집니다. 벨레로폰이 페가수스의 도움을

천마를 탄 벨레로폰

받아 처치한 괴물이지요. 그러면 벨레로폰이 괴물 키마이라를 없애게 된 계기와, 페가수스가 벨레로폰을 도와준 이유를 알아봅시다.

벨레로폰Bellerophon은 그리스 신화에 나오는 코린트의 왕자인데, 실수로 벨레로스란 사람을 죽이게 되었습니다. 벨레로폰은 '벨레로스를 죽인 사람'이라는 뜻입니다.

살인죄를 저지른 그는 죄를 씻기 위해 이웃 나라인 티린스로 갑니다.

당시엔 외국에서 온 나그네를 후하게 대접하는 풍습이 있었기 때문에 티린스의 왕 프로이토스Proetos는 그를 왕궁에 머물게 하였습니다. 그런데 왕비 안테이아Anteia가 잘 생긴 벨레로폰을 보고 반한 것이 화근이었습니다. 그녀는 벨레로폰을 유혹하려다 거절당하자 앙심을 품고 남편에게 "벨레로폰이 나를 능욕하려 했다."고 거짓으로 고자질한 것입니다. 왕은 왕비의 말을 듣고 분노했으나 자신을 찾아온 나그네를 자기 손으로 해치면 신들의 노여움을 살까 두려워 다른 꾀를 생각해냅니다. 즉, 벨레로폰에게 편지 한 장을 써주며 자신의 장인인 리키아의 왕 이오바테스Iobates에게 전하도록 한 것입니다. 그 편지에는 '이 편지를 가지고 가는 자를 죽여주십시오.'라는 내용이 적혀 있었습니다.

그 사실을 알 리 없는 벨레로폰은 프로이토스의 편지를 들고 이오바테스에게 갑니다. 이 일화에서 '벨레로폰의 편지Bellerophonic letter'라는 말이 생겨났는데, 이 말은 '심부름하는 사람에게 몹시 불리한 편지'라는 뜻입니다.

사위의 편지를 받아든 이오바테스도 나그네를 죽이는 일에 부담감을 느낍니다. 그래서 직접 죽이는 대신, 그가 죽을 수밖에 없는 임무를 주는 것으로 문제를 해결하려 합니다. 그것은 괴물 키마이라를 죽이라는 것이었지요.

키마이라는 반인반수半人半獸의 괴물 티폰Typhon과 에키드나Echidna 사이에서 태어난 기이한 형상의 괴물입니다. 머리는 사자, 몸통은 염소, 꼬리는 뱀(용)의 형상이라고 하며 날개는 있기도 하고 없기도 한데, 날개와 상관없이 하늘을 날 수 있으며 입에서 불을 내뿜는 것으로 표현됩니다. 고대 소아시아의 리키아 지방에 살면서 농작물을 태우고 가축을 죽이는 등 사람들에게 큰 해를 끼쳤다고 하는데, 아마도 리키아에 있던 같은 이름의 화산을 괴물로 형상화한 것으로 보입니다. 고대인들은 키마이라 화산 꼭대기에는 사자가 살고, 중턱에는 염소가, 산기슭에는 뱀이 살고 있다고 생각했다는군요.

하여간 이오바테스 왕으로서는 벨레로폰이 키마이라를 없앨 수 있으리라고는 생각하지 않았지만, 그를 죽여 달라는 사위의 부탁은 들어줄 수 있을 것이라고 생각하여 그런 요구를 한 것입니다.

벨레로폰은 자신을 후대하는 이오바테스 왕의 요구를 거절할 수 없었습니다. 그래서 일단 그의 요구를 받아들이지요.

그러나 평범한 인간 벨레로폰이 괴물 키마이라를 죽일 수는 없는 일입니다. 그래서 그는 고민하지요. 이때 그를 도우려고 나서는 이가 바로 예언자 폴뤼이도스Polyidus입니다. 그는 벨레로폰에게 페가수스를 얻은 다음에 키마이라를 퇴치하라고 조언해줍니다. 페가수스는 페르세우스가 메두사를 죽일 때 그녀의 피에서 태어난 날개 달린 말로, 포세이돈의 자식으로 여겨집니다.

문제는 벨레로폰이 어떻게 페가수스를 얻을 수 있느냐는 것이었지요. 폴뤼이도스는 벨레로폰에게 아테나의 신전에서 하룻밤을 지내면 해결책이 나올 것이라고 일러주었고, 벨레로폰은 그 말을 따릅니다.

그날 밤, 벨레로폰은 꿈에서 아테나 여신을 만나 페가수스의 황금 고삐를 건네받았는데, 꿈을 깨고 보니 실제로 손에 황금 고삐가 쥐어져 있는 것이었습니다. 그리고 꿈에 아테나가 일러준 대로 페이레네Peirene 샘에 가보니 페가수스가 물을 마시고 있었습니다.

하늘을 나는 말을 얻은 벨레로폰은 신들의 도움을 받아 키마이라를 퇴치합니다. 그리스 신화에는 괴물을 퇴치하는 영웅들이 여럿 등장하는데, 벨레로폰도 거기에 이름을 올리게 됩니다.

Alexander Andreyevich Ivanov
'페가수스를 얻은 벨레로폰'

페테르 폴 루벤스
'페가수스를 타고 키마이라를 무찌르는 벨레로폰'

　키마이라를 퇴치한 벨레로폰은 이오바테스 왕의 딸과 결혼하여 행복하게 살았습니다. 여기에서 이 이야기가 끝난다면 다른 영웅들의 이야기와 같을 텐데, 벨레로폰의 경우는 뜻밖의 반전이 있답니다.

　괴물 키마이라를 퇴치하고 영웅이 된 벨레로폰은 자만심이 생겼습니다. 게다가 그에게는 페가수스가 있으니 더 이상 두려울 것도 없었습니다. 그래서 그는 이런 생각을 하게 되지요.

　'페가수스는 나를 주인으로 섬기니 이참에 올림포스 산으로 올라가는 것도 가능하지 않을까?'

　그는 페가수스를 잡아타고 하늘로 올라갔습니다. 금세 올림포스 산에 도착할 것 같았지요. 그런데 그것을 보고 있던 제우스가 괘씸한 생각에 등에(동물의 피를 빨아먹는 파리의 한 종류) 한 마리를 보낸 것입니다. 등에에 쏘인 페가수스가 몸을 크게 흔들자 벨레로폰은 땅으로 곤두박질치고 맙니다. 땅에 떨어진 인간 벨레로폰의 운명은 뻔한 일이지요. 그 자리에서 죽었다는 설도 있고, 불구의 몸이 되어 세상을 떠돌아다니다 죽었다는 설도 있지만, 하여간 겸손하지 못한 인간의 말로는 비참한 것이었습니다.

33번 방
키벨레와 아티스 부조

    33번 방에는 '키벨레와 아티스Kybele and Attis'라는 제목의 부조가 있습니다.

    키벨레Kybele는 소아시아 북부의 프리기아에서 숭배되었던 대지의 여신입니다. 프리기아에서 숭배된 신들 중에서 유일하게 그 존재가 알려져 있으며, 아마도 프리기아의 주신主神이었을 것으로 생각됩니다. 참고로, 프리기아Phrygia는 현재의 터키 중부 지방에 있던 나라입니다.

    키벨레 여신은 이다 산Mount Ida(트로이의 왕자 파리스가 목동으로 있었던 것

키벨레와 아티스

도 이다 산입니다)에서 태어났다고 하며, 로마에서는 '이다 신들의 대모'라고 불렀습니다. 그리스 신화에서의 가이아(최초의 대지의 여신)나 레아(크로노스의 아내로 제우스 형제의 어머니)와 동일한 존재로 여겨졌으며, 신들의 어머니, 풍성한 수확의 여신, 다산

의 여신으로 숭배되었습니다. 또한 숲의 수호신으로 여겨지기도 했지요.

사람들은 키벨레가 사자가 이끄는 전차戰車를 타고 산과 들을 달린다고 생각했는데, 그런 생각이 잘 표현된 작품이 스페인의 수도인 마드리드에 있습니다. 중앙 우체국 앞 광장 이름인 '시벨레스 광장Plaza de Cibeles'은 바로 키벨레 여신에서 온 것이며, 광장 중앙에 풍요와 대지의 여신 키벨레Cybele가 조각된 분수가 있기 때문에 그런 이름이 붙은 것입니다. 이 분수를 보면 키벨레 여신이 사자가 끄는 전차에 앉아 있는 것을 알 수 있습니다. 키벨레의 이미지를 가장 잘 표현한 작품이 아닌가 생각합니다.

마드리드 시벨레스 광장의 키벨레 분수 조각상

키벨레에 대한 숭배 신앙은 BC 6세기경에 소아시아에서 그리스로 들어왔고, 이어 로마로도 전해져 BC 204년에는 로마 원로원에서 이 여신을 맞아들이기로 의결하였다고 합니다. 그녀는 좌우에 사자를 거느리고 머리에는 작은 탑이 달린 관을 썼으며 손에는 작은 드럼처럼 보이는 물건을 들고 있는 모습으로 표현되곤 하는데, 그런 점을 고려하여 고고학박물관의 부조를 살펴보면 중앙에 앉아 있는 여신이 키벨레로 보입니다.

아티스Attis 는 그리스 신화 속의 인물로, 프리기아의 미소년이었습니다. 그는 키벨레의 아들이면서 연인인 복잡한 캐릭터인데, 그 연유를 알아보면 다음과 같습니다.

원래 키벨레는 남녀 양성을 갖고 있었다고 합니다. 그런데 올림포스의 신들이 양성을 가진 키벨레를 두려워하여 그를 거세去勢한 것입니다. 그가 거세당할 당시 잘려나간 신체의 일부에서 아몬드 나무가 자라났는데, 상가리오스Sangarios 강의 딸 나나가 그 씨앗을 가슴에 숨겨 키웠더니 사내아이가 태어났습니다. 그 아이가 바로 아티스입니다. 아이는 태어나자마자 들판에 버려졌지만, 염소들이 거두어 키웠다고 합니다.

준수한 젊은이로 자란 아티스를 본 키벨레는 사랑을 느낍니다. 그런데 아티스가 펫사누스의 왕녀와 결혼하려 하자 질투심을 느낀 키벨레가 그를 정신착란에 빠지게 한 것입니다. 아티스는 스스로 거세한 다음 목숨을 버립니다.

아티스가 죽은 뒤 키벨레는 자신의 잘못을 후회하고, 아티스를 전나무로 다시 태어나게 했다고 합니다. 전나무는 겨울에도 잎이 지지 않는 상록수로, 아티스가 전나무로 환생한 것은 부활의 의미로 이해됩니다. 그래서 그는 겨울에 죽었다가 봄에 부활하는 식물 신植物神으로 숭배되었으며, 특히 로마에서 춘분에 행해지던 그의 제사에는 신비스러운 의식儀式이 따랐다고 합니다.

고고학박물관 부조의 왼쪽에 있는 인물이 프리기아 모자를 쓴 아티스로 보입니다. 참고로, 프리기아 모자란 프리기아 지방 사람들이 쓰던 모자로, '자유의 모자'라는 별칭이 있습니다. 고대 로마에서 노예가 해방되어 자유민이 되면 이 모자를 썼기 때문입니다. 프랑스 혁명 당시 시민군이 프리기아 모자를 썼고, 프랑스 혁명을 상징하는 '민중을 이끄는 자유의 여신(들라크루아 그림 속 주인공)' 역시 프리기아 모자를 쓴 모습인 것을 확인할 수 있습니다.

프리기아 모자를 쓴 소년 아티스   들라크루아 '민중을 이끄는 자유의 여신'(부분)

34번 방
잠자는 에로스 조각상

34번 방의 잠자는 에로스는 사랑스러운 아기의 모습입니다. 에로스는 대개 어린 아기의 모습으로 표현되지요.

에로스는 사랑의 신입니다. 전쟁의 신 아레스와 아름다움의 여신 아프로디테 사이에서 태어난 것으로 보는 견해가 대세입니다.

에로스의 활과 화살은 사랑을 이루어주기도 하고 어긋나게 하기도 하는 특별한 기능을 가진 물건이었지요. 에로스의 장난 때문에 골탕을 먹은 아폴론의 이야기를 '근대 올림픽 경기장' 편에서 했습니다.

잠자는 에로스

그런데 에로스 자신도 사랑의 화살에 잘못 맞아 온갖 우여곡절을 겪게 됩니다. 여기서는 그 이야기를 하려고 합니다.

프시케Psyche는 어느 왕국의 공주였습니다. 매우 아름다운 소녀였다고 합니다. 사람들마다 그 아름다움을 칭송할 정도였지요. 그런데 그것이 그만 화근이 되고 맙니다. 아름다움의 여신 아프로디테의 귀에까지 그런 칭송의 말이 들어가자 그녀가 괘씸하게 생각했기 때문입니다.

아프로디테는 화가 난 나머지 아들인 에로스를 불러 "프시케가 가장 보잘것없는 남자를 사랑하게 만들라."고 시킵니다. 에로스는 어머니의 명을 받고 프시케를 찾아갑니다. 그런데 프시케를 보는 순간 너무나 아름다운 그녀의 모습에 반해 허둥대다가 그만 자신의 황금 화살에 자신이 찔리고 맙니다. 그 순간 그는 프시케를 사랑하게 되었지요.

어머니의 뜻을 거스르며 프시케를 아내로 맞지만, 그것은 감추어야만 하는 사랑이었습니다. 그래서 산 위의 궁전에 그녀를 데려다 놓고, 밤에만 몰래 만나고 갑니다. 자신의 존재를 확인하려고 해서는 안 된다고 다짐 두고요.

프시케는 자신의 남편이 괴물이라고만 알고 있었습니다. 신탁에 '프시케는 산 위의 괴물에게 시집가게 된다.'고 되어 있었기 때문입니다.

시간이 지나면서 프시케는 남편의 정체가 궁금했습니다. 정말로 괴물인지 확인하고 싶어졌습니다. 그래서 밤에 남편이 잘 때 몰래 촛불을 들고 확인해 봅니다. 그러나 그녀의 남편은 괴물은커녕, 더없이 사랑스러운 신 에로스였지요.

절대로 보려고 해서는 안 된다는 금기를 깨뜨렸기 때문에 프시케는 남편을 잃게 됩니다. 에로스가 그녀를 버리고 떠나간 것이지요.

뒤늦게 자신의 잘못을 깨달은 프시케는 아프로디테를 찾아가 에로스의 사랑을 되찾게 해달라고 애원합니다. 그러나 처음부터 프시케를 미워했던 아프로디테가 그녀의 소원을 쉽게 들어줄 까닭이 없습니다. 그래도 프시케가 아프로디테의 노여움이 풀릴 때까지 온갖 궂은일을 마다치 않고 묵묵히 수행하자 마음이 조금 누그러진 아프로디테는 마지막으로 한 가지 심부름을 시킵니다. 저승의 여왕 페르세포네를 찾아가 그녀의 화장품을 얻어오라는 것이었습니다.

산 사람이 저승에 다녀올 수는 없는 일이지만, 그녀를 불쌍하게 여긴 알 수 없는 신의 도움으로 무사히 저승에 갈 수 있었습니다. 저승을 흐르는 강을 건너기 위해서는 카론의 배를 타야만 하는데, 산 사람은 절대로 태워주지 않는 고집스런 카론 영감이 프시케가 강을 건널 수 있도록 해줍니다.

Francois Lagrenee
'잠자는 에로스를 보고 놀라는 프시케'

John Roddam Spencer Stanhope
'카론과 프시케'(부분)

프시케를 만난 페르세포네는 아프로디테에게 가져다주라며 화장품 상자 하나를 건네줍니다. 그러면서 한 가지 당부를 하지요. 가는 도중에 절대로 열어보아서는 안 된다고.

John William Waterhouse '황금 상자를 열어보는 프시케'

신화든 전설이든 모든 옛 이야기에서 공통적으로 발견되는 것은, 절대로 뒤를 돌아보지 말라거나 절대로 열어보지 말라거나 하는 금기는 제대로 지켜지는 예가 없다는 것입니다. 프시케 또한 마찬가지였습니다. 그녀는 이승의 땅을 밟은 뒤, 그 상자 안에 무엇이 들어있는지 도무지 궁금해서 참을 수 없었습니다. 그래서 살짝 열어보았지요. 그 안에 들어있는 것이 죽음보다 깊은 잠이란 걸 그녀는 알 수 없었던 것입니다.

죽음보다 깊은 잠에 빠진 아내를 본 에로스는 마음이 아팠습니다. 여전히 그는 프시케를 진심으로 사랑하고 있었으니까요. 그래서 제우스를 찾아가 호소합니다. 둘의 안타까운 사랑을 알게 된 제우스는 아프로디테에게 프시케를 용서하라고 권하고, 이때쯤에는 아프로디테의 화도 많이 풀려 둘의 결혼을 허락합니다.

어머니의 허락을 받은 에로스는 프시케를 찾아가 입맞춤으로 그녀의 잠을 깨웁니다. 그 순간을 가장 극적으로 아름답게 표현한 작품이 루브르박물관에 있는 안토니오 카노바Antonio Canova의 조각품이 아닐까 합니다.

둘은 제우스의 배려로 올림포스 산에서 살 수 있었으며, 그들 사이에서 볼푸타스(기쁨)가 태어났다고 합니다. 고생 끝에 낙이 온다는 말이 맞게 되었으니, 다행스런 결말입니다.

안토니오 카노바 '에로스와 프시케'
(루브르박물관 소장)

Pompeo Batoni, '큐피드(에로스)와 프시케의 결혼'

34번 방
판 조각상

34번 방의 '판Pan'은 생김새를 잘 살펴보세요. 다리 부분에 털이 나 있고 발 부분이 우제류偶蹄類/artiodactyla(발굽이 둘로 갈라진 동물군)로 보입니다.

판은 허리 위쪽은 사람의 모습이고 하반신은 염소를 닮았는데, 머리에는 뿔이 난 것이 특징입니다. 이들이 이런 생김새인 까닭은 목신牧神과 암염소 사이에서 태어났기 때문이라고 하는데, 헤르메스의 자식이라는 설도 있습니다. 생김새 때문인지 판은 양치기들의 신으로 여겨졌습니다.

판

판은 들판에서 살면서 요정들과 어울려 놀기를 좋아하고, 악기 연주에도 능했다고 합니다. 시링크스Syrinx란 요정을 좋아하여 따라다녔는데, 그녀가 겁을 먹고 갈대로 몸을 바꾸자 그 갈대로 피리를 만들어 불

었다고 전해집니다. 판이 만든 피리라고 하여 '판파이프panpipe(팬파이프)'
라고 하는 악기는 그렇게 만들어졌다고 합니다.

이처럼 판은 춤과 음악을 좋아하는 명랑한 성격이지만, 때로는 잠들어 있는 사람에게 악몽을 불어 넣거나 길을 가는 사람에게 갑자기 공포스러운 기분을 느끼게 하는데, 이 때문에 '당황'과 '공황恐慌'을 의미하는 단어 '패닉panic'이 나왔습니다.

Annibale Carracci '판'

판과 유사한 성격의 존재가 앞에서 살펴본 사티로스Satyr입니다. 사티로스 역시 얼굴은 사람의 모습이지만 머리에 작은 뿔이 났으며, 하반신은 염소의 모습을 한 것으로 묘사됩니다. 술의 신 디오니소스의 시종이라는 점이 판과 다른 점이지요.

43번 방
헤라클레스와 힐라스 부조

43번 방에 있는 '헤라클레스와 힐라스Hercules and Hylas'란 부조 작품을 봅시다. 사자 가죽을 깔고 앉은 나이 든 남자가 헤라클레스이며, 그를 일으켜 세우려고 하는 젊은이가 힐라스입니다. 헤라클레스에 대해서는 이미 '헤파이스토스 신전' 편에서 자세히 이야기했으므로 여기서는 힐라스와의 관계에 초점을 맞추어 설명하겠습니다.

힐라스는 헤라클레스가 사랑한 미소년입니다. 그리스 신화 속에는 동성애라고 볼 수 있는 관계가 더러 나오는데, 제우스가 사랑한 소년 가니메데스와 아폴론이 사랑한 히아킨토스가 대표적인 예입니다. 힐라스도 그런 경우이지요.

헤라클레스와 힐라스

힐라스는 드리오프스의 왕 티오다마스Thiódamas와 오리온의 딸 메노디케Menodice 사이에서 태어났습니다. 한번은 헤라클레스가 드리오프스에 간 적이 있는데, 배가 고파서 먹을 것을 찾다가

티오다마스의 황소를 잡아먹게 됩니다. 이 일로 싸움이 벌어져 헤라클 레스는 티오다마스를 죽이게 되지요. 헤라클레스는 워낙 힘이 장사이기 때문에 시비가 붙을 경우 곧잘 살인 사건으로 비화하기 일쑤였습니다.

헤라클레스는 티오다마스의 아들 힐라스를 거두어 키우는데, 단순한 속죄의 의미는 아니었던 것으로 보입니다. 동성애적 요소가 다분히 있기 때문이지요.

헤라클레스는 이아손 등과 함께 아르고 호를 타고 황금 양피를 찾으러 갈 때도 힐라스를 데리고 갑니다. 그때 사건이 벌어지는데, 자초지종을 알아보면 이렇습니다.

항해 도중 헤라클레스와 이아손 등은 노 젓기 시합을 하다가 노를 부러뜨리고 맙니다. 할 수 없이 가까운 거리에 있던 미시아 섬에 배를 대고, 헤라클레스는 노를 만들 나무를 구하러 숲으로 들어가지요. 그리고 힐라스는 물을 긷기 위해 페가에라는 샘에 갔는데, 힐라스의 아름다운 모습을 보고 반한 샘의 요정들이 그를 끌어안고 물속으로 들어갔다는 것입니다.

헤라클레스는 숲 속에 같이 들어갔던 폴리페모스Polyphemos로부터 힐라스가 비명 소리만을 남긴 채 흔적도 없이 사라졌다는 소식을 듣고 미친 듯이 힐라스를 찾아다녔지만 끝내 찾을 수 없었습니다.

상심한 헤라클레스는 아르고 호의 원정을 포기하고 미시아 섬에 남게 되었다는 이야기가 그리스 신화에 나오는 것으로 보아, 헤라클레스에게 힐라스는 단순히 돌보아 줄 책임이 있는 소년은 아니었던 것 같습니다. 사랑의 감정으로 보는 게 옳을 것입니다.

이 이야기는 후대의 예술가들에게 영감을 주어 19세기 영국 화가 존

존 윌리엄 워터하우스 '힐라스와 요정들'

윌리엄 워터하우스는 '힐라스와 요정들'이라는 그림을 그렸습니다. 샘의
요정들이 힐라스 주변으로 모여들어 그에게 사랑을 호소하는 듯한 장면
입니다.

5장

리카비투스 산
Lycabettus Hill

아테나가
산을 집어 던진 까닭 1

    아크로폴리스에서 북쪽을 보면 작은 산(혹은 높직한 언덕)이 보입니다. 리카비투스Lycabettus 산입니다. 아테네 도심에는 높은 산이 없기 때문에 아크로폴리스(60~70m)만 해도 주변에 비해 높은 편인데, 이곳은 277m 나 되니 꽤 높은 편입니다. 이곳에 오르면 아테네 전체를 한눈에 내려다 볼 수 있어 전망대로서도 훌륭합니다.

아크로폴리스에서 바라본 리카비투스 산

아크로폴리스Acropolis란 단어가 '높은 언덕Acro 위의 도시 Polis'라는 뜻을 갖고 있다는 점을 생각하면 이곳에 아크로폴리스가 들어섰어야 할 것 같습니다. 실제로 아테나는 이곳에 아크로폴리스를 만들려고 한 것 같습니다. 그럼에도 불구하고 그러지 못한 데에는 이런 사연이 있다고 합니다.

어느 날, 아테나 여신은 아크로폴리스를 만들기 위해 팔레네Pallene 반도에서 산을 가져오는 중이었습니다. 그런데 그녀가 총애하던 까마귀가 한 가지 소식을 전합니다. 그 소식을 들은 아테나는 화가 나서 들고 있던 산(아크로폴리스를 만들려고 했던 산이지요)을 내동댕이쳤는데, 그것이 지금의 리카비투스 산이라는 것입니다. 그럼, 까마귀가 전한 소식은 과연 어떤 내용이었을까요.

아테나에겐 헤파이스토스와의 사이에서 태어난 아들이 있었습니다. 원치 않는데 태어난 아들이었지요. 아테나에게 반한 헤파이스토스가 치근대는 과정에서 그의 정액 한 방울이 아테나의 다리에 묻었다고 합니다. 아테나는 대수롭지 않게 생각하여 양털뭉치로 닦아버렸는데, 대지의 여신 가이아가 그것을 받아 키운 다음 아테나에게 돌려주었다는 것입니다. 그 아이의 이름이 에

에리크토니오스를 아테나에게 건네주는 가이아 여신. 옆에서 바라보는 이는 케크롭스 왕이다.

리크토니오스Erichthonios로, 그를 아테나의 자식이라고 해야 하는지는 모르겠지만 그리스 신화에서는 아테나와 헤파이스토스 사이에서 태어난 아들이라고 봅니다.

아이의 이름을 에리크토니오스라고 지은 까닭은, 그리스어로 양털은 '에리온erion'이고 땅은 '크톤chthon'이기 때문이라는 설이 유력합니다.

아테나는 뜻하지 않게 생긴 아들을 뚜껑 달린 바구니에 담아 케크롭스Cecrops 왕의 딸들에게 맡깁니다. 케크롭스는 아테네 초기의 왕으로 허리 아래가 용(혹은 뱀)의 형상이었다고 합니다.

아테나는 케크롭스의 딸들에게 아들을 맡기며 "절대로 바구니의 뚜껑을 열어보지 말라."고 당부하는데, 예상하다시피 케크롭스의 딸들은 호기심을 못 이기고 뚜껑을 열어보았고, 그 안에 하반신이 뱀인(혹은 뱀들에게 감싸인) 아기가 들어 있는 것을 발견하고는 충격을 받은 나머지 미쳐서 죽었다고 합니다.

아테나가 까마귀로부터 들은 소식이란 바로 그것이었습니다. 분노한 아테나는 가져오던 산을 내던져 리카비투스 산을 만들었고, 애꿎은 까마귀는 아테나의 총애를 올빼미에게 빼앗겼다고 합니다. 아테나에게 버림받은 리카비투스 산은 아크로폴리스의 영예를 영영 되찾지 못했습니다.

그러면 에리크토니오스는 그 뒤로 어떻게 되었을까요? 아테

Victor Wolfvoet II '에리크토니오스를 발견한 케크롭스의 딸들'

나는 아기를 파르테논 신전의 신
녀들에게 맡겨서 키웠으며, 아기
가 자란 다음에는 케크롭스의 뒤
를 이어 아테네의 왕으로 삼았다
고 합니다.

에리크토니오스는 아버지인 헤
파이스토스를 닮아서인지 다리
가 불편했습니다. 그래서 4두마
차(네 마리의 말이 끄는 마차)를 발
명했는데, 제우스는 나중에 그를
하늘의 별자리로 만들어 주었습
니다. 늦은 겨울에 북쪽하늘에

Sidney Hall '마차부자리'

서 볼 수 있는 마차부자리Auriga, the Charioteer가 바로 에리크토니오스가
하늘로 올라가 별자리로 변한 것입니다.

Peter Paul Rubens '에리크토니오스의 발견'. 아기의 몸을 뱀이 감고 있다.

아기오스 조르기오스 ②

Agios Georgios

리카비투스 산 정상에는 하얀색의 작은 교회가 있습니다. 아기오스 조르기오스Agios Georgios 교회로, 그리스 정교회의 전형적 건축 양식을 따르고 있는 아담하고 예쁘장한 건물이지요.

여기에서는 교회의 이름이 된 아기오스 조르기오스가 누구인지 알아 보겠습니다.

아기오스 조르기오스 교회

아기오스 조르기오스는 영어권의 세인트 조지St. George, 프랑스어권의 생 조르주Saint Georges, 독일어권의 장크트 게오르크Sankt Georg에 해당하는 인물로 기독교의 성인입니다. 우리는 그를 성 조지라고 하지요.

그는 사실 기독교의 성인이기 이전에 영웅 전설의 주인공이랍니다. 나라와 민족에 따라 그의 행적은 약간씩 다르게 묘사되지만, 공통적인 것은 그가 악룡을 무찌르고 공주를 구했다는 것이지요.

13세기에 출간된 〈황금 전설Legenda aurea〉에 의하면, 로마 제국 말기 아프리카 북부 지방(지금의 리비아 근처)에 시레나라는 도시가 있었습니다. 그런데 언제부터인가 사나운 용이 나타나 가축들을 잡아먹고 사람들을 해치기 시작했습니다. 사람들이 용을 처치하고자 했지만 워낙 사나운지라 손을 쓰지 못하고 속수무책으로 당하기만 하는 처지였지요. 마침내 용은 왕에게 사람을 제물로 바칠 것을 요구했습니다. 왕은 더 큰 피해를 막기 위해 어쩔 수 없이 제비뽑기로 제물 될 사람을 정해 용에게 내주었는데, 어느 해인가는 왕의 외동딸인 공주가 제물로 뽑혔습니다. 사랑하는 외동딸을 잃어야 하는 왕은 한없이 슬펐지만, 용의 횡포를 생각하면 어쩔 수 없는 일이었습니다.

공주를 제물로 바치는 날, 용이 나타날 무렵에 먼 데서 기사 한 명이 달려왔습니다. 바로 조르기오스(영어의 George)였지요.

그는 용을 상대로 용감무쌍하게 싸운 끝에 드디어 처치하고 공주를 구했습니다. 그런 다음에 공주와 사랑에 빠져 결혼했다는 이야기도 있고, 홀연히 다른 곳으로 떠났다는 이야기도 있습니다. 어쨌든 그가 악룡을 무찌르고 공주를 구하는 이야기는 매력적인 영웅 전설의 한 장르로 그림이나 조각으로 많이 표현되었습니다.

Il Sodoma 로텐부르크의 조각

그런데 악룡을 무찌르고 공주를 구한 방랑 기사를 기독교에서 성인으로 추앙하는 이유는 무엇일까요?

그는 악룡을 무찌른 다음에 공주에게 이렇게 말했다고 합니다.

"겁내지 말고, 그대의 허리띠를 풀어서 용을 묶으라."

공주는 그가 시키는 대로 했지요.

성 조지는 공주의 허리띠로 꽁꽁 묶인 용을 끌고 공주와 함께 시레나로 향했습니다. 사람들이 뜻밖의 광경을 보고 겁에 질려 가까이 다가오지 못하자 그는 큰소리로 이렇게 외칩니다.

"두려워 말라. 신의 뜻으로 내가 이 괴물을 퇴치했다. 그러니 하느님을 믿으라."

그러자 왕이 제일 먼저 세례를 받았고, 모든 백성들도 다투어 하느님을 믿기로 약속했다는 것입니다. 그 뒤 그는 기독교를 전파하기 위해 떠돌아다니다가 기독교를 박해했던 로마 제국의 디오클레티아누스Diocletianus 황제 때 체포되어 잔혹한 고문을 당한 끝에 순교했다고 전해집니다. 그가 성인의 반열에 오른 것은 악룡으로부터 공주를 구했기 때문이 아니라, 자신의 신앙을 지키기 위해 목숨을 바쳤기 때문인 것입니다.

그런 이유로 기독교 국가에서는 성 조지의 이름을 딴 교회를 자주 볼 수 있고, 그가 악룡을 무찌르는 이미지를 흔히 볼 수 있는데, 기독교 국가인 그리스 또한 예외가 아니라서 리카비투스 산꼭대기에 그의 이름을 딴 교회가 들어선 것입니다.

실제로 아기오스 조르기오스 교회 안에는 악룡을 무찌르는 조르기오스의 모습을 표현한 이콘이 여러 점 있으므로 눈여겨보면 좋을 것입니다.

하이델베르크의 간판

Samuel William Fores

런던 웨스트민스터 사원의 조각

그리스 정교회 Greek Orthodox Church

동방정교회Eastern Orthodoxy/東方正敎會는 과거 비잔틴 제국(동로마 제국)에 속한 지역에서 맥을 이어온 기독교 교회로 로마 가톨릭, 프로테스탄트(개신교)와 함께 기독교의 3대 분파로 꼽힙니다. 주로 러시아, 발칸반도, 서아시아 지역에 분포하는데, 그중에서 그리스를 관할 구역으로 하는 교회를 그리스 정교회라고 합니다. 러시아를 관할 구역으로 하는 교회는 러시아 정교회라고 하지요.

예수의 사후, 그리스에 기독교의 복음을 최초로 전파한 이는 사도 바울로 알려져 있습니다. 이에 관해서는 아레오파고스 언덕 편에서 이야기한 바 있습니다. 선교 초기에는 다신교인 그리스 신화와 유일신교인 기독교의 교리가 충돌하였지만, 그리스가 로마 제국에 편입되면서 기독교는 광범위하게 세력을 얻게 됩니다. 기독교의 복음서가 그리스어로 기록되고 전파된 것이 단적인 예가 됩니다.

그런데 뿌리가 같은 기독교임에도 로마 가톨릭과 동방정교회는 오랜 대립의 역사를 갖고 있습니다. 그에 대해 알아보겠습니다.

로마 황제 콘스탄티누스 1세 Constantinus I는 312년에 로마 근교의 밀비오 다리 Ponte Milvio에서 경쟁자인 막센티우스 Marcus Aurelius Valerius Maxentius와의 결전을 앞두고 있었습니다. 그때 그는 하느님의 계시를 받아, 십자가를 앞세우고 싸운 결과 승리하였다고 합니다. 그것을 '콘스탄티누스의 환시 幻視'라고 하며, 이때의 승리를 기념하여 세운 것이 로마 콜로세움 앞에 있는 콘스탄티누스 대제의 개선문입니다.

피렌체 메디치 궁전 소장 '콘스탄티누스의 환시'　　　　로마 콘스탄티누스 대제의 개선문

그 일을 겪은 후 콘스탄티누스 황제는 기독교에 호감을 갖게 되었고, 그 결과 313년에 밀라노에서 칙령을 발표하여(밀라노 칙령) 기독교를 종교로서 인정하고 박해를 금지합니다.

그리고 그는 330년에 게르만 민족의 남하로 위태롭던 로마를 버리고 콘스탄티노플(현재의 이스탄불)로 수도를 옮깁니다. 동로마 제국이 탄생한 것이며 동시에 로마 제국이 둘로 나뉘게 된 것입니다.

이렇게 되니 로마 가톨릭도 분열됩니다. 서로마 제국은 로마의 정통성을 내세워 로마 교회의 교황이 전체 기독교의 최고 수장임을 주장하고, 동로마 제국은 수도가 이전되었으므로 당연히 교회의 수장도 새로운 수도에 기반을 둔 자신들이 맡아야 한다고 주장했습니다. 이들의 주장은 워낙 팽팽하여 어느 쪽으로도 결론이 나지 못한 채 갈등만 깊어졌습니다.

800년에 카롤루스 대제Charolus는 471년 이래 폐위된 채 비어 있던 서로마 제국의 황위皇位를 계승하여 신성로마제국Holy Roman Empire을 선포하면서 동로마 제국의 권위를 부정하였고, 이에 반발하여 동로마 제국도 로마 교황의 권위를 부정합니다. 결국 1054년에 서로 상대에게 파문을 선언하면서 기독교는 신성로마제국의 로마 가톨릭교와 동로마 제국의 동방정교회로 나뉘게 되었습니다. 동방정교회는 '올바른 믿음의 교회'라는 의미입니다.

동방정교회와 로마 가톨릭의 갈등이 최고조에 달한 것은 제4차 십자군 전쟁(1202~1204) 때였습니다. 이스라엘 성지 탈환을 명분으로 시작된 십자군 전쟁은 시간이 지날수록 원래의 목적을 잃어버렸고, 네 번째 원정 때는 같은 기독교 국가인 콘스탄티노플을 공격하고 약탈하는 사태로 번진 것입니다.

이때 받은 타격으로 동로마 제국의 국력이 약해지고, 결국 오스만 제국의 침략을 받아 동로마 제국은 멸망합니다. 이슬람 국가인 오스만 제국에 의해 콘스탄티노플이 함락됨으로써 동방정교회의 세력은 약화되었고, 현재도 신자 수가 동방정교회는 로마 가톨릭의 1/3 수준입니다.

2001년 요한 바오로 2세 교황Pope John Paul II은 그리스를 방문했을 때 로마 가톨릭이 동방정교회에 행한 역사적인 과오에 대해 사죄한 바 있습니다. 여기에서 말하는 역사적 과오란 1054년에 로마 가톨릭 측이 먼저 콘스탄티노플 소재 성 소피아 교회에 파문장을 보낸 일과 제4차 십자군 원정 때 콘스탄티노플을 공격하여 동방정교회 신자들에게 재산적·정신적 고통을 준 일을 의미합니다.

현재 동방정교회가 가장 뚜렷한 위상을 차지하고 있는 국가는 그리스와 러시아이며, 발칸 반도의 국가들도 정교회 계통의 기독교를 믿고 있습니다.

같은 뿌리에서 나온 로마 가톨릭과 동방정교회가 서로에게 파문장을 보내면서 공식적으로 결별한 것은 1054년의 일이지만, 분열의 기미는 그 이전부터 있었습니다. 앞서 이야기했듯이 로마와 콘스탄티노플로 로마 제국의 수도가 나뉘면서 서로 주도권을 쥐기 위한 대립이 깊어져 결국 분열에 이르게 된 것입니다.

한번 갈라서고 난 다음에는 사사건건 교리 문제로 대립각을 세웠는데, 현대인이 보기에는 대수롭지 않은 일을 두고도 그들은 치열하게 싸웠습니다. 이를테면 '필리오케 논쟁'이 그런 것이지요. 필리오케 논쟁이란, 로마 가톨릭은 '성령聖靈은 성부聖父와 성자聖子에게서 나온다.'고 보는 데 반해 동방정교회는 '성령은 성부에게서 나온다.'고 믿는 데서 오는 차이 때문에 다툰 것을 말합니다. 로마 가톨릭의 주장에 '그리고 성자에게서'라는 의미의 '필리오케filioque'가 덧붙었다 하여

아기오스 조르기오스 교회 내부

필리오케 논쟁이라고 합니다.

성상 숭배 문제는 교리의 해석과 관련하여 심각한 갈등을 불렀는데, 동방정교회는 입체적인 성상을 만들지 않는 대신 이콘icon(동방정교회에서 신앙의 대상인 그리스도, 성모, 성인 등을 그림으로 그린 것)을 널리 사용합니다. 아기오스 조르기오스 교회 안에 성상은 없고, 이콘만 가득한 이유를 이렇게 이해하면 되겠습니다. 동방정교회의 성상 파괴 운동에 대해서는 산토리니의 파나기아 에피스코피 교회에서 다시 설명하게 되므로 여기에서는 생략하겠습니다.

겉으로 보이는 교회 건물 모습도 로마 가톨릭과 동방정교회가 서로 다릅니다. 로마 가톨릭이 로마네스크 양식, 고딕 양식, 르네상스 양식, 바로크 양식 등 당대의 유행을 따라 다양한 형태를 시도한 데 비해, 동방정교회는 고집스러울 정도로 비잔틴 양식을 고수하기 때문입니다. 아기오스 조르기오스 교회는 전형적인 비잔틴 양식 건물이며, 이런 형태의 교회 건물을 우리는 산토리니에서도 흔하게 볼 수 있습니다.

6장

수니온 곶
Cape Sounion

포세이돈 신전 ①

Temple of Poseidon

수니온 곶Cape Sounion은 아테네에서 남동쪽으로 50km 떨어진 지점에 있으며, 콜로나 곶이라고도 합니다. 펠로폰네소스 반도를 제외한 그리스 본토(아티카 반도)에서는 가장 남쪽에 있는, 우리 식으로 말하자면 땅끝 마을이라고 할 수 있지요.

수니온 곶의 포세이돈 신전과 에게 해

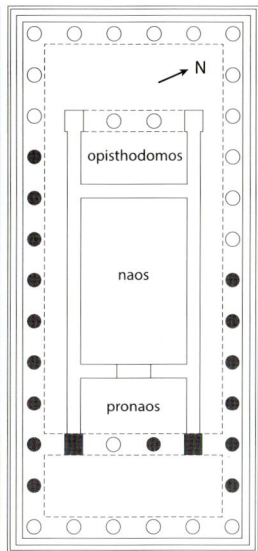

포세이돈 신전(왼쪽)과 포세이돈 신전의 평면도(오른쪽, 검은 부분이 현재 남아 있는 기둥)

　수니온 곶 앞으로는 아름다운 에게 해가 펼쳐져 있으며, 석양 무렵의 풍광이 아름답기로 유명합니다.

　수니온 곶에는 포세이돈 신전이 있어 찾는 이가 많습니다. 바다와 가장 가까운 지점에 바다의 신인 포세이돈에게 봉헌된 신전이 있는데, 매우 적절한 위치 선정이라고 생각합니다. 바다를 삶의 터전으로 삼는 사람들에게는 포세이돈이야말로 가장 중요한 신이므로, 그를 위한 신전은 바다 가까이에 세우는 게 옳았겠지요.

　포세이돈 신전은 심하게 파괴되어 현재는 16개의 대리석 기둥만 남아 있습니다. BC 5세기 중엽에 세워진 것을 고려한다면 현재의 모습도 대견한 일이기는 합니다만, 원래의 모습은 훨씬 더 웅장하고 아름다웠을 것이 분명하므로 아쉽기만 합니다. 평면도를 참고하여 원래의 모습을 상상해 보세요.

포세이돈 신전은 돌단 위에 세워진 형태인데, 이 돌단은 신전을 세울 때 조성한 것이 아니라 호메로스 시절부터 이미 뱃사람들의 성지로 여겨진 곳이라고 합니다. 뱃사람들의 성지 위에 뱃사람들의 수호신을 위한 신전을 세우는 것은 너무나 당연했을 것입니다.

아테네 사람들이 이곳에 포세이돈을 위한 신전을 세운 까닭은, 아테나와의 경합에서 진 포세이돈을 위로하기 위해서였을 거라는 설명도 있습니다. 주변 국가의 침략에 시달리던 아테네 사람들에게는 전쟁의 신인 아테나가 더 필요했지만, 한편으로는 바다를 무대로 교역하며 살아가야 했기 때문에 바다의 신인 포세이돈 또한 그 중요성이 결코 적지 않았던 것입니다.

포세이돈 신전의 유적 발굴

포세이돈을 위한 신전이 이 자리에 처음 세워진 것은 BC 6세기의 일인데 BC 480년에 페르시아군의 침략을 받아 파괴되었습니다. 아크로폴리스의 신전들이 파괴된 것과 같은 시기의 일이지요. 그 자리에 BC 444년에 재건한 것이 현재 우리가 보는 도리아 양식의 대리석 신전인 것입니다. 그 이후에도 포세이돈 신전은 아테네와 스파르타가 격돌한 펠로폰네소스 전쟁(BC 431~BC 404) 때 파괴되고 이후 마케도니아와의 전쟁 때 또 파괴되면서 원래의 모습을 많이 잃게 됩니다.

포세이돈의 신전 터에서 발굴된 유물로 가장 유명한 것은 '수니온 곶의 쿠로스(BC 600경 제작)'입니다. 쿠로스kouros는 '청년'이라는 뜻으로, 고대 그리스 아르카익 시대의 청년 나체 입상을 가리킵니다. 여성 입상은 '코레kore'라고 하는데, 쿠로스와는 달리 옷을 입은 모습으로 표현된 것이 다릅니다. 아테네의 여러 박물관에서 다양한 쿠로스와 코레를 볼 수 있으며, 수니온 곶의 쿠로스는 국립 고고학박물관에 있습니다.

바다를 지배한 신이다보니 그에게 봉헌된 신전은 수니온 곶에만 있지는 않습니다. 나폴리 남동쪽 파에스툼Paestum(그리스명 포세이도니아)에 있는 성역에도 포세이돈 신전이라고 알려진 건물이 있는데, 수니온 곶의 신전에 비하면 거의 원형에 가깝게 보존되었

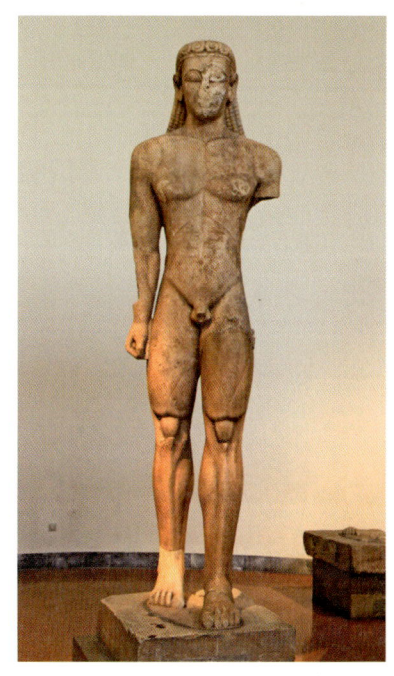

수니온 곶의 쿠로스(Cape Sounion kouros)

파에스툼의 포세이돈 신전

습니다. 수니온 곳의 신전도 파괴되지 않았다면 이런 모습이었을 것 같아 비교해 볼 수 있도록 소개합니다.

그리스 신전의 구조와 명칭

앞에서 아크로폴리스의 신전에 대한 설명을 할 때도 그렇고, 수니온 곶에서 포세이돈 신전을 보면서도 그렇고, 그리스 신전의 구조와 명칭에 대해 궁금증이 생깁니다. 그래서 그에 대해 알아보려고 합니다.

그리스 신전은 대부분 직사각형 평면을 가지고 있습니다. 예외적으로 둥근 평면을 가지는 경우가 있는데, 이를 톨로스tholos라고 합니다. 우리는 델포이에서 톨로스 유적을 보게 될 것입니다. 직사각형 평면의 신전은 규모와 기둥의 수, 공간 구성 등에 따라 다르게 부르지만, 신전 안에 신상을 안치할 수 있는 공간을 둔다는 점에서는 공통됩니다. 그곳을 나오스naos, 혹은 셀라cella라고 하는데, 이를 통해서 우리는 그리스 신전 안에는 그 신전의 주인이 모셔졌었다는 사실을 알 수 있습니다.

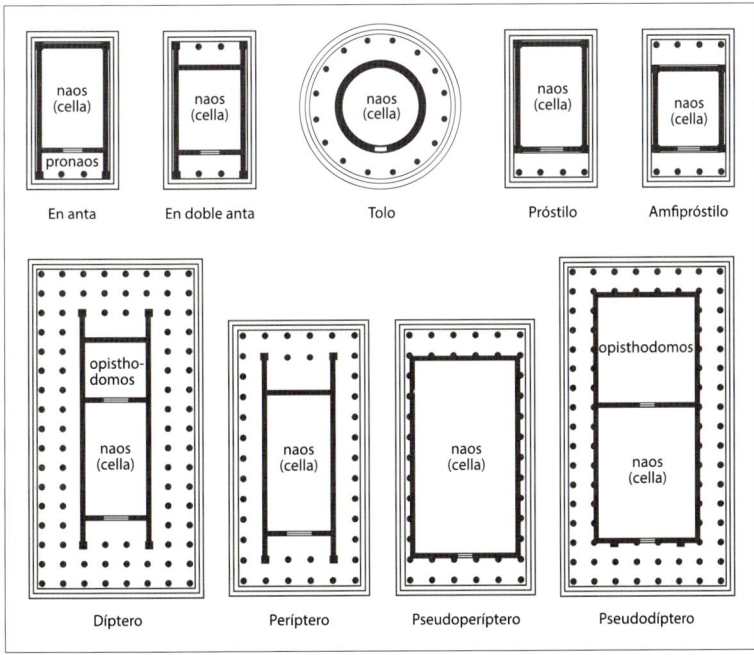

다양한 그리스 신전 평면도

직사각형의 신전 각 부분의 이름과 용도는 무엇이었는지 다음 그림을 보면서 더 알아봅시다.

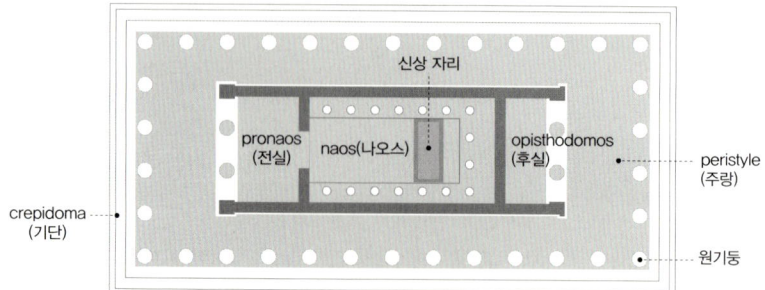

직사각형 신전에서의 각 부분 이름과 용도

신전에서 가장 중요한 공간은 신상神像을 안치하는 방인 나오스였습니다. 신전의 중앙에 위치하고 있지요. 이곳에서는 신을 숭배하는 예배 의식이 진행되기도 했습니다.
위 그림에는 없지만 나오스 옆에는 아디톤Adyton이라고 하는 지성소至聖所/most holy place가 있는 경우가 있었습니다. 이곳은 '지극히 성스러운 곳'이라는 이름에 걸맞게 신전의 가장 안쪽에 있으며 대사제만이 출입할 수 있고 다른 이의 출입은 금지되었습니다.
나오스로 들어가는 현관에 해당하는 공간은 프로나오스(전실, pronaos)라고 합니다. 신전의 앞쪽 부분으로, 출입구이지요. 반대로 신전의 뒤쪽 부분은 오피스토도모스(후실, opisthodomos)라고 하는데, 이 공간의 정확한 용도는 밝혀지지 않았습니다. 제전에 쓰이는 제물을 두던 곳이 아니었을까 짐작합니다.
신전은 원기둥들로 지탱되었는데, 원기둥들로 만들어진 주랑柱廊을 페리스타일peristyle이라고 합니다.
마지막으로 크레피도마(혹은 크레피토마, crepidoma)는 기단, 즉 건축물이 놓이는 기초로 여러 층으로 구성되어 있었습니다.

참고로, 포세이돈 신전의 옛 모습을 상상으로 복원한 그림을 보면, 페디먼트에 포세이돈과 암피트리테가 흰말을 거느리고 있는 모습이 보입니다. 포세이돈은 왼손에 삼지창을 들고 있고, 그의 곁을 지키는 여인이라면 부인인 암피트리테가 분명합니다.
포세이돈은 흰말을 타고 다닌다고 믿어졌으며, 더 나아가 말을 창조했다고 믿어졌기 때문에 그의 신전에 이런 내용의 조각상을 세운 것으로 보입니다.

포세이돈 신전

포세이돈은 누구인가 ②

올림포스 신들이 세상을 차지하기 전에는 티탄 신들이 세상의 주인이었습니다. 티탄 신들 중에서 바다를 다스린 신을 오케아노스Oceanos 라고 하지요. 오케아노스는 나중에 대양大洋을 가리키는 영어 단어 오션ocean 이 됩니다.

티탄 신을 몰아내고 세상을 차지한 올림포스 신들이 영역을 나눌 때, 전쟁에서 가장 큰 공을 세운 제우스가 하늘 세계를 차지합니다. 제우스가 없었다면 형제들은 아버지 크로노스의 배 속에서 나오지 못했을 테니까 누구도 그런 결정을 반박할 수 없었지요. 땅은 여신 데메테르에게 돌아갑니다. 생명을 탄생시키고 길러내는 것은 모성과 관련이 있으므로 여신 차지가 된 것입니다. 하늘과 땅을 제외하면 물의 세계와 지하 세계가 남는데, 포세이돈이 생각하기에 답답한 지하 세계보다는 너른 바다 세계가 나을 듯하여 바다의 신이 되기로 했다고 합니다.

그러나 이 결정에 대해 포세이돈의 생각이 짧았다고 보는 의견도 있습니다. 바다 세계는 살림이 줄지 않는 대신 늘어날 가능성도 없는데, 하데스가 차지한 저승 세계는 끊임없이 백성이 늘어나는 곳이기 때문이지요. 죽은 사람이 갈 데라고는 하데스의 세상뿐이니까요. 게다가 땅 속 세상에는 많은 보물(지하자원)이 숨겨져 있으므로, 가장 실속 있는 선택을 한 것은 하데스라고 보는 것입니다. 그래서인지 하데스의 로마식 이름인 플루토pluto는 '부자'라는 의미를 갖습니다.

어쨌든 바다 세계를 차지한 포세이돈은 부인인 암피트리테, 아들인
트리톤, 그리고 장인인 네레우스와 처형·처제들인 네레이데스들과 함께
바다를 다스립니다. 육지의 강과 호수도 포세이돈이 다스려야 하지만 워
낙 많다 보니 일일이 신경 쓸 수 없어 각각의 버금 신들에게 맡겨 다스
립니다. 강마다 강의 신이 따로 있는 것은 그 때문입니다.

포세이돈은 주로 네 마리의 말이 끄는 마
차를 타고 다니는 것으로 묘사되며, 항상 손
에는 삼지창을 들고 있습니다. 포세이돈의 손
에 들린 삼지창이야말로 그의 권력을 상징하
는 물건이지요. 그것은 제우스의 벼락과 마찬
가지로 막강한 힘을 가졌습니다. 바위를 부수
고 폭풍을 일으키며 지진으로 땅을 흔들어대
는 일을 다 삼지창으로 하니까요. 삼지창을 트
리덴트Trident라고 하는데, 이 말은 세 개tri의
이dent를 가진 물건이라는 뜻으로, 각각 비와
바람과 구름을 상징합니다.
포세이돈의 권세로 부릴 수
있는 자연 현상들이지요.

삼지창을 들고 말을 모는
포세이돈의 멋진 모습을 니
콜라스 푸생의 'The Triumph
of Neptune(넵튠의 개선)'이란
그림과 상트페테르부르크의

니콜라스 푸생 '넵튠의 개선'(부분)

상트페테르부르크 지하철역의 벽화

지하철역 벽화를 통해 확인할 수 있습니다. 넵튠은 포세이돈의 영어식 이름이지요.

포세이돈은 말의 수호신이기도 합니다. 그가 말을 몰고 다니기 때문에 그렇게 생각하기도 하지만, 그가 말을 창조했다고 믿어지기 때문입니다. 아테나와 도시의 수호신 자리를 놓고 경합할 때 사람들에게 (샘을 주겠다고 제안했다는 말이 더 널리 알려져 있기는 하지만) 말을 주겠다고 제안했다는 이야기가 있는 것도 그렇고, 그가 사랑한 여인 메두사가 죽을 때 흘린 피에서 천마 페가수스가 태어났다는 이야기가 있는 것도 다 포세이돈의 그런 속성 때문일 것입니다.

그러나 포세이돈이 말을 창조했다는 설은 실제로 '말馬'이라는 동물을 창조했다는 의미이기보다는, 바다에서 일어나는 파도가 흰 갈기를 날리며 달리는 말을 연상시키기 때문에 나온 것일 수도 있습니다. 월터 크레인Walter Crane(1845~1915)의 그림을 보면 포세이돈의 마차를 흰 말들이 끌고 있는데, 자세히 보면 말이 아니라 흰 파도인 것을 알 수 있습니다.

월터 크레인의 그림(Neue Pinakothek 소장)

포세이돈의 가족

포세이돈은 크로노스와 레아 사이에서 태어난 여섯 명의 자녀 중 하나입니다. 제우스는 하늘 세계를 맡고, 하데스는 저승 세계를 맡기로 하였으며, 포세이돈은 물의 세계를 맡기로 하였지요. 하지만 앞에서 언급했듯이 포세이돈은 세상의 모든 물을 다스릴 수 없어 강에는 강의 신을, 바다에는 버금 신과 요정들을 두어 역할을 나누어주었습니다.

포세이돈이 정식으로 맞아들인 부인은 암피트리테Amphitrite 입니다. 바다의 요정인 네레이데스 중의 한 명이지요. 여기서는 먼저 네레이데스가 무엇인지 설명하고 가겠습니다.

대영박물관에는 '네레이데스 기념비Nereides monument'라고 불리는, 그리스 신전을 닮은 석조 유물이 있습니다.

이것의 이름을 '네레이데스 기념비'라고 하는 까닭은, 네레이데스를 기념하기 위해 만들었다는 뜻이 아닙니다. 네레이데스가 영묘(죽은 이의 영혼을 모시는 사당) 안에 묻힌 이를 보호해 주기를 기원하는 의미로 그녀들을 조각하여 놓았기에 그런 이름이 붙은 것입니다.

'네레이데스Nereides'는 '네레이스Nereis'의 복수 형태로, '네레우스Nereus의 딸들'이라는 의미입니다. 네레이데스 기념비에 그녀들을 새긴 조각상이 서 있고, 박물관 안에 따로 네레이데스의 조각상이 서 있습니다. 남아 있는 부분만 보아도 조각 솜씨가 놀랍도록 빼어납니다.

대영박물관 소장 네레이데스 기념비(위)와 각각의 조각상(아래)

폰토스와 가이아 사이에서 태어난 바다의 신 네레우스는 '선원들의 보호자'로 여겨졌는데, 대양신 오케아노스의 딸 도리스Doris와 결혼하여 50명(혹은 100명이라는 설도 있습니다)의 딸을 낳았습니다. 그 딸들이 네레이데스인데, 그녀들은 혈통이 그렇다 보니 바다의 요정으로 표현됩니다.

앞에서 본 네레이데스 기념비는 크산토스Xanthos(터키에 있는 고대 리키아 왕국의 수도)에서 발굴되었는데, 영묘 주변에 그녀들이 서 있는 까닭은 그 도시가 바다와 접한 곳에 있는 것과 관련이 있을 것입니다. 바다를 오가는 이들에게 선원들의 보호자인 네레우스의 딸들은 꼭 필요한 존재였을 테지요.

50명의 네레이데스는 각각 개성이 있었을 테지만, 여기서는 포세이돈의 부인인 암피트리테에 대해 이야기하겠습니다.

그리스 신화에 의하면, 제우스가 네레이데스의 하나인 테티스에게 반하여 결혼을 결심하였다가 그녀가 아버지를 능가하는 아들을 낳을 것이란 신탁이 마음에 걸려 포기할 때, 바다의 신 포세이돈도 마찬가지 과정을 거쳤다고 합니다. 포세이돈 역시 자신을 능가하는 아들을 얻는 건 두려웠던 것이지요.

테티스를 포기한 포세이돈이 다음으로 반한 여인은 테티스와 자매간인 암피트리테였습니다. 암피트리테는 포세이돈으로부터 청혼을 받고는 바다 깊은 곳으로 도망쳤다고 합니다. 두려움 때문이었다고 하는데, 성나면 거센 파도로 세상을 뒤흔들어버리는 포세이돈의 난폭한 성격 때문이었는지도 모릅니다. 암피트리테는 아리따운 바다의 요정이니까요.

암피트리테를 포기할 수 없었던 포세이돈은 바다의 뭇 생물들에게 암피트리테의 행방을 알아오도록 명령했고, 돌고래들이 결국 그녀를 찾아냅니다.

포세이돈과 암피트리테(바티칸박물관 원형의 방)

포세이돈은 자신이 장가들 수 있도록 애써준 돌고래들의 공을 기려 밤하늘의 별자리로 만들어주었다고 하네요. 포세이돈이 꽤 우여곡절을 겪으며 결혼했다는 생각이 드는 일화입니다.

포세이돈과 암피트리테 사이에서 태어난 아들이 트리톤입니다. 트리톤은 상반신은 사람이고 하반신은 물고기의 모습이었다고 합니다. 우리가 흔히 생각하는 인어와 같지요.

트리톤은 해마海馬를 타고 다니며 아버지 포세이돈을 돕는데, 소라고둥을 불어 거친 바다를 잔잔하게 만드는 게 그의 역할입니다. 트리톤의 모습이 가장 멋지게 표현된 것이 로마 트레비 분수인데, 왼쪽의 성난 말은 거친 바다를, 오른쪽에 있는 소라 기둥을 부는 트리톤과 얌전한 말은 잔잔한 바다를 나타낸다고 합니다.

트레비 분수의 트리톤   로마 트레비 분수

포세이돈과 암피트리테, 그리고 트리톤에 대한 이야기를 한 김에 태양계의 여덟 번째 행성인 해왕성과 그에 딸린 위성에 대한 이야기도 잠깐 해볼까요?

해왕성의 영어명은 Neptune인데, 이는 로마 신화의 넵투누스에서 따온 것입니다. 넵투누스는 바다의 신으로, 그리스 신화의 포세이돈에 해당하지요. 그래서 우리나라에서는 포세이돈을 '바다의 왕'이란 의미로 해왕海王이라고 하는 것입니다.

그런데 해왕성에는 13개의 위성이 있습니다. 그중에서 가장 큰 위성의 이름은 트리톤입니다. 트리톤이 늘 아버지를 수행하며 다니니, 꽤 적절한 이름이라고 생각됩니다.

두 번째로 큰 위성은 이름이 네레이드Nereid랍니다. 네레이스의 영어명이지요. 암피트리테가 네레이드이며, 늘 남편인 포세이돈의 곁을 지키니 이 또한 적절하면서도 재치 있는 이름이라고 할 수 있습니다.

포세이돈의 연인과 혼외 자식들

앞에서 포세이돈의 아내 암피트리테에 대해 이야기했습니다. 하지만 그녀가 포세이돈의 유일한 여자는 아니었습니다. 포세이돈은 제우스만큼은 아니지만, 많은 여신·여인들과 사랑을 나누었고 그 사이에서 자식을 낳기도 했답니다. 그 이야기를 한번 알아봅시다.

바다 괴물 카리브디스Charybdis는 바닷물을 들이켰다가 뱉어내면서, 하루에 세 번씩 산처럼 거대한 소용돌이를 일으켜 배를 난파시킨다는

오디세우스의 배를 공격하는 카리브디스와 스킬라

괴물입니다. 너무 많이 먹기 때문에 제우스가 번개로 때려서 바다에 빠뜨렸다고 하지요. 그녀의 동생은 안타이오스Antaeus로, 땅에 넘어질 때마다 힘이 강해지는 특징을 가진 거인이었습니다. 자신의 영역을 지나가는 사람에게 레슬링 시합을 하자고 강요한 뒤, 시합에 진 사람의 뼈를 포세이돈 신전을 장식하는 데 썼다고 합니다.

피렌체 베키오 궁전 소장 '안타이오스를 죽이는 헤라클레스'

이들 남매는 대지의 여신 가이아와 바다의 신 포세이돈 사이에서 태어났는데, 카리브디스는 아버지의 유전자를, 안타이오스는 어머니의 유전자를 물려받은 듯합니다. 이들의 혈통으로 볼 때 포세이돈과 가이아 사이에 스캔들이 있었던 것이 분명합니다.

카리브디스는 트로이 전쟁의 영웅 오디세우스가 고향으로 돌아갈 때 거센 소용돌이를 만들어 그의 배를 난파 직전까지 가도록 했고, 안타이오스는 헤라클레스가 헤스페리데스의 황금 사과를 구하러 갈 때 레슬링 하자고 먼저 제안했다가 헤라클레스에게 목 졸려 죽고 맙니다.

겨울밤 남쪽 하늘에서 볼 수 있는 오리온자리는 바다의 신 포세이돈과 에우리알레Euryale의 아들인 오리온Orion이 별자리로 변한 것입니다. 그는 바닷속을 걸을 수 있는 힘이 있었는데, 워낙 거인이어서 바닷속에 들어가도 바닷물이 어깨에 닿는 정도였다고 합니다. 오리온이 포세이돈의 자식이라니 그의 어머니인 에우리알레도 포세이돈의 여인이군요.

데스포이나Despoina는 얼굴이 말의 형상이며, 아레이온Areion은 검은 갈기를 지닌 죽지 않는 신마神馬입니다. 이들은 포세이돈과 데메테르 사이에서 태어난 남매인데, 말의 형상을 갖고 태어난 것은 암말로 변신한 데메테르와 수말로 변신한 포세이돈 사이에서 태어났기 때문입니다. 포세이돈이 누이인 데메테르에게 사랑을 느껴 구애했을 때 데메테르가 거부하고 암말로 몸을 바꾸자 포세이돈도 수말로 몸을 바꿔 결국 뜻을 이루었다고 하는군요.

이 밖에도 포세이돈이 사랑한 여인과 그 사이에서 태어난 자식들은 숱하게 많지만, 메두사와 페가수스에 대한 이야기를 하지 않을 수 없습니다. 참으로 요란한 결과를 가져온 스캔들이기 때문입니다.

고르곤Gorgon의 세 자매 중 하나인 메두사Medusa는 본디 매우 아름다운 여인으로, 포세이돈이 그녀의 미모에 반해 애인으로 삼았습니다.

그런데 포세이돈과 메두사가 아테나 여신을 모시는 신전에서 사랑을 나누는 만행을 저지른 적이 있습니다. 하필 순결한 처녀 신인 아테나의 신전을 더럽힌 데에는 이유가 있는데, 포세이돈은 그렇게라도 해서 아테나에게 복수하고 싶었던 것입니다. 아테네의 수호신 자리를 놓고 벌인 경합에서 진 것 때문에 격분한 상태였으니까요.

철없는 메두사는 자신의 아름다움에 대한 자부심이 워낙 커서 여신쯤은 무시해도 상관없다고 생각한 것 같습니다. 그러나 그런 철없는 행동에 대한 아테나의 응징은 무자비했습니다. 숙부뻘인 포세이돈에게는 차마 보복하지 못하고, 애꿎은 메두사에게만 어마어마한 저주를 내린 것입니다. 아름다웠던 메두사는 세상에 다시없는 괴물로 변하고 맙니다. 얼마나 끔찍하게 괴기스러운지, 한번 그녀의 얼굴을 본 사람은 그만 돌로 변했다고 합니다. 머리카락 한 올 한 올이 다 뱀으로 변해 혀를 날름거렸다니, 어지간한 강심장이 아니고서야 숨이 멎을 수밖에 없었겠지요. 그런 흉측한 메두사의 모습을 그린 작품이 피렌체 우피치미술관에 있습니다.

보는 것만으로도 심장이 멎어 죽어버리니 메두사를 없앨 수 있는 사

카라바조 '메두사'(우피치미술관 소장)

피렌체 로지아 데이 란치 소장
'메두사의 목을 벤 페르세우스'

람이 없었습니다. 메두사로서는 죽고 싶어도 죽을 수가 없어 치욕스런 삶을 계속해야만 했지요.

메두사의 고통스런 삶을 끝내준 것은 페르세우스입니다. 그는 아테나를 비롯한 여러 신들의 도움을 받아 메두사의 목을 베는 데 성공합니다. 메두사의 목을 벤 페르세우스의 모습을 표현한 예술 작품으로 가장 유명한 것이 피렌체의 로지아 데이 란치에 놓여 있는 청동 조각상이지요.

그런데 그 과정에서 포세이돈과 메두사의 자식이 태어납니다. 페르세우스가 메두사의 목을 베었을 때 흘러나온 피에서 날개 달린 말이 태어난 것입니다. 이 천마天馬를 페가수스Pegasus라고 합니다.

아테나는 이 말을 예술의 여신인 뮤즈들에게 주었는데, 그녀들이 헬리콘 산에서 노래 시합을 벌일 때, 페가수스가 땅을 박차자 그곳에서 샘이 솟아나와 히포크레네(말의 샘)라고 했다고 합니다. 또한 영웅 벨레로폰이 괴물 키마이라를 퇴치할 때 그를 도와준 것도 페가수스였습니

피렌체 바르젤로미술관 소장 '메두사 방패'

Caesar van Everdingen
'파르나소스 산에서 네 명의 뮤즈와 함께 있는 페가수스'

다. 그 후 벨레로폰이 교만해져 올림포스 산에 오르려하자 그를 추락시키고 페가수스는 올림포스 산으로 가 제우스의 마구간에서 지냈다고 합니다. 페가수스가 죽은 뒤 제우스는 하늘로 올려 별자리로 만들어 주는데, 그것이 바로 페가수스자리입니다.

메두사와 관련된 후일담을 하나 더 알아봅시다. 앞에서 페르세우스가 메두사의 목을 베러 갈 때 여러 신들로부터 도움을 받았다고 했지요. 페르세우스는 성공적으로 메두사를 죽인 후 다른 신들로부터 빌린 물건도 물론 다 돌려주었지만, 아테나의 방패를 돌려줄 때는 특별히 메두사의 머리를 붙여서 돌려주었다고 합니다. 그때부터 아테나의 방패는 천하무적의 병기가 됩니다. 그 방패를 보기만 해도 돌로 변하거나 숨이 멎어버리니, 아테나에게 대적할 상대가 없게 된 것이지요.

메두사의 머리가 부조된 방패가 피렌체 바르젤로미술관에 있어 그 모습을 알 수 있게 합니다.

수니온 곶과 바이런

바이런George Gordon Byron(1788~1824)은 영국의 낭만파 시인입니다. 귀족 출신으로 젊어서는 방탕한 생활을 하기도 했으나 시에 심취하여 뛰어난 성취를 이루었습니다. 그가 1812년에 발표한 〈차일드 해럴드의 편력(Childe Harold's pilgrimage)〉은 "어느 날 아침에 일어나 보니 유명해졌더라."라는 말을 낳을 정도로 선풍적인 인기를 얻었고, 그 이후로 런던의 사교계에서는 바이런 따라 하기가 유행했습니다. 심지어 그의 걸음걸이까지도 다투어 흉내 냈다고 하는데, 그는 어려서부터 다리가 불편한 사람이었지요. 그 정도로 시인으로서 명성을 얻었다는 의미입니다.

그런데 영국의 시인인 그의 이야기를 그리스 땅인 수니온 곶에서 하는 까닭은 무엇일까요. 그것은 그가 이곳에 이름을 새겨 놓았기 때문이랍니다. (지금으로 보면 문화재 파괴 행위라고 비난받을 행동이지만, 당시에는 방문자들의 이름을 새기는 일이 자연스럽게 허용되었습니다.)

그러면 바이런과 그리스의 인연은 포세이돈 신전 벽에 이름을 새겨놓은 것이 전부일까요? 그렇지 않습니다. 그는 당시 오스만 제국의 지배하에 있던 그리스의 독립을 위해 헌신했습니다. 찬란한 그리스 문명을 계승 발전시키는 일이야말로 유럽의 양심이 마땅히 해야 할 일이라고 주장하며, 영국의 왕실과 의회에 지원을 호소했던 것입니다. 그뿐만 아니라 1823년에는 그리스 독립전쟁에 직접 뛰어들었다가 말라리아에 걸려 1824년에 그리스 땅인 코린트에서 사망했습니다. 그리스의 독립을 위해 영국인인 그가 목숨을 바쳤으니, 그 인연이 각별하다고 할 수 있습니다.

바이런의 서명은 정면(그리스의 신전은 동쪽이 정면입니다) 오른쪽의 사각기둥 아래에서 두 번째 단에 있는데, 현재는 접근을 할 수 없도록 막아놓아 육안으로 확인하기는 어렵답니다.

그리스와 그리스 문명을 사랑했던 그는 이런 시를 남겼다고 합니다. 수니온 곶에서 그를 생각할 수밖에 없는 이유입니다.

바이런의 서명

나를 수니온의 대리석 꼭대기에 세워 달라.
파도와 나 이외에는 아무것도 없는 곳
나와 바다 물결이 서로 이야기하는 것을 막을 자 아무도 없을지니
거기서 백조처럼 노래 부르다가 죽고 싶어라.
결코 노예의 땅은 용서치 않으리니
사모스 섬의 포도주잔을 힘껏 멀리 던지자.

7장

델포이

Delphi

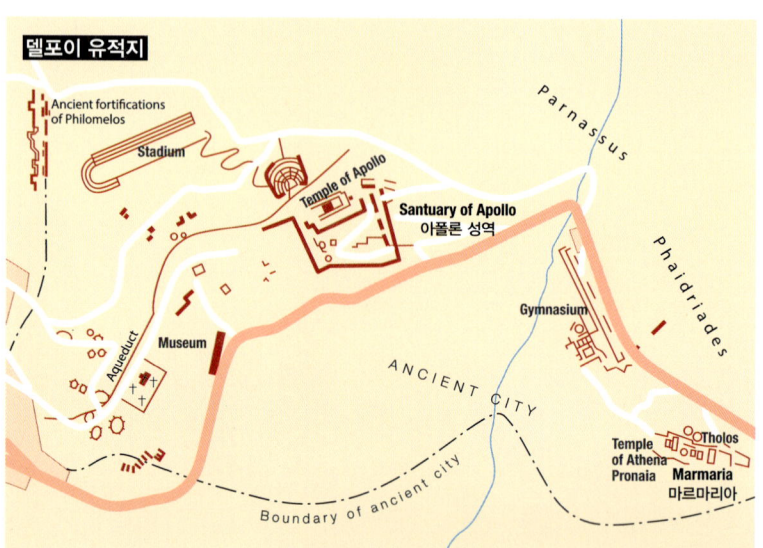

델포이 유적지

Ancient fortifications of Philomelos

Stadium

Temple of Apollo

Santuary of Apollo
아폴론 성역

Parnassus

Phaidriades

Gymnasium

ANCIENT CITY

Aqueduct

Museum

Temple
of Athena
Pronaia

Tholos

Marmaria
마르마리아

Boundary of ancient city

우주의 중심 델포이 ①

아테네에서 북서쪽으로 120km쯤 가면 델포이Delphoi(현재 이름은 Delphi)가 있습니다. 이곳은 아폴론의 신탁소가 있던 신성한 곳으로, 고대 그리스인에게는 정신적 수도였다고 할 수 있습니다. 실제로 그리스 사람들은 델포이가 우주의 중심이라고 믿었고, 델포이의 중심에 '우주의 배꼽'이라는 뜻의 옴파로스를 놓아두었답니다.

델포이가 우주의 중심으로 여겨지는 데에는 이런 이야기가 전합니다. 세상의 중심이 어디인지 궁금해진 제우스는 어느 날 두 마리의 독수리를 서로 반대 방향으로 날려 보냅니다. 그리고는 두 마리가 어디에서 만나는지를 지켜보았지요. 두 마리의 독수리가 만난 곳이 바로 파르나소스 산으로, 지금의 델포이였습니다. 제우스는 델포이가 우주의 중심이라고 선포하고, 그곳의 신탁소를 아들인 아폴론에게 맡깁니다. 그전까지는 티탄 신인 테미스가 주관하던 곳이었지만, 올림포스 신들의 세상이 되었으니 신탁소도 물려받는 게 당연하다고 생각한 것입니다.

델포이의 신탁소는 그리스 사람들에게 많은 영향을 미칩니다. 중요한 신탁은 델포이에 와서 물어봐야 했기 때문에, 그리스 신화에는 델포이 신탁 이야기가 종종 나옵니다. 가장 권위가 높은 신탁소였던 것입니다.

델포이는 아폴론 신전이 있는 아폴론 성역과 그 동쪽에 아테나 프로나이아와 톨로스가 있는 마르마리아로 나누어 살펴보겠습니다.

우주의 배꼽, 옴파로스

델포이 고고학박물관 소장 '델포이의 옴파로스'

그리스 사람들은 우주의 중심이 그리스라고 생각했습니다. 세상을 관장하는 신들이 그리스에 살고 있다고 믿었으니까요. 그리고 그리스 중에서도 아폴론 신전이 있는 델포이를 중심 중의 중심이라고 생각했지요. 그러면 델포이에서는 어디가 가장 중심이 되는 지점이라고 믿었을까요? 바로 옴파로스가 놓여 있는 곳이었습니다.

옴파로스Omphalos는 라틴어로 '배꼽', '세계의 중심'이란 뜻을 갖는 단어입니다. 그리스 사람들은 델포이의 중심지라고 생각하는 곳에다 옴파로스라는 돌을 놓아 표시했습니다. '대지의 배꼽'이라는 별명을 갖는 의미심장한 돌이지요. 이것을 크로노스가 레아의 속임수에 넘어가 제우스인 줄 알고 삼켰다가 나중에 토해낸 돌이라고 주장하는 사람들도 있답니다.

옛 동전을 보면 아폴론이 옴파로스 위
에 앉아 있는 모습이 보입니다. 수금竪
琴(현악기로 예술의 신인 아폴론의 상징
물)과 월계수 가지, 월계관이 보이는 것
으로 보아 아폴론이 맞습니다. 그리고
그가 걸터앉아 있는 물건의 모양을 보
니 표면에 그물 문양이 새겨진 것이 옴
파로스가 분명합니다.

그러면 아폴론이 앉아 있는 곳, 즉 옴파
로스가 있는 곳이 델포이라는 증거는 어
디에 있을까요. 바로 수금 앞에 놓여 있
는 작은 물건이 증거입니다. 이것은 트
라이포드라는 세 발 달린 의자로, 델포
이 신탁소의 여사제인 피티아Pythia가
신의 뜻을 사람들에게 전해 줄 때 앉는
물건이니까요.

델포이 고고학박물관 소장 '옴파로스 위에 앉아 있는 아폴
론을 새긴 동전'

우주의 중심이라고 믿었던 도시 델포이에서 우주의 중심지를 표시해 주던 옴파로스를 이해하는
것이 필요할 듯하여 설명했습니다.

아폴론 성역

- Lesche of Cnidians
- Kassotis spring
- Stoa of Attalos
- Theatre 원형극장
- To Stadium
- Aqueduct
- West Stoa
- Temple of Apollo 아폴론 신전
- Polygonal retaining wall
- Via Sacra
- Via Sacra

❶ 정문 Main gate
❷ 코르키라의 봉헌물
  Votive mounment of Korkyra
❸ 아테네의 봉헌물
  Votive mounment of Atheniand
❹ 스파르타의 봉헌물
  Votive mounment of Spartans
❺ 아르고스의 봉헌물 Votive mounment of Argos
❻ 타라의 봉헌물 Votive mounment of Taras
❼ 시키온의 보물 창고 Treasury of Sikyon
❽ 시프노스의 보물 창고 Treasury of Spiphnos
❾ 메가라의 보물 창고 Treasury of Megara
❿ 테베의 보물 창고 Treasury of Thebes
⓫ 보이오티아의 보물 창고 Treasury of Boeotia
⓬ 포티다이아의 보물 창고(추정)
  Treasury of Potidaia
⓭ 아테네의 보물 창고 Treasury of Athenians
⓮ 크니도스의 보물 창고 Treasury of Cnideans
⓯ 불레우테리온(평의회장) Bouleuterion
⓰ 아스클레피온 Asklepieion

⓱ 시빌의 바위(아폴론 이전 무녀의 예언 장소)
  Rock of Sibyl
⓲ 낙소스의 기둥(스핑크스가 있던 기둥)
  Column of Naxians
⓳ 코린트의 보물 창고 Treasury of Corinthians
⓴ 키레네의 보물 창고 Treasury of Cyrene
㉑ 프리타네이온(행정기관) Prytaneion
㉒ 플라타이아의 트라이포드 Tripod of Plataiai
㉓ 로도스의 봉헌물 Votive monument of Rhdians
㉔ 키오스의 제단 Altar of Chios
㉕ 시라쿠사의 봉헌물
  Votive monument of Syracusans
㉖ 아칸토스의 보물 창고 Treasury of Akanthians
㉗ 네오프톨레모스의 성역(추정)
  Temenos of Neoptolemos
㉘ 테살리아의 봉헌물
  Votive mounment of Thessalians
㉙ 알렉산더의 사자사냥 벽화 유적
  Alexander's Lion-Hunt
㉚ 디오니소스 성역 Dionysion

각국의 보물 창고 ②
Treasury

　델포이 신탁소는 그리스에서 가장 권위 있는 신탁소였기 때문에 재물
도 넘쳐나고, 전국에서 신탁을 듣기 위해 몰려든 사람들로 신전 주변은
항상 흥성했을 것으로 짐작됩니다. 기록에 의하면 도시국가마다 다투어
아폴론에게 제물을 바쳤다고 하는데, 그 재물을 쌓아 두던 창고들의 흔
적을 아폴론 성역에서 발견할 수 있습니다.

아폴론 신전 가는 길에 있는 옛 보물창고 자리

아폴론 신전으로 향하는 참배로는 '성스러운 참배의 길 Via Sacra'이라고 이름 지었는데, 이것은 사람들이 이곳을 신성하게 여겼다는 증거입니다. 그러니 신성한 신전에 바치는 제물에 온갖 정성을 다했을 것임은 불을 보듯 뻔하고, 참배로 주변은 즐비한 보물 창고들로 화려함과 엄숙함이 넘쳐났을 것입니다. 물론 지금은 원형이 거의 다 훼손되어 알아보기 힘든 경우가 대부분이지만요.

옛날 그리스 사람들은 개인이나 국가의 중요한 문제에 관해서는 신의 뜻을 알아보는 것이 매우 중요하다고 생각했습니다. 이른바 신탁神託이지요. 특히 국가의 운명을 걸고 치르는 전쟁의 경우에는 신탁이 필수적이었습니다. 전쟁에 패할 것이란 신탁을 받으면 전쟁을 포기할 정도였지요. 그러나 대개의 신탁은 모호한 표현이라, 해석하기에 따라서는 승리한다는 말로 들리기도 하고 패배한다는 뜻으로 들리기도 하는 게 문제이긴 했지만요.

어쨌든 아폴론 신에게 국가의 운명이 달린 중차대한 문제를 묻기 위해 오면서 빈손으로 올 수는 없었겠지요. 자신들에게 유리한 신탁을 받기 위해서라도 아폴론 신전에 제물을 바쳐야 했을 것입니다.

그뿐만 아니라 만약 전쟁에 승리하게 되면, 그것을 아폴론의 공으로 돌리게 되었지요. 신의 보호를 받아 승리했다고 믿으면 국가적 자부심이 더 커졌을 테니까요.

사정이 이렇다 보니 델포이 신전의 보물 창고에는 개인들이 봉헌하는 제물도 많았지만, 도시국가들이 경쟁적으로 바치는 보물들이 엄청나게 쌓였다고 합니다. 나중에 그리스의 국력이 약해지면서 주변 국가들의 약탈로 다 흩어졌지만, 현재 남아 있는 작품들의 수준 높은 솜씨를 보면 그 당시 사람들의 아폴론에 대한 지극한 신앙심을 짐작할 수 있답니다.

아테네의 보물 창고

    도시국가들의 보물 창고 중에서 현재 원형을 알아볼 수 있는 것은 아테네의 것뿐입니다. 물론 아테네의 보물 창고도 1906년에 복원한 것이라 엄밀한 의미에서는 고대 유적이라고 볼 수 없지만, 그래도 당시의 모습을 알 수 있어 귀중한 자료가 됩니다.

    아테네의 보물 창고는 BC 490년에 공사를 시작하여 10년이 지난 BC 480년에 완공한 것으로 도리아 양식의 건물입니다. 페르시아와의 전쟁에서 획득한 전리품을 보관하기 위해 지은 것이었으니, 거기에 보관된 보물보다도 아테네 사람들의 자신감과 긍지가 더욱 귀중한 것이었을 겁니다. 또한 지금은 찾아볼 수 없지만 과거에는 자그마치 800여 개에 이르는 명언과 글귀가 벽에 새겨져 있어, 그것이 또 다른 명물이었다고 하는군요.

오이디푸스의 피할 수 없는 신탁

그리스 신화에는 신탁神託. Oracle에 관한 이야기가 자주 등장합니다. 신탁이란 단어는 '신이 맡겨 놓은 뜻'이란 의미로, 인간이 판단할 수 없는 어려운 문제에 대해 물었을 때 신이 내려주는 대답, 혹은 앞으로 일어날 일에 대해 신이 암시적으로 일러주는 이야기 등으로 해석할 수 있습니다.

그리스 신화 속에서 제일 중요한 신탁소는 델포이에 있었으며, 델포이를 관장하는 신은 아폴론이었지요. 그는 여사제 피티아에게 신탁소를 맡기고, 신의 뜻을 물으러 오는 인간들에게 대신 대답해주도록 했습니다.

그런데 신탁은 신의 뜻이며 미리 정해진 것이기 때문에 설령 안다고 해도 인간의 힘으로는 피할 수도 없었고 바꿀 수도 없었습니다. '아는 것이 병'이라고, 공연히 신탁을 듣고 불행을 피해보겠다고 발버둥 치다가 도리어 불행의 올가미 속으로 빠지는 사람도 많았습니다. 그중 대표적인 인물이 오이디푸스이지요.

오이디푸스Oedipus는 테베Thebes의 왕 라이오스Laius와 왕비 이오카스테Iocaste의 아들로 태어났습니다. 아들을 낳은 부부는 여느 부모가 그러하듯이, 아들의 장래가 궁금했습니다. 그래서 신하를 델포이로 보내어 신탁을 들어오라고 하지요. 아마도 그들은 아들이 현명한 사람으로 자라 아버지의 뒤를 이어 훌륭한 왕이 될 거라는 예언을 기대했을 겁니다.

그러나 신하를 통해 들은 신의 뜻은 너무나 끔찍한 것이었습니다.

"이 아이는 장차 아비를 죽이고 어미와 결혼할 것이다."

충격에 빠진 부부는 의논 끝에 아들을 죽이기로 합니다. 불행을 미리 막아보려 한 것이지요. 왕은 신하를 불러 아이를 멀리 데리고 가서 죽이라고 명령합니다. 그러나 신하는 차마 죄 없는 어린아이를 죽일 수 없었습니다. 그래서 끈으로 발목을 묶은 다음 나무에 매달아 놓았다고 합니다. 죽고 사는 것은 아이의 운명이고, 자신의 손으로 살인하는 일만은 피하고 싶었던 것이지요.

나무에 매달아 놓은 아이를 발견한 것은 양치기였습니다. 발견 당시 끈에 묶인 발목이 퉁퉁 부어 있었기 때문에 이름을 오이디푸스라고 했습니다. '부은 발'이란 뜻이지요. 그는 아이를 친분이 있는 코린트의 양치기에게 맡겼습니다. 그리고 그 양치기는 자식이 없어 걱정인 왕에게 아이를 데려갔으므로 오이디푸스는 코린트 왕의 아들이 되어 궁중에서 자라났습니다. 이때까지는 아무 일도 생기지 않았지요.

문제는 성인이 된 오이디푸스가 자신의 운명에 대해 궁금증을 가지면서 시작되었습니다. 그는 델포이의 신탁소를 찾아가 신의 뜻을 물어보게 됩니다. 그런데 신탁의 내용이 '아버지를 죽이고 어머니와 결혼하게 된다.'였으니 얼마나 놀랐겠습니까?

당시 사람들은 신탁을 절대적인 것으로 받아들였기 때문에 오이디푸스도 그 내용을 부정할 생

Jean-Francois Millet
'나무에서 내려지는 오이디푸스'

오이디푸스와 스핑크스(그리스 도기 그림)

각은 못 했습니다. 다만 운명을 피해 볼 궁리를 했지요.

코린트 왕을 아버지로 믿고 있던 그는 왕궁을 떠나 멀리 가기로 합니다. 멀리 가서 두 번 다시 아버지를 안 만난다면 아버지를 죽일 까닭이 없고, 어머니를 안 만난다면 어머니와 결혼할 일도 없을 테니까요.

방랑길에 오른 오이디푸스가 하루는 테베로 가는 산길에서 마주 오던 사람들과 시비가 붙게 되었습니다. 좁은 산길에서 누가 먼저 지나갈 것인가를 놓고 옥신각신하다가 그만 오이디푸스는 상대방을 죽이게 되는데, 그는 바로 테베의 왕 라이오스, 즉 오이디푸스의 생부였습니다. 그러나 오이디푸스는 그런 사실을 까맣게 몰랐지요.

테베를 향해 길을 계속 가던 오이디푸스는 나그네에게 수수께끼를 내어 풀지 못하면 잡아먹는 스핑크스란 괴물을 만나게 됩니다.

스핑크스는 얼굴은 여자이고 몸은 사자이며 날개가 달린 괴물로, "아침에는 네 발로 걷고, 낮에는 두 발로 걸으며, 저녁에는 세 발로 걷는 게 무엇이냐?"는 수수께끼를 내어 맞히지 못하는 사람을 잡아먹었기 때문에 테베 사람들에게는 공포의 대상이었습니다.

그런데 오이디푸스는 수수께끼를 듣자마자 간단하게 대답합니다.

"그것은 인간이다. 인간은 어려서는 네 발로 기어 다니고, 자라서는 두 발로 걸어 다니며, 늙어서는 지팡이에 의지해 걷기 때문이다."

수수께끼의 비밀이 풀리자 스핑크스는 절망하여 벼랑 아래로 몸을 던져 스스로 목숨을 끊었다고 합니다. 괴물 스핑크스를 처치한 일로 인해 오이디푸스는 테베 사람들로부터 열렬한 환영을 받게 됩니다.

그 무렵 테베의 왕이 갑자기 죽어 왕위가 비자 사람들은 과부가 된 왕비에게 재혼하기를 청합니다. 왕비와 결혼하는 사람이 테베의 새로운 왕이 되는 것이었지요. 사람들은 스핑크스를 없애

자신들을 구해준 오이디푸스를 새로운 왕으로 만들기 위해 왕비와 결혼하도록 합니다. 오이디푸스는 자신도 모르는 운명의 힘에 이끌려 왕비와 결혼하는데, 결과적으로 어머니와 결혼한 것이지요.

처음에는 문제가 없었지만, 갑자기 테베에 불행한 일이 거듭 일어나자 사람들은 다시 델포이에 가서 신탁을 들어보기로 합니다. 피티아의 입을 통해 전해진 신탁은 "테베에 아버지를 죽이고 어머니와 결혼한 패륜아가 있기 때문에 신들이 분노하여 벌을 내리는 것이다."는 것이었습니다. 신탁을 전해 들은 오이디푸스 왕은 크게 분노하여 그런 극악무도한 자를 그냥 둘 수 없다며 당장 찾아내라고 명령합니다. 자신이 바로 그 사람임을 꿈에도 생각하지 못했던 것입니다.

결국 자신이 한 일을 알게 된 오이디푸스는 스스로 눈을 찔러 맹인이 되었고, 왕비 이오카스테는 자살했다고 합니다.

루브르박물관 소장 '자신의 눈을 찌르는 오이디푸스'

오이디푸스의 이야기에는 여러 차례 델포이 신탁소의 신탁이 등장합니다. 사람의 힘으로 막을 수도, 피할 수도 없는 신탁의 엄중함은 알겠지만, 죄 없는 인간에게 그런 운명을 점지해놓고 철두철미하게 삶을 파괴하는 신의 뜻은 무엇인지 이해하기 어렵습니다.

아폴론 신전 ③
Temple of Apollo

 '성스러운 참배의 길'이 끝나는 지점에 아폴론 신전이 있습니다. 아폴론 신전은 BC 650년경에 처음 세워졌을 것으로 보는데, 처음에는 월계수의 목재로 지었다고 합니다. 목조 건물이었던 것이지요. 이 건물은 불에 타 없어지고, BC 514년에 두 번째 신전이 완성되었는데 이것은 지진으로 파괴되었다고 하는군요. 현재의 신전은 BC 330년에 완성된 세 번

현재의 아폴론 신전

델포이 신전 모형(델포이 고고학박물관 소장)

째 건물이며, 건축 당시에는 38개의 도리아식 기둥으로 이루어진 번듯한 규모로 파르테논 신전과 비슷한 형태였을 것으로 추정됩니다. 그러나 지금은 기단부와 6개의 기둥만 남아 있어 옛 모습을 짐작하기 어렵지요.

아폴론 신전이 있는 델포이 신탁소의 원래 모습은 위의 사진과 같았을 것으로 추정됩니다. 많은 건물들이 빈틈없이 들어찬 것으로 보아 당시 사람들에게 매우 신성하면서 중요한 구역이었을 것 같군요. 이 가운데 가장 큰 건물이 아폴론 신전입니다.

아폴론 신전을 찾은 많은 사람들이 격언을 바위에 새겨 놓았다고 하는데 이것 역시 지금은 찾아볼 수 없답니다. 소크라테스가 인용하여 유명해진 '너 자신을 알라.'를 비롯하여 '참고 견디며 겸손하라.' 등 여러 철학자들의 격언이 있었다고 전해집니다.

아폴론 신전의 영광과 비어

아폴론 신전 입구에는 각국에서 보내온 봉헌물들이 즐비했다고 합니다. 그중에서 약탈당해 지금은 엉뚱한 곳에 있는 유물 두 가지를 소개합니다.

먼저, 아폴론에게 봉헌된 청동 뱀 조각상이 있습니다. 이것은 오랜 세월이 흐르는 동안 머리 부분이 훼손되어 현재는 새끼줄이나 꽈배기처럼 보이는 지경이 된 채 이스탄불의 히포드롬 광장Hippodrome Square에 서 있

청동 뱀 조각상

히포드롬 광장의 청동 뱀 조각상

습니다.

뒤에 서 있는 웅장한 오벨리스크의 위용에 가려 초라해 보이기까지 하는 이 청동 뱀 조각상은 실은 신화적으로나 역사적으로 중요한 의미를 갖는 유물입니다.

먼저, 이것은 페르시아와의 전쟁을 승리로 이끈 아테네 사람들이 승리의 영광을 아폴론 신에게 돌리며 그의 영웅적 업적을 기억하고자 세웠다는 점을 알아야 합니다. 그런데 아폴론에게 영광을 돌리는 기념비를 하필 뱀의 형상으로 만든 까닭은 무엇일까요. 그것은 아폴론이 피톤Python이라는 거대한 괴물 뱀을 물리친 일과 관련이 있습니다.

피톤은 대지의 여신 가이아Gaia의 자식으로 뱀의 형상을 하고 태어났는데, 큰 산을 뒤덮을 정도로 몸집이 거대했다고 합니다. 델포이의 신탁소에 자리를 잡은 다음, 그곳을 찾아오는 사람들로부터 공물供物을 받아먹고 살았지요. 그런데 사람들을 해치는 일이 많아 원성이 자자했어요. 그렇지만 피톤이 워낙 덩치가 크고 성정이 사나운지라 누구도 그를 없앨 수 없었습니다.

그런 피톤을 죽인 것은 궁술의 신인 아폴론이었습니다. 그가 피톤을 죽인 까닭은, 델포이의 신탁소를 빼앗기 위해서였다는 주장도 있지만 그보다는 어머니인 레토 여신의 부탁 때문이었습니다.

레토는 제우스의 사랑을 받아 아폴론과 아르테미스를 임신했는데, 쌍둥이 남매를 낳기까지 무척 고생합니다. 거대한 뱀 피톤에게 쫓겨 다닌 것도 그런 고생 중의 하나였지요.

피톤이 레토를 괴롭힌 이유는, '제우스의 아들로부터 신탁소를 빼앗기고 죽임을 당하리라'는 신탁을 들었기 때문에 제우스의 아들이 태어나지 못하도록 방해한 것이라고 합니다. 혹은 남편의 사랑을 빼앗아간

피톤을 무찌른 궁술의 신 아폴론(밀라노 개선문)　　　벨베데레의 아폴론(바티칸박물관)

레토를 미워한 헤라가 피톤을 보내어 레토를 괴롭히도록 했다고도 합니다.

어느 쪽 주장이 맞는지는 모르겠지만, 레토 여신은 아폴론 남매를 낳을 때 무척 고생합니다. 만삭의 몸으로 피톤에게 쫓겨다니느라 고달팠고, 헤라의 협박을 받은 땅들이 출산할 장소를 내어주지 않아 서글픈 이중의 고통을 겪었지요.

어쨌든 아폴론은 어머니의 원수를 갚기 위해 피톤을 죽입니다. 그리고는 델포이의 신탁소를 접수하지요. 이리하여 피톤에게 내려졌던 두 가지 신탁, 즉 '제우스의 아들에게 죽게 된다.'는 것과 '그에게 신탁소를 빼앗기게 된다.'는 신탁은 모두 실현됩니다.

밀라노 개선문의 벽면에 피톤을 처치한 아폴론의 모습이 새겨져 있으며, 바티칸박물관에 있는 '벨베데레의 아폴론'은 피톤을 향해 활을 쏘는 아폴론의 모습을 표현한 것이라고 합니다.

거대한 뱀 피톤을 무찌른 일을 아폴론은 자랑스럽게 생각했습니다. 태양신으로서 '빛나는 자'라는 뜻의 '포이보스 아폴론Phoebus Apollon'이란 별칭이 있는데도 따로 '아폴론 피티오스Apollon Pythios(피톤을 쓰러뜨린 자)'라는 이름을 사용할 정도였습니다. 그러니 그리스 신화를 종교처럼 숭배하던 그리스 사람들에게 피톤을 무찌른 아폴론의 위대한 업적은 잊을 수 없는 영웅적인 일이었을 것입니다.

다시 이스탄불에 있는 청동 뱀 조각상 이야기로 돌아옵시다. 이것은 BC 479년에 그리스 연합군이 플라타이아 전투Battle of Plataea에서 페르시아군을 크게 무찌른 것을 기념하여 세운 것입니다. 그리스 사람들은 자신들을 끊임없이 괴롭히던 거대 제국 페르시아를 사악한 괴물 뱀 피톤에 빗대고, 그런 페르시아 제국을 물리친 자신들을 영웅적인 아폴론에 빗대어 표현한 것입니다.

거기에다 그리스 사람들은 한 가지 의미를 더했습니다. 세 마리 뱀이 촘촘히 꼬여 있는 것이 연합군의 단단한 결속을 의미한다고 본 것입니다. 청동 뱀의 몸통 부분에 그리스 연합군의 일원이었던 도시국가들의 이름을 새겨 넣은 것은 그런 뜻에서였습니다. 또한 페르시아군에게서 노획한 청동 무기를 녹여서 이것을 만들었다니 승리를 기념하는 의미가 더욱 특별했을 것입니다.

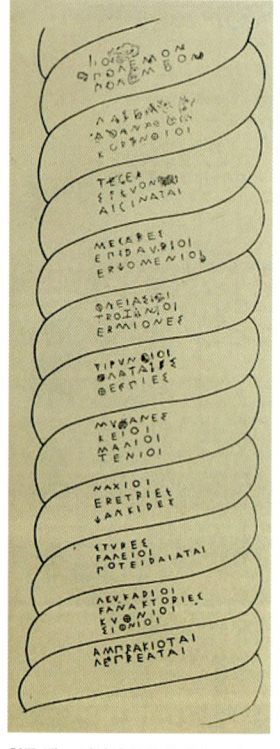

청동 뱀 조각상의 몸통에 새긴 그리스 도시국가들의 이름

이스탄불 톱카프 궁전 박물관 소장 '축제의 책(Surname-i Vehbi)' 삽화

　현재 남아 있는 것만 가지고는 원래의 모습을 짐작하기 어려운데, 다행히 이스탄불의 옛 모습을 담은 그림에 단서가 될 만한 부분이 있습니다. 그림 속의 청동 뱀은 세 마리의 몸통이 꽈배기처럼 꼬여 올라가다가 윗부분에서 나뉘고 있습니다. 전하는 바에 의하면 그 위에는 델포이 신탁소의 무녀인 피티아가 앉아서 신탁을 전했다는 트라이포드tripod(세 발 달린 의자)가 있었다고 합니다.

　그리스 사람들에게 이렇듯 각별한 의미를 갖는 청동 뱀 조각상은 언제 이스탄불로 자리를 옮기게 되었을까요? 델포이에 있던 이것을 330년에 동로마 제국의 황제인 콘스탄티누스 대제가 로마 제국의 새로운 수도가 된 콘스탄티노플을 장식하기 위해 약탈해 간 것으로 알려져 있습니다. 단순히 장식하기 위해서라기보다는, 세상의 중심이 델포이에서 콘스탄티노플로 옮겨졌음을 선언하는 상징적 표지로 사용했을 것입니다. 그는 이 청동 뱀 조각상을 전차 경기장인 현재의 히포드롬 광장에 세웠습니다. 그때 이미 피티아의 트라이포드는 사라진 상태였고 뱀의 머리 부분은 온전했는데, 세월이 흐르는 동안 그마저도 사라지고 지금은 몸통 부분만 남아 있는 것입니다.

참고로, 잘려나간 머리 부분의 하나가 이스탄불 박물관에 소장되어 있어 원래의 모습이 어떠했을지를 짐작하게 해줍니다.

델포이 고고학박물관에는 청동으로 된 마부馬夫상이 있습니다. BC 478년 젤라Zela(터키의 중북부에 있는 도시)의 군주였던 폴리잘로스Polyzalos가 델포이 성역에서 열린 피티아 제전의 전차 경주에서 우승한 것을 기념하여 아폴론 신에게 봉헌한 것이라고 합니다. 당연히 델포이의 아폴론 신전 앞에 세웠을 테지요. 아무리 보아도 2,500년 전에 만들었다는 것이 믿어

이스탄불 박물관 소장 '청동 뱀의 머리 부분'

마부상

지지 않을 정도로 빼어난 수준을 자랑하는 걸작입니다.

그런데 지금이라도 당장 말을 몰 수 있을 것 같은 이 마부에게는 말이 없습니다. 말고삐를 감아쥔 것으로 보아 분명히 앞에 말이 있었을 것 같은데, 현재는 마부만 있을 뿐입니다. 이 마부의 말들은 어디로 간 것일까요? 정답은 '베네치아 산마르코 대성당에 있다.'입니다.

그러면 아폴론 신전에 봉헌되었던 청동 말이 엉뚱하게도 베네치아의 산마르코 대성당에 있는 까닭은 무엇일까요. 이 청동 말들의 기구한 인생 유전을 보면 유럽 국가들의 흥망성쇠를 알 수 있답니다.

앞서 이야기했듯이, 이 청동 말들은 그리스에서 태어나서 델포이의 아폴론 신전에 바쳐졌습니다. 당시에 찬란하게 꽃피었던 그리스 문명의 수준을 짐작하게 하는 수작秀作이지요. 그러나 여러 개의 도시국가로 나뉘어 티격태격하던 그리스는 국력이 쇠약해졌고, 로마 제국의 침략을

베네치아 산마르코 대성당의 청동 말 조각상(모각품, 원본은 성당 안 박물관에 보관 중임)

델포이의 청동 말들이 서 있던 파리 카루젤 개선문. 베네치아에 반환된 후 현재는 다른 청동 말 조각상이 서 있다.

받았을 때 이 보물을 빼앗깁니다. 아폴론의 청동 뱀과 똑같은 운명이었던 것입니다

　동로마 제국의 수도인 콘스탄티노플(현재의 이스탄불)로 옮겨진 청동 말들은 히포드롬 광장에 서서 로마 제국의 욱일승천을 지켜보았을 것입니다.

　그러나 동로마 제국도 점차 쇠퇴하기 시작했고, 콘스탄티노플이 십자군의 침략을 받게 됩니다(제4차 십자군 원정). 이슬람 세력을 꺾겠다며 출정한 십자군이 같은 기독교 국가인 동로마 제국을 침략한 것은 이해할 수 없는 일이지만, 하여간 베네치아는 이때 십자군의 일원으로 참전하여 콘스탄티노플을 함락시킨 다음 히포드롬 광장에 있던 청동 말들을

빼앗아 가져가 버립니다. 이때의 베네치아는 해상 무역을 통해 막대한 부를 축적한, 나름대로 강대국이었기 때문에 그럴 수 있었던 것입니다.

그러나 작은 도시국가에 불과했던 베네치아 공화국은 유럽을 휩쓴 나폴레옹의 군대를 막을 힘이 없었습니다. 결국 베네치아 공화국은 수백년에 걸친 영화를 접고, 1797년 나폴레옹에 의해 멸망합니다. 베네치아의 산마르코 대성당에 있던 청동 말들은 다시 파리로 옮겨졌고, 이번에는 나폴레옹의 전승을 기리기 위해 세운 카루젤 개선문 위에 놓이는 신세가 됩니다.

그리고 나폴레옹이 벨기에의 워털루에서 영국의 웰링턴 장군에게 패배한 뒤, 카루젤 개선문 위에 있던 청동 말들은 다시 베네치아에 반환되어 산마르코 대성당에 놓이게 됩니다. 델포이의 청동 말들이 베네치아에 자리를 잡기까지에는 이러한 우여곡절이 있었던 것입니다.

원작은 현재 산마르코 대성당의 박물관에 전시되어 있고, 건물 밖에 세운 것은 복제품입니다. 베네치아로서는 원래 자리로 돌아온 것이라고 주장할지 모르지만, 엄밀히 이야기하면 그들도 약탈해 온 것이지요. 굳이 원주인을 가린다면 그리스가 소유권을 주장해야 옳겠지만, 워낙 오랜 세월에 걸쳐 떠돌아다닌 물건이다 보니, 더 이상의 시시비비는 가릴 수 없는 것 같습니다.

그리스의 입장에서는 아름다운 마부상 곁으로 청동 말들이 돌아와 완벽한 작품으로 맞춰지기를 바라겠지만, 한번 제 자리를 떠난 문화재가 원래의 주인 품으로 돌아오는 것은 쉽지 않은 일입니다. 현 소유주가 욕심낼 만큼 빼어난 작품이라면 더더욱 그렇지요. 안타까운 일이지만 그것이 현실이니 어쩔 수 없는 노릇입니다.

올림포스 산의 엄친아, 아폴론

　태양신 아폴론은 제우스의 아들입니다. 달의 여신 아르테미스와는 쌍둥이 남매지요. 남매를 임신했을 당시에 어머니인 레토 여신이 겪은 고통에 대해서는 '아폴론의 청동 뱀 조각상'에서 이미 이야기했습니다.

　델포이의 주인인 아폴론은 팔방미인, 혹은 올림포스 산의 엄친아라고 할 수 있습니다. 어째서 그런지 한 번 알아볼까요?

　먼저, 아폴론은 태양 마차를 모는 태양신입니다. 태양이 없는 세상은 상상할 수조차 없지요. 아폴론은 그런 면에서 제우스의 자식 중에서 가

Gérard de Lairesse '아폴론과 오로라'

나폴리 국립고고학 박물관 소장 '아폴론과 케이론, 그리고 아스클레피오스'(오른쪽부터)

Jacques-Louis David '니오베의 자식들을 죽이는 아폴론과 아르테미스'

장 중요한 역할을 맡았다고 할 수 있습니다.

아버지 제우스으로부터 델포이 신탁소를 위임받았으니 당연히 예언의 신이기도 합니다. 앞날을 내다볼 수 있는 능력을 갖추었다는 것은 신들의 세상에서도 특별한 일이었습니다.

아폴론이 의술의 신이라는 사실도 알아야 합니다. 그의 아들인 아스클레피오스Asklepios는 의술의 신으로 추앙받는데, 그것은 아버지인 아폴론으로부터 물려받은 의학적 유전자 때문이었습니다. 물론 현명한 스승 케이론으로부터 의술에 대해 체계적으로 배운 영향도 있겠지만요.

아폴론은 궁술의 신이기도 하지요. 그는 신궁神弓이라서 맞히지 못하는 것이 없었습니다. 거대한 뱀 피톤을 죽일 수 있었던 것도 그가 궁술의 신이기 때문이었습니다. 그의 멋진 모습은 궁술의 신인 것과도 관련이 있답니다. 그러나 그가 레토 여신(아폴론의 어머니지요)보다 팔자가 더 낫다고 떠벌리고 다닌 오만한 니오베Niobe를 벌하기 위해 그녀의 아들 일곱 명을 모조리 활로 쏘아 죽이는 대목에서는 비정함이 느껴집니다.

수금을 연주하는 아폴론(중앙)과 뮤즈들(바티칸박물관)　뮤즈들(바티칸박물관)

바티칸박물관 뮤즈의 방 천장화

바티칸박물관 뮤즈의 방 천장화(부분)

또한 아폴론은 예술의 신이면서, 그 자신이 수금竪琴/harp 연주의 달인이었습니다. 예술의 요정 뮤즈들을 거느린 아폴론은 파르나소스 산에서 살면서 다양한 장르의 예술을 발전시키기 위해 노력했습니다. 바티칸박물관의 '뮤즈의 방'에는 수금을 연주하는 아폴론과 아홉 뮤즈들의 조각상이 있습니다.

뮤즈의 방 천장에 그려진 그림은 파르나소스 산의 모습을 담고 있습니다. 아폴론과 뮤즈들의 모습이 보이는군요.

그런데 천장화를 잘 보면, 재미있지만 끔찍한 이야기가 담겨 있습니다. 천장 중앙의 그림을 보면 월계관을 쓰고 수금을 든 아폴론이 당당하게 서 있는데, 왼쪽으로 나무에 두 팔이 묶인 사람이 보이는군요. 이 사람은 누구이며, 왜 이런 벌을 받고 있는 것일까요. 아폴론의 성격을 이해하는 데 도움이 될 듯하여 설명을 덧붙입니다.

아폴론으로부터 벌을 받고 있는 사람은 마르시아스Marsyas 입니다. 그가 벌 받는 모습을 묘사한 그림이나 조각품이 많은데, 대개 비슷한 자세입니다.

마르시아스는 사티로스Satyr, Saturos 중의 하나였습니다. 사티로스는 그리스 신화에 나오는 반은 사람이고 반은 짐승인 존재로, 얼굴은 사람의 모습이지만 머리에 작은 뿔이 났으며, 하반신은 염소의 모습으로 표현되지요. 그런 그가 어느 날 피리 하나를 주웠어요. 그것은 아테나 여신이 불다가 버린 것이었지요. 그런데 공예의 신 아테나가 사용하던 물건이라서인지 별다른 노력 없이도 매우 아름다운 음악이 흘러나오는 것이었습니다. 마르시아스는 자신의 피리 연주에 스스로 감탄한 나머지 이렇게 큰소리쳤습니다.

"이 정도면 아폴론보다도 나은 실력이야. 아폴론과 내기를 해도 이길

우피치미술관의 마르시아스　　　　루브르박물관의 마르시아스

자신이 있어."

　그런데 그 말을 아폴론이 들은 것입니다. 태양이 세상을 비추고 있는 한, 어떤 소리라도 다 아폴론의 귀에 들릴 수밖에 없으니까요.

　아폴론은 슬그머니 기분이 나빠졌습니다. 그래서 신분을 감춘 채 마르시아스를 찾아가 "아폴론을 능가한다고 큰소리친 것은 잘못된 일이니, 어서 사죄하여 아폴론의 노여움을 풀어드려라."라고 권유합니다. 그러나 이미 콧대가 높아질 대로 높아진 마르시아스는 코웃음을 치며, "그런 말을 듣고 기분이 나쁘다면 아폴론이 직접 와서 내기를 해보면 될 것 아니냐?"고 더욱 큰소리를 친 것입니다. 그제야 아폴론은 자신의 본색을 드러내며, 피리 불기 시합을 제안합니다. 한껏 자만심이 높아진 마르시아스는 기죽지 않고 시합에 응하지요.

　"그럼, 지는 사람은 어떤 벌을 받는 걸로 할까? 이긴 사람이 진 사람의 가죽을 벗기는 벌은 어떤가?"

아폴론의 말에 마르시아스는 겁도 없이 동의합니다. 자신의 피리 솜씨에 정말 자신이 있었으니까요.

그러나 아무리 마르시아스가 피리를 잘 불어도(사실 그것은 자신의 실력도 아니었지만) 예술의 신인 아폴론을 능가할 수는 없었습니다. 결국 마르시아스는 약속대로 살가죽이 벗겨지는 벌을 당하고 말았답니다. 앞에서 본 장면은 그러니까 살가죽이 벗겨지기 직전의 마르시아스를 표현한 것입니다.

니오베의 자식들을 죽인 일과 더불어 이것은 아폴론의 냉정함을 엿볼 수 있는 일화랍니다.

그렇더라도 아폴론은 올림포스 신 중에서 가장 준수한 외모를 가진 매력적인 신이었습니다. 그리스 조각상 중에서 한 점 흠 없이 아름다운 얼굴과 몸매를 한 남성 조각상은 아폴론일 가능성이 큰 것만 봐도 알 수 있는 일이랍니다.

루브르박물관 '아폴론'

예언의 신, 아폴론과 테미스

아폴론이 피톤을 무찌르고 델포이 신탁소를 차지한 것은 중요한 의미를 갖습니다. 티탄 신의 세상이 가고, 올림포스 신들의 세상이 되었다는 뜻이기 때문입니다. 피톤은 가이아(올림포스 신들의 할머니뻘 되는 여신)의 아들로, 굳이 따지자면 티탄 신 계열입니다. 올림포스 신들보다는 항렬이 하나 높지요.

그러나 피톤이 델포이 신탁소에서 사람들에게 공물을 받아먹으며 살았다고 하여 그를 예언의 신이라고 하기는 어렵습니다. 가이아의 위엄에 기대어, 그리고 자신의 난폭함을 무기로 사람들로부터 공물을 받았지만, 진정한 의미의 신탁을 주관한 것은 아니기 때문입니다.

그럼 올림포스 신인 아폴론이 예언의 신으로 활동하기 전에는 예언을 주관하는 신이 없었을까요? 그럴 리는 없지요.

티탄 신들의 세상일 때 델포이 신탁소의 주인으로서 사람들에게 신탁을 내리던 이는 테미스Themis라고 합니다. 피톤은 테미스의 신탁소를 경호하는 존재였다고 주장하는 사람도 있답니다. 테미스는 우라노스와 가이아 사이에서 태어난 딸로, 티탄 신 중 하나입니다. 피톤과 남매간이라고 할 수 있지요. 그러나 덩치만 크고 포악한 뱀 피톤과는 신격神格에 있어 큰 차이가 있습니다. 티탄 신의 세상일 때 예언의 신은 테미스인 것입니다.

고대 그리스 도기에 그려진 이 그림의 제목은 '테미스와 아이게우스'입니다. 테세우스의 아버지인 아이게우스가 델포이를 찾아가 아들을 낳을 수 있을지 물었을 때 테미스가 대답해주는 장면을 그린 것입니다. 테미스가 델포이 신전의 주인인

테미스와 아이게우스

적이 있었다는 증거가 되는 그림입니다.

그러면 테미스는 누구일까요?

테미스는 그리스어로 '질서'와 '율법', '정의'를 뜻하며, 흔히 '이치의 여신'이라고 합니다. 매사를 처리할 때 이치에 맞는지 따지는 속성이 있기 때문입니다. 질서에 어그러지고, 법칙에 안 맞으며 정의롭지 못한 것은 절대로 못 참는 신이 바로 테미스입니다.

그녀는 제우스와의 사이에서 여러 명의 자식을 낳는데, 자식들 또한 어머니로부터 물려받은 기질 때문에 주로 질서와 법칙, 정의와 관련된 일을 맡습니다.

먼저 계절의 여신 호라이Horai들은 시간이 질서에 맞게 흐르도록 관리합니다. 계절이 뒤죽박죽 뒤엉키면 안 될 일이니까요. 운명의 여신들인 모이라Moira들도 이치와 정의를 준수해야 합니다. 사람의 운명을 기분 내키는 대로 점지하면 질서가 무너질 테니까요. 정의의 여신 아스트라이아Astraea는 이름 그대로 정의가 빛을 발할 수 있도록 감시하는 역할을 맡았답니다.

테미스는 자신의 유전자를 빼닮은 딸들과 함께 세상의 질서를 바로잡고 이치가 통하도록 하여 정의로운 세상이 되도록 늘 부지런히 일한다고 합니다.

테미스는 그 밖에도 그리스 신화에서 중요한 몇 가지 업적을 남깁니다. 제우스의 팔방미인 아들 아폴론에게 예언하는 능력을 물려줘 예언의 신으로 등극시킨 것도 테미스가 한 일입니다. 그보다 훨씬 전에 크로노스(제우스의 아버지)가 태어나는 자식들을 계속 삼켜버리자 레아(크로노스의 부인)에게 "아기 대신 커다란 돌멩이를 아기인 것처럼 하여 크로노스에게 주라."고 일러준 것도 테미스였습니다. 그 덕분에 제우스가 살아남을 수 있었고, 제우스의 기지機智로 그의 형제들이 세상 구경을 할 수 있었지요. 만약 테미스의 현명한 충고가 없었다면 제우스 역시 크로노스의 배 속으로 들어갔을 것이고, 그러면 올림포스 신들의 세상은 오지 않았겠지요. 바다의 요정 테티스의 미모에 반해 결혼하고자 하는 제우스에게 "테티스는 아버지를 능가하는 아들을 낳을 것이다."라는 신탁을 귀뜸해줘 결혼을 막은 것도 테미스라고 합니다. 만약 제우스가 테티스에게서 아들을 낳았다면, 다시 한 번 아들에 의해 아버지가 쫓겨나는 비극이 일어났을 것입니다.

먼 훗날 제우스의 분노 때문에 세상에 큰 홍수가 나서 인류가 멸종할 위기에 놓였을 때, 유일하게 살아남은 데우칼리온Deukaliōn과 피라Pyrrha 부부에게 인간을 만드는 방법을 일러줘서 다시 세상을 번성하게 만든 것도 테미스였다고 합니다. 신들의 세상에 이치에 맞는 질서를 세우고, 인간 세상에도 율법과 정의를 시행하여 문명이 싹트게 한 고마운 신이 바로 테미스인 것입니다.

율법과 정의를 지키는 테미스는 공정함을 상징하는 저울과 불법을 단호히 응징하는 칼을 들고 있는 모습으로 나타나는데, 로마 신화의 유스티티아Justitia와 일치하는 특성을 갖는다는 점도 참고로 알려드립니다.

칼과 저울을 든 정의의 여신(프랑크푸르트 뢰머 광장)

이오니아족의 시조가 된 아폴론의 아들

아폴론에게 '이온Ion'이란 이름의 아들이 있었다는 사실은 잘 알려져 있지 않습니다. 서양의 건축 양식을 말할 때 '이오니아 양식'이라는 말을 쓰는데, 이 말은 이오니아족Ionian이 살던 땅(현재의 터키 서남부 지역)에서 발달한 건축 양식을 가리킵니다. 그들의 조상이 이온이기 때문에 이오니아족이라고 부르는 것입니다.

그런데 이온이 아폴론의 아들이라니 무슨 말일까요? 아폴론이 결혼했다는 말은 신화 속에 나오지 않는데, 어떻게 아들을 낳았다는 말일까요?

이온은 에렉테우스(에렉테이온 신전을 봉헌 받은 초기 아테네 왕국의 전설적인 왕)의 딸 크레우사Creusa가 아폴론의 사랑을 받아 낳은 아들입니다. 정식으로 결혼한 것이 아니라 야합의 결과로 낳은 것이니 사생아인 셈입니다. 비록 신의 사랑을 받았다고는 하지만 그래도 처녀의 몸으로 아들을 낳자 부끄러워진 크레우사는 갓난아기를 내다 버립니다.

자신의 아들이 버려진 것을 알게 된 아폴론은 헤르메스를 시켜 델포이 신전으로 데려오도록 하고 여사제들에게 맡겨 키웁니다. 신성한 델포이에서 아폴론의 아들로서 보호받으며 자랐기 때문에 사생아로 버려진 출생의 비밀이 있음에도 불구하고 이온은 훌륭하게 자랄 수 있었습니다.

그러면 아들을 버린 크레우사는 어떻게 되었을까요. 그녀는 나중에 크수토스Xuthos와 결혼하지만 아이를 낳지 못하자, 자식을 점지해 달라고 신에게 빌기 위해 남편과 함께 델포이를 찾아옵니다. 그런데 그들이 들은 신탁의 내용은 '아폴론 신전에서 제일 먼저 만나게 되는 젊은이가 아들이 될 것이다.'는 것이었지요.

운명의 장난에 의해 이온은 크수토스와 마주치게 되고, 신탁을 믿은 크수토스는 이온을 아들로 삼으려고 합니다.

그러자 크레우사가 남편을 의심합니다. 혹시 남편이 외도로 얻은 자식을 신탁을 빙자하여 데려온 것이 아닐까 생각한 것입니다.

질투심에 사로잡힌 크레우사는 이온을 죽이려 하지만 실패하고, 이온은 자신을 죽이려 한 크레우사를 죽이려고 합니다. 목숨의 위협을 느낀 크레우사는 신전으로 도피하여 아폴론에게 신세 한탄하는 말을 늘어놓습니다. "당신이 무책임하게 행동한 탓에 나는 처녀로 아이를 낳게 되었고, 그 아이를 버린 죄로 이런 고통을 당한다."는 내용의 푸념이었겠지요.

크레우사의 신세 한탄을 들으며 이온은 그녀가 자신을 낳은 어머니인 것을 알게 되고, 두 사람은 뒤늦게 모자 관계를 회복한다는 내용입니다.

그 뒤로 이온은 아테네의 왕이 되었고, 주민을 호플레테스, 겔레온테스, 아르가데이스, 아이기코레이스 등 4부족으로 나누어 다스렸는데, 이것이 이른바 이오니아의 4부족으로 이온은 그들 부족의 시조가 되는 것입니다. 아폴론의 아들다운 결말이 아닐 수 없습니다.

원형극장과 피티아 제전 4
Theatre&Pythian Games

델포이 지역에서 치러진 피티아 제전Pythian Games이 피톤을 무찌른 아폴론에 의해(혹은 아폴론을 위해) 시작되었다는 점에 대해서는 별로 이론異論이 없는 것 같습니다. 그러나 제전을 시작한 이유에 대해서는 다음과 같이 두 가지로 의견이 나뉩니다. 하나는 아폴론이 피톤을 무찌른 것을 자랑스럽게 생각하여, 그 위대한 업적을 기념하기 위해 축제를 개최했다는 설입니다.

그와는 반대로, 가이아의 아들인 피톤을 죽인 일로 가이아의 노여움을 살까 염려하여 죄를 씻기 위해 피톤의 아내인 피티아의 이름을 딴 축제를 시작했다는 설도 있습니다. 어느 것이 더 옳은지를 현대인으로서는 판단하기 어렵지만, 피티아 제전이 당시로

Jan Boeckhorst '피톤을 죽인 아폴론'

서는 매우 중요했고 또 성대하게 치러진 것은 분명한 것 같습니다.

피티아 제전은 4년에 한 번씩 열렸습니다. 고대 그리스에는 피티아 제전을 포함하여 중요한 4대 제전이 있었는데, 여기서 그것들에 대해 간단하게나마 알아보고 갑시다.

올림피아 제전은 올림피아Olympia(펠로폰네소스 반도 북서쪽에 있는 곳으로 제우스를 주신으로 모심)에서 제우스Zeus를 위해 개최하였고, 피티아 제전은 아폴론을 위해 델포이에서 개최했으며, 이스트미아 제전은 포세이돈을 위해 이스트모스(펠로폰네소스 반도와 본토를 잇는 코린트에 있는 도시)에서 4년마다 개최했습니다. 그리고 헤라클레스가 사자를 퇴치한 곳으로 유명한 네메아의 에피다우로스 계곡에서는 제우스를 위한 네메아 제전이 개최되었지요. 이들 4대 제전은 4년마다 열렸으며, 젊은이들의 육체적 기량과 정신력을 기르는 것이 주된 목적이었습니다.

특별히 피티아 제전에서 우승한 사람에게는 델포이 성소聖所 안에 자신의 조각상을 세울 수 있는 권리가 주어지고, 상으로 월계관이 수여되었다고 합니다. 경기 종목은 달리기, 레슬링, 권투, 경마, 전차 경주, 5종 경기 등이었으며, 당시의 경기 모습은 고대 그리스 도기에 사실적으로 표현되었습니다. (아폴론 성역 북쪽의 스타디움이 전차 경주가 이루어지던

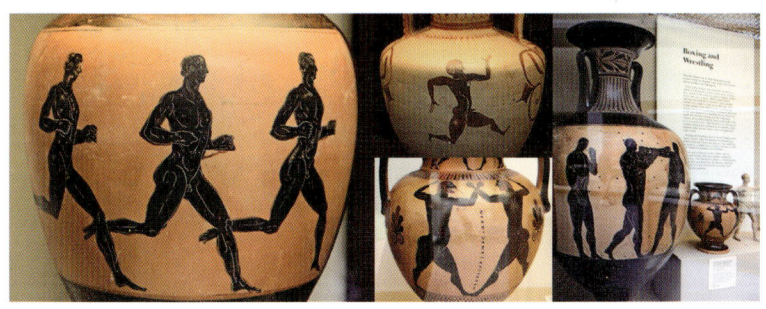

운동선수들이 그려진 고대 그리스 도기들(대영박물관 소장)

멜포이 극장 유적

곳입니다.)

델포이의 피티아 제전은 운동 경기뿐만 아니라 연극 공연이 함께 펼쳐지는 것이 특징이었습니다. 예술의 신이자 뮤즈들의 지배자인 아폴론을 위한 프로그램이었던 것으로 보입니다. 연극 공연은 아폴론 신전 뒤에 있는 야외극장에서 이루어졌는데, 극장은 현재도 옛 모습이 잘 보존된 편입니다.

피티아 제전을 비롯한 그리스인의 축제는 로마 제국 치하에서 이교도의 행사라고 탄압받다가 테오도시우스 황제 때 중단되면서 역사에서 사라지게 됩니다.

김나지움  ⑤
Gymnasium

아폴론 신전 동쪽에는 아테나 여신을 위한 신전이 있던 자리가 있는데, 그곳으로 가는 길에 운동장 형태의 김나지움 유적이 있습니다.

김나지움이란, 'gymnasium(라틴어)'에서 나온 말로 그리스에서는 '김나시온gymnasion'이라고 했고, '운동하는 곳'이란 뜻이었습니다. 체육 시설이 곧 김나지움이었던 것이지요. 제대로 격식을 갖춘 김나지움은 직사각형의 안뜰을 콜로네이드colonnade(늘어선 기둥들)가 감싼 건물로, 지금으로 말하자면 종합 체육관 같은 곳이었습니다. 그 안에는 실내 경기장, 노천

델포이 김나지움 유적

코스 섬의 김나지움 유적

경기장, 연습실, 탈의실, 목욕 시설 등을 갖추고 있었다고 합니다. 그리스 코스 섬의 김나지움 유적Gymnasion of Kos을 보면 제대로 된 김나지움의 규모를 짐작할 수 있습니다.

그러나 모든 김나지움이 그런 것은 아니고, 체력을 단련하고 운동할수 있는 시설이면 김나지움이라고 했습니다. 지금도 gymnasium이란 영어 단어에 '체육관, (실내) 경기장, 체육 학교' 등의 의미가 있는 것은 그때문입니다. 영어권에서 김나지움은 대개 체육 시설을 일컫는 말로 사용되지요.

그런데 고대 그리스 시대에 김나지움이 오로지 운동하는 장소로만 사용된 것은 아닙니다. '건강한 신체에 건전한 정신이 깃든다.'고 믿었던 고대 그리스인들은 운동을 통해 신체를 건강하게 단련하는 것이 지성을 키우는 수단이라고 생각했습니다. 즉, 운동 그 자체가 목적이 아니라, 학문과 예술의 한 수단으로써 신체 단련을 권장했던 것입니다. 따라서 김나지움은 단순한 체육시설이 아니라, 교육기관이었던 것이지요.

이런 전통은 현대에까지 이어져, 김나지움이란 단어에 '학교'라는 의미가 포함됩니다. 대표적인 예가 독일로, 독일은 고대 그리스의 전통을 계승하여 16세기에 고전적 교양을 키우기 위한 교육 시설을 김나지움이라고 했고, 19세기에는 대학 입학을 준비하는 학교를 김나지움이라고 불렀습니다. 지금도 독일에서는 중등 교육기관을 김나지움이라고 합니다. 그리고 독일의 영향을 받은 주변 나라들에도 김나지움이라고 불리는 학교가 있지요. 독일어에서의 김나지움이 체육 시설보다는 학교의 의미가 강한 것은 그 때문입니다.

델포이의 김나지움 유적지에서 김나지움의 변천 과정을 생각해 보았습니다.

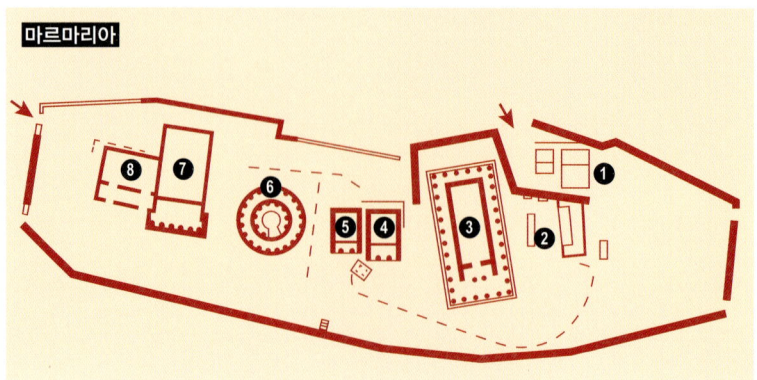

마르마리아

❶ 고대 신전 혹은 보물 창고 Archaic temples or treasuries
❷ 제단들 Altars
❸ 고대 아테나 프로나이아 신전 Old temple of Athena Pronaia
❹ 도리아식 보물 창고 Doric Treasury
❺ 마실리아(현재의 마르세유)의 이오니아식 보물창고 Ionic treaury of Massilia
❻ 톨로스 Tholos
❼ 후기 아테나 프로나이아 신전(❸의 신전이 BC 373년 지진으로 무너진 후 지어짐)
   Latest temple of Athena Pronaia
❽ 사제관 Priests' House

아테나 프로나이아 성역과 톨로스 6

Sanctuary of Athena Pronaia&Tholos

　김나지움 유적 동쪽에 아테나 여신의 성역Sanctuary of Athena Pronaia이 있었다고 합니다. 마르마리아Marmaria라고 불린 이곳은 특히 아테네 사람들에게 신성한 곳이어서, 그들은 비록 아폴론의 신탁이 궁금하여 델포이에 왔어도, 먼저 이곳에 있는 아테나 신전부터 찾았다고 합니다. 아테네 사람들에겐 누가 뭐래도 아테나가 수호신이었으니까요.

　그런데 아테나를 위해 세운 신전을 '아테나 프로나이아 신전'이라고 한 까닭이 궁금합니다. '프로나이아'는 무슨 의미일까요.

　프로나이아는 프로나오스Pronaos와 비슷한 단어인데, 신전의 현관 부분(입구)을 가리킵니다. 그러니까 아테나 프로나이아 신전이란 이름은, 아테나 신전이 델포이 성역의 앞쪽(그들이 신성하게 생각한 방향인 동쪽)에 위치해 있기 때문에 붙은 이름으로 볼 수 있습니다. 혹은 아테나 프로나이아가 '입구를 지키는 아테나'란 뜻을 갖는 아테나의 별칭이라고 보는 견해도 있습니다. 아테나가 호전적이면서 도시를 수호하는 역할을 했기 때문에 붙은 별칭인 것이지요.

　기록 사진을 보면 1905년까지만 해도 어느 정도 형태가 남아있었던 것으로 보이는데, 지금은 폐허로 변해 보는 이를 안타깝게 합니다.

　둘 다 제우스의 자식으로서 쟁쟁한 능력을 갖춘 라이벌 관계였던 아테나와 아폴론은 그리 사이가 좋은 편은 아니었던 것 같습니다. 뒤에서 다시 이야기하겠지만, 헤라클레스의 트라이포드 탈취 사건 때 아테나가 헤라클레스 편을 든 것만 봐도 아폴론과의 껄끄러운 관계를 짐작할 수 있습니다. 트로이 전쟁 때는 아테나가 그리스 연합군 편을 들자 아폴론은 트로이 편을 들었지요.

델포이의 아테나 신전 유적(1905년)

델포이의 아테나 신전 유적(현재)

그런 두 신의 관계를 고려할 때, 아폴론의 성역 한쪽에 아테나를 위한 신전을 세운 것은 무례한 일이라고 볼 수도 있습니다. 그러면 아테네 사람들은 왜 이런 무례를 감수한 것일까요. 그것은 아무래도 그 당시 아테네의 위상이 막강했던 것과 관련이 있을 것입니다. 두 차례의 페르시아 전쟁을 승리로 이끈 주역으로서의 자신감이 자신들의 수호신을 위한 신전을 델포이에 짓는 용감한 행동으로 나타난 것으로 보입니다. 아테네의 보물 창고가 가장 크고 화려했다는 사실도 그와 일맥상통하는 일이겠지요.

아테나 신전 가까운 곳에 남아 있는 톨로스Tholos는 둥근 형태를 가진 건물터입니다. 톨로스란 말 자체가 '원형 건물'이라는 뜻이지요. 흐르는

델포이의 톨로스 유적

세월 속에서 많이 훼손되었지만 남아 있는 부분만으로도 충분히 아름
다움을 짐작할 수 있는, 델포이의 가장 포토제닉한 유적이랍니다.

원래 톨로스는 20개의 기둥이 둥글게 서 있는 구조였는데, 현재는 세
개의 기둥만이 원형을 유지하고 있습니다. 그런데 이 건물의 용도에 대
해서는 아직까지 확정된 설이 없으며, 아테나의 신전이라는 설, 아르테
미스의 신전이라는 설, 북풍의 신 보레아스의 신전이라는 설 등이 분분
하여 신비로움을 더한답니다.

피티아가 트라이포드를 빼앗긴 사연

피티아는 본래 괴물 뱀 피톤의 아내였습니다. 아폴론이 피톤을 죽일 때 피티아의 운명도 위태로웠지만, 아폴론이 죽이지 않고 여자의 몸으로 바꿔주었다고 합니다. 그리곤 델포이 신탁소를 맡겨 여사제로서 살게 해주었지요. 신탁소에 여사제가 필요했던 이유는, 아폴론이 직접 인간을 상대할 수는 없었기 때문입니다. 그는 신이었으니까요.

피티아는 신의 뜻을 받아 인간들에게 전해주는 일을 했습니다. 그럴 때 그녀는 다리가 세 개인 의자tripod에 앉아 신탁을 전했는데, 그 모습을 그림으로 보면 오른쪽과 같습니다. 피티아가 앉아 있는 의자의 생김새를 잘 보세요.

그런데 피티아가 한번은 이 의

John Collier '델포이의 여사제'

자를 빼앗긴 적이 있답니다. 아폴론을 대신해서 신들의 뜻을 인간에게 전해주는 여사제의 물건이라면 신성하다고 할 수 있는데, 그런 신성한 물건을 빼앗은 간 큰 사람이 과연 누구일까요?

문제의 장본인은 헤라클레스였습니다. 그는 그 당시 무고한 이피토스Iphitos를 죽인 죄로 몹쓸 병에 시달리고 있었습니다. 어떻게 해야만 병이 나을 수 있는지 궁금했던 헤라클레스는 델포이를 찾아가 신탁을 듣기로 합니다. 그런데 살인자는 신탁을 물을 수 없다는 원칙을 내세우며 피티아가 신탁 전하길 거부한 것입니다. 그러자 화가 난 헤라클레스가 피티아의 트라이포드를 빼앗아 달아난 것이지요.

BC 520년경 Taleides의 작품으로 추정(루브르박물관 소장)

이 어처구니없는 해프닝은 그리스 사람들에게 잊을 수 없는 재미를 주었던 것 같습니다. BC 6~BC 5세기 무렵의 그리스 도기암포라/Amphora에 종종 등장하니 말입니다. 사진으로 확인해 볼까요.

사자 가죽을 쓰고 몽둥이를 든 헤라클레스가 트라이포드를 들고 달아납니다. 그러자 아폴론이 황급히 뒤쫓는군요. 아폴론은 궁술의 신답게 화살통을 메고, 활과 화살을 들고 있습니다. 머리엔 월계관도 쓰고 있군요.

다른 신들이 개입하는 그림도 있답니다.

왼쪽에 트라이포드를 들고 있는 이가 헤라클레스이고, 그것을 빼앗으려 하는 이가 아폴론입니다. 헤라클레스는 사자 가죽과 몽둥이가 상징물이기 때문에 구별하기 쉬운 편입니다.

그러면 그들의 옆에 있는 이들은 누구일까요? 헤라

BC 510~BC 500년경 작품으로 추정(루브르박물관 소장)

클레스 옆에 있는 이는 투구를 쓰고 있군요. 전쟁의 여신 아테나이지요. 이것은 아테나가 헤라클레스 편을 들었다는 뜻입니다. 그러면 아폴론 옆에 서 있는 이는 누구일까요. 아폴론의 쌍둥이 누이인 아르테미스랍니다. 피는 물보다 진하다고, 아르테미스는 동생(아폴론이 태어날 때 먼저 태어난 아르테미스가 어머니인 레토의 출산을 도왔다고 하니, 아르테미스가 누나입니다) 편을 든 것이지요. 그렇다면 아테나 여신이 헤라클레스 편을 든 까닭이 문득 궁금해지는군요.

아테나와 헤라클레스는 좋은 인연이 있었습니다. 헤라클레스가 젊었을 적에 쾌락과 미덕을 놓고 선택해야 했던 적이 있는데, 그때 아테나의 뜻을 따랐던 것입니다. 그림을 보면서 그 사연을 알아봅시다.

하루는 젊은 헤라클레스 앞에 두 여신이 나타났습니다. 그중의 한 여신은 눈부시게 아름다웠는데, 헤라클레스에게 "그대를 고통 없이 늘 쾌락을 즐길 수 있는 길로 안내할 테니 나를 따라오라."고 합니다. 다른 여신은 단정하고 엄숙한 모습으로 "내가 안내할 길은 고통스럽고 힘들지만, 정의롭고 참다운 삶을 살 수 있는 길이다."라고 합니다. 헤라클레스

Pompeo Batoni '헤라클레스의 선택'

는 잠시 망설이다가 힘들지만 정의로운 길로 안내하겠다는 여신을 따라나섭니다. 폼페오 바토니의 그림에서 헤라클레스 앞에 서 있는 여신이 아테나입니다. 투구를 쓰고 창과 방패를 든 여신이라면 아테나이니까요.

그런 인연이 있었기 때문에 아테나는 헤라클레스 편을 든 것으로 보입니다.

아폴론과 헤라클레스의 다툼은 아테나와 아르테미스의 개입으로 더 복잡해졌을 뿐, 쉽게 해결되지 않습니다. 결국 제우스가 벼락을 내려 싸움을 말렸다고 합니다.

이 사건으로 인해 헤라클레스는 유명한 벌을 받게 됩니다. 바로 리디아의 여왕 옴팔레Omphale에게 팔려가 종살이를 하게 된 것입니다. 3년 동안 헤라클레스는 옴팔레의 노예가 되어 여장女裝을 하고 실을 잣는 등 여자의 역할을 했다고 합니다. 천하장사 헤라클레스에게는 굴욕적인 세월이었지요. 그 세월을 견디어낸 다음에야 비로소 이피토스를 죽인 죄로 얻었던 헤라클레스의 병이 나았다고 하니, 아마도 불같은 그의 성정을 누르기 위해 아버지인 제우스가 고육지책으로 그런 벌을 내린 것이 아닐까 합니다.

헤라클레스의 남자다움
의 상징인 사자 가죽은 옴
팔레의 손에 들려 있고, 시
녀는 헤라클레스의 머리
에 리본을 매어주는 그림
을 보면 옴팔레의 궁전에
서 그가 어떤 생활을 했는
지 짐작할 수 있습니다.

델포이 신전의 트라이포
드를 훔친 일이 불러온 여
파였기에 델포이에서 생각
해 보았습니다.

Johann Heinrich Tischbein the Elder '헤라클레스와 옴팔레'

8장

산토리니
Santorini

산토리니

이아
Oia

Finikia

티라시아 섬
THIRASIA

Potamos

Manolas

티라 섬
Thira

이메로바글리
Imerovigli

Vourvoulos

Exogialos
Firon

Exo
Katikies

Kanakari

피로스테파니
Firostefani

Mesa Katikies

피라
Fira

Katrados

볼케이노 섬
NEA KAMENI

Monolithos

공항

Mesaria

팔라이아 카메니 섬
PALAIA KAMENI

아스프로니시 섬
ASPRONISI

신항구
Athinios Port

Exo Gonia

피르고스
Pirgos

Mesa Gonia

Megarochori

Kamari

블랙 비치
(카마리 해변)

아크로티리
Akrotiri

고대 티라
유적지

Mesa
Pigadia

아크로티리
유적지

Emporio

Perisa

화이트 비치

레드 비치

페리사 비치

400

산토리니의 이해 💬①

산토리니라는 이름은 13세기경에 이 섬에 들어온 로마인들이 데살로니카 출신의 가톨릭 성녀 이레네Santo Irene(산토 이레네)의 이름을 따서 부르기 시작한 데서 유래한다고 합니다.

현재의 산토리니는 화산 폭발로 섬의 가운데 부분이 대부분 가라앉아 오른쪽으로 초승달처럼 갸름한 육지가 남았을 뿐입니다. 이곳을 티라Thira, Thera 섬이라고 하지요. 그리고 칼데라 바다 건너편에 티라시아Thirasia 섬이 있고, 칼데라 한가운데에는 볼케이노 섬(화산섬)이 있습니다. 그 밖에 무인도인 네아 카메니, 팔라이아 카메니, 아스프로니시, 크리스티아나 섬 등이 흩어져 있답니다. 원래는 하나의 섬이었는데, 화산 폭발로 인해 작은 섬들로 나뉜 것입니다.

산토리니 본섬인 티라는 면적이 겨우 73km^{2}로, 마음먹고 돌아보면 하루에도 다 볼 수 있을 정도로 아담한 곳입니다. 이 작은 섬에 여러 개의 마을이 있는데, 섬이 작으니 마을 역시 작을 수밖에 없습니다. 그래서 더욱 정겹고 구석구석 걷고 싶은 마음이 드는 곳입니다.

산토리니 본섬의 주요 마을에 대해 간략하게 소개하자면, 먼저 북쪽 끝에 위치한 이아Oia 마을부터 이야기해야 합니다. 에게 해의 푸른 바다를 내려다볼 수 있어 전망이 시원스럽고, 특히 해질 무렵의 분위기가 환상적입니다. 가파르게 솟은 절벽 위로 파란 지붕과 하얀 벽을 가진 건

물들이 아슬아슬하게 버티고 있어 한번 보면 쉽
게 잊을 수 없는 독특한 아름다움을 가진 마을
이지요. 광고나 화보에 자주 등장하며 산토리니
를 대표하는 마을에 등극한 것은 다 그럴 만한
이유가 있는 것이지요.

블랙 비치(카마리 해변)

이아 마을에서 남쪽을 향해 내려오다 보
면 이메로비글리Imerovigli 마을과 피로스테파
니Phirostephani, Firostefani 마을이 있습니다. 이아
마을과 피라 마을의 중간 지점이지요. 그래서 산토리니를 여행하는 사
람이라면 거쳐 가기 마련인 마을들입니다. 이메로비글리는 섬에서 가
장 높은 곳에 위치해 있으며, 과거에 귀족들이 살던 곳입니다. 키클라딕
양식의 건축물이 많고, 600년 동안 한 번도 정복된 적이 없는 스카로
스Scaros 성이 있습니다.

피로스테파니 마을은 피라 마을에서 북쪽으로 약 10분 거리에 있으
며, 관광 중심지인 피라 마을과 가까우면서도 소란스럽지 않은 차분한
분위기 때문에 여행자들이 숙박 장소로 선호하는 곳입니다. 절벽 쪽으
로 들어선 호텔들이 많아 화산섬의 아름다운 풍광을 바라볼 수 있어
많은 사랑을 받는 마을입니다.

피라Fira 마을은 위치로 보나 규모로 보나 혹은 역할로 보나, 명실상
부한 산토리니의 중심입니다. 산토리니 여행에 필요한 모든 것은 피라
마을에 모여 있다고 보면 됩니다. 이아 마을이 보여주는 관광지라면, 피
라 마을은 관광지이면서 동시에 산토리니 사람들의 삶의 터전입니다.

피라 마을 아래쪽으로는 항구가 있고, 섬의 남쪽 끝에는 고대 유적지
인 아크로티리 마을이 있습니다. 그리고 동쪽과 남쪽 해변으로 해수욕

레드 비치   화이트 비치

장이 있어 휴양지로 이용된답니다.

　산토리니는 사면이 바다인 섬인 만큼 아름다운 해변들도 주요 관광지 중 하나입니다. 대표적으로 화산 활동으로 만들어진 검은 화산석 때문에 블랙 비치라고 불리는 카마리 비치Kamari Beach와 페리사 비치Perissa Beach, 검은색과 붉은색의 화산석이 부서진 모래와 자갈로 해변이 이루어져 있는 레드 비치Red Beach, 하얀색의 벼랑 때문에 그 이름이 붙은 화이트 비치White Beach 등이 있습니다.

　여기서는 산토리니의 아름다운 마을들과 고대 유적 등을 차근차근 살펴보려고 합니다.

산토리니의 역사

그동안의 고고학적 연구와 아크로티리 Akrotiri 유적지 발굴 결과에 따르면 산토리니에 인간이 살기 시작한 것은 대략 신석기 시대(BC 5000년 경)부터였을 것으로 추정됩니다. BC 3600년경에는 주변 문명과의 교류를 통해 문화적으로 커다란 진보가 있었던 것으로 알려졌습니다. 아크로티리 유적지에서 발견된 프레스코 벽화와 다양한 도기들은 크레타에서 발견되는 것들과 유사한 점이 있는데, 이는 산토리니가 당시의 문화적 선진국인 크레타의 영향을 받았기 때문으로 보입니다.

산토리니는 고대에 '둥글다'는 의미로 스트롱길리 Strongyli 라고 불렸으며, '가장 아름다운 곳'이란 의미의 칼리스티 Kanllisti 라고도 불렸습니다. 전자는 섬이 둥근 공 모양이었기 때문에, 그리고 후자는 에게 해의 푸른 바다와 어울린 아름다운 풍광 때문에 붙인 이름으로 보입니다. 그러나 아름답고 풍요롭던 산토리니는 BC 1600~BC 1500년경의 화산 분출과 함께 종말을 고합니다. 산토리니에서 일어난 엄청난 규모의 화산 폭발은 섬의 모양을 바꾸어놓았을 뿐만 아니라, 약 110km 떨어진 크레타 섬에까지 영향을 미쳐 아마도 미노아 문명의 멸망을 재촉하지 않았나 생각됩니다.

화산 폭발 후 산토리니 섬의 중앙부가 바닷속으로 가라앉아 현재와 같은 모양이 되었는데, 하루아침에 사라진 도시에 관한 이야기는 사라진 전설 속의 대륙 아틀란티스와 연관 짓는 이유가 되었습니다.

화산 폭발로 모든 것이 사라지고 난 뒤 산토리니에는 인간의 자취가 사라졌다가 BC 13세기 말에 페니키아 인Phoenicians들이 고대 티라 지역에 정착하면서 다시 사람의 발길이 닿기 시작했습니다.

그러나 페니키아 인들은 BC 1100년경에 라세디모니안Lacedaemonian에 의해 정복당했고, 섬은 그들의 지도자 이름을 딴 Theras란 새 이름을 얻었습니다. 그래도 페니키아 인들이 남긴 흔적으로 섬의 거주민들은 페니키아 문자를 사용했다고 합니다.

BC 7~BC 6세기에는 주변의 섬들과 활발한 교역을 했고, 아프리카 북부 해안까지 활동의 범위를 넓혔습니다. 거기에서 키레네Cyrene(북아프리카 – 현재의 리비아 – 의 한 도시)를 발견하고 식민지로 삼았는데, 그곳이 테라 인이 건설한 유일한 식민지였습니다.

그 후 그리스 본토와도 교류하였고, 그리스가 로마 제국의 지배를 받게 되었을 때 산토리니도 로마의 식민지가 되었습니다. 고대 티라 유적에 남아 있는 로마식 목욕탕은 그때의 흔적입니다.

로마 제국의 지배에서 벗어난 뒤로도 1453년까지는 비잔틴 제국과 베네치아 공화국의 지배를 받았고, 1453년부터 약 400년 동안은 오스만 제국의 지배를 받았지요. 1830년에 그리스가 독립한 후에야 비로소 산토리니도 독립을 되찾아 현재에 이르고 있답니다.

크고 작은 섬들로 이루어진
키클라데스 제도

산토리니는 에게 해에 별처럼 흩어져 있는 섬들을 묶어서 표현하는
키클라데스 제도Cyclades 諸島의 최남단에 위치한 섬입니다. 물론 산토리
니보다 더 남쪽에 크레타 섬이 있지만, 그곳은 에게 해가 아닌 크레타
해에 속하기 때문에 키클라데스 제도에 들어가지 않지요.

220여 개의 크고 작은 섬들로 이루어진 키클라데스 제도에는 산토리
니 말고도 우리 귀에 익숙한 델로스 섬, 낙소스 섬, 미코노스 섬, 밀로

키클라데스 제도

스 섬, 파로스 섬 등이 있습니다. 키클라데스_{Kykladhes, Cyclades}라는 말은 그리스어로 '주위_{around}'라는 뜻인데, 그리스 신화에서 가장 중요한 장소 중 하나인 델로스 섬 주위에 섬들이 모여 있다고 하여 붙은 이름입니다. 그럼, 앞에서 언급한 중요한 섬들을 먼저 살펴볼까요.

델로스 섬_{Delos Island}은 태양신 아폴론과 달의 여신 아르테미스가 태어난 곳입니다. BC 7세기경에는 아폴론 남매를 숭배하는 사람들이 모여들던 고대 종교의 순례지였습니다.

그리스 신화에 의하면, 제우스의 사랑을 받아 쌍둥이를 임신한 레토 여신이 산달이 되자 질투심에 사로잡힌 헤라 여신이 세상의 모든 땅들에게 "레토에게 출산할 수 있도록 땅을 내어주면 내가 영원히 저주할 것이다."라고 엄포를 놓았다고 합니다. 헤라의 저주가 두려웠던 땅들은 레토가 오면 내쫓기에 급급했으므로, 레토는 아이를 낳을 수 없었습니다.

그것을 보고 안타깝게 생각한 포세이돈이 아직 섬이 되지 못한 작은 땅 조각을 물 위로 떠올려 레토가 출산할 수 있도록 도왔다고 합니다. 그 이후로 델로스 섬에는 태양신이 태어난 신성한 땅임을 기리기 위한 아폴론 신전이 들어섰고, 숭배자들의 발길이 끊이지 않는 매우 중요한 땅이 된 것입니다.

델로스 섬은 델로스 동맹_{Delian League}(페르시아 전쟁 이후 아테네를 중심으로 결성된 그리스 도시국가 동맹)의 본부와 금고가 있었던 곳이기도 합니다. 작은 섬인 이곳에 본부를 두었던 것은 신성한 곳이므로 공격을 받지 않을 거라고 믿었기 때문이며, 동맹의 자금을 관리하는 금고를 아폴론 신전에 둔 것도 같은 이유로 보입니다.

유네스코는 1990년에 이곳을 세계문화유산으로 지정했는데, 고대 그리스의 종교적 중심지답게 여러 신전(아폴론 신전, 아테나 신전, 포로스 신

델로스 섬의 문화 유적   미코노스 섬

전, 헤라 신전)들과 성역들의 흔적이 남아 있어 문화적 가치가 높기 때문
이었습니다.

키클라데스 제도에서 가장 큰 섬인 낙소스 섬Naxos Island은 디오니소
스 신앙의 중심지였습니다. 테세우스가 버리고 간 크레타의 공주 아리
아드네를 디오니소스가 만난 곳이 바로 이 섬이었지요.

디오니소스는 아리아드네와 결혼하면서 7개의 보석이 박힌 금관을 선
물로 주었는데, 아리아드네가 죽은 뒤 그것을 하늘에 던져 북쪽왕관자
리Corona Borealis를 만들었다는 이야기가 전합니다.

미코노스 섬Mykonos Island은 올림포스 신들과 기간테스들의 전쟁(기간
토마키아) 때, 올림포스 신들 편에서 싸운 헤라클레스가 거인족을 향해
던진 바위가 섬으로 변한 것이며, 섬의 이름은 태양신 아폴론의 손자인
미콘스Mykons에서 유래되었다고 합니다.

고대 유적은 없지만 그리스의 아름다운 자연과 낭만적인 분위기를 느
낄 수 있어 여행자들이 많이 찾는 곳으로, 산토리니와 비슷한 점이 많
은 섬입니다.

밀로스 섬Milos Island은 다른 어떤 설명보다도 '현재까지 발견된 것 중에서 가장 아름다운 비너스상'으로 일컬어지는 밀로스 섬의 비너스Vénus de Milo가 발견된 곳으로 유명합니다. 현재 루브르박물관에 소장되어 있는 이 불후의 걸작은 1820년에 밀로스 섬에 있는 아프로디테(로마 신화의 비너스) 신전 근처에서 밭을 갈던 한 농민에 의해 우연히 발견되었습니다. 아프로디테 신전에 봉헌된 제물일 가능성이 높은 대목이지요. 그래서 '밀로스의 아프로디테Aphrodite of Milos'라고도 합니다.

그런데 그리스에서 제작되어 그리스 신전에 봉헌되었다가 그리스인에 의해 발견된 이 작품이 프랑스 소유가 된 것은 무슨 까닭일까요. 거기에는 이런 사정이 있다고 합니다.

비너스 상이 발견될 무렵에 이 섬에 정박해 있던 프랑스 해군이 여신상이 발견되었다는 소식을 듣고 구입하여 프랑스로 가져가 리비에르 후작에게 바쳤고, 그는 다시 이 작품을 루이 18세에게 헌납합니다. 그 다음 루이 18세의 왕명으로 루브르박물관으로 이전되어 현재는 루브르박물관을 대표하는 예술품으로서 세계인의 감탄을 자아내고 있지요.

밀로스 섬에서 발견된 비너스상(루브르박물관 소장)

그리스로서는 이런 전무후무한 걸작을 놓친 것에 통탄할 수밖에 없지만, 1820년이라면 그리스가 아직 오스만 제국의 식민지 상태일 때(그리스는 1830년에 독립함)라 자신들의 문화유산을 제대로 지킬 만한 역량이 없었습니다. 나라의 보물을 맥없이 놓친 그리스를 생각하면 당사자가 아닌 외국인의 마음에도 안타깝기만 합니다.

파로스 섬Paros Island은 품질 좋은 흰색 대리석을 대량으로 생산하여 그리스 본토뿐만 아니라 이탈리아 등의 외국으로도 수출한 것으로 알려졌습니다. 앞에서 살펴본 밀로스 섬의 비너스도 파로스 섬의 대리석으로 조각한 것이라고 합니다. 조각에 적합한 대리석의 생산지답게, 유명한 조각가도 많이 배출하여 아리스토클레스Aristokles나 스코파스Skopas 등이 파로스 출신이라고 하는군요. 특히 스코파스는 조각가이자 건축가로, BC 4세기에 활동한 조각가 중에서 가장 뛰어나다는 평을 받는 거장입니다. 워낙 오래전의 인물이므로 그의 작품이 남아 있는 예는 드물지만, 유럽의 박물관에 소장된 대리석 조각품 중에는 그의 작품을 모각模刻(기존에 있던 것을 베껴 새김)한 것으로 여겨지는 것이 여러 점 있답니다. 후대의 작가들이 다투어 베낄 만큼 그의 작품이 위대했던 것이지요. 바티칸박물관의 '멜레아그로스Meleagros상', 로마 카피톨리니박물관의 'Fortuna huiusce diei(행운의 날)'을 의인화한 행운의 여신상은 그의 작품이거

바티칸박물관 '멜레아그로스상'

나, 아니면 그의 작품을 후대에 모
각한 작품으로 봅니다. 설령 모각
품이라 할지라도 그의 솜씨를 짐
작하는 데는 어려움이 없지요.

로마 카피톨리니박물관 '행운의 여신'

이제부터 우리가 여행할 산토리
니는 키클라데스 제도 중에서도
가장 그리스다운 풍광을 자랑하는
섬으로, 눈부시게 푸른 하늘과 바다, 그리고 눈처럼 새하얀 건물들의
조화가 사무치게 아름다운 곳입니다. 산토리니에 대해서는 더 자세하게
알아보도록 하겠습니다.

사라진 대륙 아틀란티스의 전설

산토리니가 대규모 화산 폭발 때 섬의 중앙부가 가라앉았다는 사실은 산토리니를 하늘 위에서 내려다본 사진을 보면 이해하기 쉽습니다. 화산 폭발로 보통의 분화구가 생겼다면 섬 중앙에 칼데라 호수caldera lake(백두산 천지나 한라산 백록담같이 화산 폭발로 생긴 분화구에 물이 고여 만들어진 호수)가 만들어졌을 텐데, 워낙 침몰의 규모가 크다 보니 아예 섬이 조각나 버려 칼데라 바다가 되어 버린 것입니다.

화산 폭발로 사라지기 이전의 산토리니에는 미노아 문명의 일부인 고대 문명이 발달했을 것으로 추정됩니다. 그런데 어느 날 갑자기 밀어닥친 자연의 재앙 앞에 번영을 누리던 도시가 통째로 사라지고 만 것입니다.

산토리니 지형

이렇게 불운한 산토리니의 운명을 놓고, 사람들은 전설 속의 대륙 아틀란티스와 연관 지어 생각하기도 합니다. 여기서는 아틀란티스 대륙이란 무엇인지 알아보고자 합니다.

고대 그리스의 철학자인 플라톤은 자신의 저서 〈티마이오스Timaios〉와 〈크리티아스Critias〉에서 먼 옛날 지진으로 가라앉은 지상 낙원과 같은 도시 아틀란티스에 대해 언급했습니다. 그는 그 이야기를 스승인 소크라테스로부터 들었다고 했고, 소크라테스는 아테네의 현명한 정치가 솔론Solon에게서 들었으며, 솔론은 다시 이집트의 승려로부터 들었다고 하니 신빙성에 있어서는 문제가 있지만, 플라톤과 같은 유명한 철학자가 이야기를 전함으로써 사람들에게 아틀란티스는 호기심을 자극하는 이야깃거리가 될 수밖에 없었지요.

아틀란티스의 생성을 바다의 신 포세이돈과 연결 지어 설명하는 사람들의 이야기를 들어보면 정말로 신화적입니다.

바다의 신 포세이돈은 크레이토우라는 여자와 결혼하고 바다 한가운데에 그녀가 생활할 수 있는 섬을 만들어주었다고 합니다. 그런데 그 섬은 섬 중앙을 둥근 모양의 육지가 이중으로 둘러싸는 형상이었다고 하는군요. 포세이돈은 이곳에 지상 낙원을 이뤄놓고 크레이토우와 함께 지내며 다섯 쌍의 쌍둥이 아들(그러니까 모두 열 명이군요)을 낳았습니다. 훗날 그는 섬을 10등분 한 다음 열 명의 아들들에게 나누어 주고 다스리도록 했는데, 왕 중의 왕 자리는 가장 맏이인 아틀라스Atlas에게 맡겼기 때문에 섬의 이름이 아틀란티스가 된 것이라고 하지요.

플라톤의 설명에 의하면 아틀란티스는 중앙에 포세이돈을 모시는 신전이 있었으며, 그 주변에는 이웃 나라에서 봉헌한 제물들이 즐비하고, 포세이돈이 팠다고 전해지는 두 개의 샘(따뜻한 물이 솟는 샘과 차가운 물이 솟는 샘)은 수영장으로 사용되었다고 하지요. 섬에는 다양한 용도의 건축물들이 빽빽하게 들어섰고, 항구에는 세계 각지에서 몰려든 무역선들로 항상 분주했다고 합니다. 섬의 남쪽에는 높은 산들로 둘러싸인 광대한 대륙이 있고, 중앙부를 감싼 이중의 육지 사이에는 운하와 수로가 질서정연하게 들어서서 운송에 편리하게 이용되었다고 해요.

주변의 나라들과 비교할 수조차 없을 정도로 풍요롭고 높은 문화 수준을 유지하던 아틀란티스는 어느 날 갑자기 사라지는데, 사람들은 그 이유를 아틀란티스 사람들이 포세이돈으로부터 물려받은 고귀한 신의 품성을 잃어버리고 크레이토우로부터 물려받은 천박한 인간의 모습으로 변해가는 것을 괘씸하게 생각한 제우스가 벌을 내려 바닷속으로 가라앉게 했기 때문이라고 믿었습니다. 아마도 지진이나 화산 폭발 등의 자연재해를 제우스의 분노로 해석한 듯합니다.

사람들은 하루아침에 사라진 지상 낙원 아틀란티스가 어디에 있었을까 하는 궁금증을 가졌습니다. 대부분의 사람들은 아틀란티스가 대서양에 있었을 거라고 믿었지요. 대서양을 영어로 'Atlantic Ocean'이라고 하는데, 이는 '아틀라스(포세이돈의 아들)의 바다Sea of Atlas'라는 뜻이기 때문입니다. 대개 헤라클레스의 기둥Pillars of Hercules(헤라클레스가 아틀라스 산맥을 밀어버리고 세웠다는 기둥으로, 현재의 지브롤터를 말함) 너머에 아틀라스 대륙이 있었을 거라고 믿는데, 그곳이 바로 대서양인 것입니다.

그러나 에게 해의 산토리니 섬이 사라진 아틀란티스일 거라고 주장하는 사람들도 있답니다. 플라톤은 앞에서 말한 저서에서 '아틀란티스 왕국이 아테네를 침공했는데, 아테네군의 과감한 반격에 막혀 물러났다. 이는 신들이 아틀란티스를 외면하고 아테네를 보호했기 때문이다.'라고 했는데, 이 주장에는 아틀란티스가 아테네와 가까운 곳에 있었다는 의미가 담겨 있습니다. 산토리니의 경우, 찬란했던 문명을 누리던 도시가 하루아침에 바다 아래로 가라앉았다는 점에서 아틀란티스의 멸망과 비슷한 점이 있으므로 설득력이 있다고 보는 것이지요.

이아 마을 ② {#oia}

Oia

    산토리니가 우리나라 사람들에게 사랑받기 시작한 것은 아마도 이아 마을에서 찍은 한 편의 음료수 광고 때문일 것입니다. 광고 속의 눈부시게 푸른 하늘과 바다, 그리고 눈처럼 새하얀 건물의 조화는 너무나 아름다워서 마치 동화 속의 풍경만 같았지요. 그때부터 이아 마을은 우리

이아 마을 전경

이아 마을

에게 산토리니의 상징과도 같은 곳이 되었습니다.

피라 마을과 함께 산토리니 섬의 중심이 되는 이아 마을은 산토리니의 가장 북쪽 끝에 위치하고 있습니다. 그러다 보니 시야를 방해하는 것 없는 탁 트인 전망이 일품이지만, 그보다는 해 질 무렵 붉게 물드는 하늘과 바다가 숨 막힐 정도로 아름답지요. 세상에서 가장 아름답다는 평가를 받는 이 일몰 풍경을 보기 위해 여행자들이 몰려드는데, 그것 또한 장관을 이룬답니다. 사람이 풍광에 아름다움을 더해주는 것이지요.

화산 폭발로 땅이 주저앉으며 만들어진 깎아지른 듯 가파른 절벽 위로 파란 지붕과 하얀 벽을 가진 집들이 아슬아슬하게 들어섰습니다. 산

이아 마을의 일몰

토리니 안에 200개가 넘는 교회가 있다고 하니, 그 집들 중에는 교회도 많이 섞여 있을 것입니다. 미로와 같은 이아 마을의 골목길은 대리석으로 만들어졌으며, 호텔, 레스토랑, 커피숍, 아트 갤러리, 기념품 가게 등이 자리 잡고 있어 관광객들을 유혹하지요. 아무 일도 하지 않고 그냥 천천히 걷기만 해도 눈이 즐거운 동화 속의 마을이랍니다. 마을 안쪽은 길이 좁아 차가 다닐 수 없으니 차를 빌려서 투어할 때는 조심해야 합니다.

기념엽서에 흔히 나오는 이아 마을의 대표적인 이미지인 밝은 흰색과 파란색 지붕의 교회는 아기오스 조르기오스 교회로, 진한 푸른색의 에게 해와 대조를 이루며 아름다운 한 폭의 그림을 연출합니다.

이아 마을의 아기오스 조르기오스 교회

흰색과 푸른색의 눈부신 조화, 키클라딕 건축

산토리니에서 볼 수 있는 흰 벽과 푸르고 둥근 지붕(흰 지붕도 많지만)의 건축물은 매우 독특한 아름다움을 지니고 있습니다. 키클라데스 제도에서 흔히 볼 수 있는 이러한 양식을 키클라딕 건축Cycladic Architecture이라고 합니다. 혹은 버네큘라 건축Vernacular Architecture이라고도 하는데, 이것은 처음부터 일정한 건축 설계에 의해 짓는 것이 아니라 일상적이고도 관습적인 방식으로 그 지역의 기후와 풍토에 적합한 형태로 건축되는 것을 말합니다. Vernacular가 '고유한', '제 나라의'라는 의미를 지닌 것을 생각하면 이해가 쉬울 것입니다.

키클라딕 건축

좁고 미로처럼 이어진 산토리니의 골목길

산토리니 건축에서 보이는 가장 큰 특징은 절벽 위에 계단처럼 차곡 차곡 쌓인 주택들이 독립적이지 않고 서로 연속성을 갖는다는 점입니 다. 즉, 아랫집의 지붕은 윗집의 마당이 되고, 윗집의 지붕은 다시 그 위 에 있는 집의 마당이 되는 식이지요. 또한 다닥다닥 붙어 있는 건물들 은 벽을 공유합니다. 이것이 바로 키클라딕 건축의 특징이며, 버네큘라 방식인 것입니다.

이렇게 일정한 계획이 없이 도시를 건설하다 보니 골목길은 좁고 미 로처럼 구불구불합니다. 이제는 그것이 하나의 특색이 되어 운치 있고 정감 있게 느껴지지만, 사실은 무계획적인 도시 건설의 산물인 것입니 다. 21세기에 당나귀가 중요한 교통수단이 되는 곳은 산토리니가 거의 유일하지 않을까 생각됩니다.

그런가 하면 산토리니의 창문도 독특한 개성이 있습니다. 창은 겨울의 강한 바람과 여름의 뜨거운 햇살로부터 보호하기 위해 크기도 작게 만 들고 숫자도 적게 한 것이 특징입니다. 창문의 형태도 규칙적이거나 규

산토리니 주택의 창문

격화되어 있지 않고 크기나 모양이 제멋대로인데, 그것이 묘하게도 조화
롭게 보입니다. 이 또한 버네큘라 건축의 특징으로, 사전에 일정한 계획
을 세워 짜임새 있게 집을 짓는 것이 아니라 그때그때 필요할 때마다 형
편껏 증축하다 보니 그렇게 된 것으로 보입니다.

그렇지만 이러한 키클라딕 양식의 산토리니 건축물들은 불편하거나
남루하다는 느낌을 주는 것이 아니라 오히려 세상 어디에도 없는 아름
다운 풍경을 만들어 내며 지금은 계획적으로 건설한 도시들이 갖지 못
한 미덕을 우리에게 보여줍니다. 수많은 관광객들이 산토리니로 몰려드
는 것은 바로 버네큘라 양식의 불규칙하고 무계획적인 건물들이 모여서
만들어내는 비현실적일 정도로 아름다운 풍경 때문이니 말입니다.

마지막으로 한 가지 의문점에 대한 해답을 찾아봅시다. 산토리니를

대표하는 색깔인 파란색과 흰색에 관한 것인데, 왜 산토리니의 집들은 그 두 가지 색만 사용하는 것일까요?

먼저, 실용적인 측면에서 해답을 찾을 수 있습니다. 에게 해의 섬들은 겨울을 제외하면 대부분 뜨거운 태양이 내리쬡니다. 낮에는 몹시 무더운 날씨이지요. 그러다 보니 사람들은 조금이라도 시원하게 지내기 위해 햇빛을 반사하는 흰색으로 건물 벽을 칠하게 되었던 것입니다. 자연환경을 극복하기 위한 삶의 지혜가 흰색 건물로 나타난 것이지요. 그러다가 1970년대에 건물 벽은 흰색으로 칠해야 한다는 규정이 정해지면서 현재는 섬 전체가 흰색의 건물로 뒤덮이게 된 것입니다.

그러면 교회의 돔 지붕과 주택의 창문에 쓰이는 파란색은 어떤 의미가 있을까요. 물론 파란색이 시원스런 느낌을 주기 때문에 흰색과 더불어 건물에 사용된 측면도 있고, 예전부터 교회 지붕에 파란색이 사용되었기 때문이기도 하지만, 거기에다 그리스 국기의 두 가지 색(파란색은 하늘과 바다를, 흰색 십자가는 그리스 정교회를 상징함)을 건물에 사용함으로써 그리스다운 이미지를 만들려는 노력이 파란색과 흰색이 조화를 이루는 현재의 산토리니를 만들어낸 것입니다.

피라 마을 ③

Fira

피라Fira 마을은 산토리니의 수도에 해당한다고 할 수 있습니다. 가장 크고 번화한 곳이라는 의미에서 수도라는 말을 쓰기는 하지만, 워낙 산토리니가 작은 섬이다 보니 피라 마을은 이름 그대로 조촐한 마을에 불과합니다.

크루즈선의 승객들이 닿는 곳(구 항구)

피라 마을 전경

　그래도 산토리니 여행의 중심지답게 마을에는 호텔과 레스토랑, 카페, 기념품 가게들이 즐비하여 성수기인 여름철에는 북새통을 이루는 곳입니다.

　피라 마을 절벽 아래에는 구 항구가 있어 화산섬 투어를 할 때나, 산토리니를 찾은 크루즈 승객들이 작은 배로 이동할 때 이곳을 이용합니다. 그러나 아테네나 다른 섬에서 페리를 타고 오는 사람들은 아티니오스Athinios 라고 불리는 신 항구에 내리게 되지요. 신 항구는 바다 쪽에서 보았을 때 구 항구의 오른쪽에 있습니다.

　피라 마을 또한 이아 마을과 마찬가지로 절벽 위에 위치해 있기 때문에 아슬아슬한 전망이 매우 아름답습니다. 해 질 녘의 노을은 이아 마을에서 보는 것과 별다른 차이가 없이 아름답지요. 절벽 쪽의 카페에 앉아 한가로이 차를 마시며 에게 해의 일몰을 바라보고 있노라면 진정

피라 마을

한 휴식의 의미를 온몸으로 이해할 수 있을 것입니다.

　이아 마을이 조용한 편이라면, 피라 마을은 활기 넘치는 생동감을 느끼게 해줍니다. 해가 지고 어둠이 찾아오면 피라 마을은 발랄한 처녀처럼 아름답게 살아납니다. 가게에서 흘러나오는 흥겨운 음악이 다소 소란스럽게 여겨질 수도 있지만, 젊은이들이라면 오히려 그 점이 피라 마을의 장점으로 여겨질 듯합니다.

　골목마다 예쁘게 꾸며진 선물 가게들이 여행자의 눈길을 사로잡고, 멋진 레스토랑에서 흘러나오는 맛있는 음식 냄새는 여행자의 후각을 자극합니다. 피라 마을의 절벽 호텔은 이국적인 분위기와 황홀한 전망으로 인기 높은데, 다만 비싼 숙박비는 감수해야 합니다.

가톨릭
카테드랄

　키클라데스 제도의 섬들에 크고 작은 많은 교회들이 들어서 있는 것과 마찬가지로, 산토리니에도 많은 교회가 있습니다. 현재는 약 200여 곳의 교회가 있다고 합니다. 산토리니의 교회는 흰 벽과 푸른 돔 지붕(때로는 흰색 지붕)이 그림처럼 아름다워 여행자들로부터 사랑받는데, 가톨릭 카테드랄은 피라 마을의 중앙부에 있으며 성당 주변을 가톨릭 구

가톨릭 카테드랄

가톨릭 카테드랄의 외부

역Catholic Quarter 이라고 합니다. 이곳은 이름을 보면 짐작할 수 있듯이, 가톨릭 대성당입니다. 전 국민의 98%가 그리스 정교회 신자인 그리스에서는 보기 드문 교회인 것이지요. 더구나 이 성당이 자리 잡은 곳을 가톨릭 구역이라고 한다니 뜻밖이라는 생각이 들기도 합니다.

세례자 요한John the Baptist 에게 봉헌된 이 대성당은 부드러운 파스텔 톤 색상의 외관에 우아한 종탑이 특징입니다. 1956년에 발생한 대지진 때 크게 파괴되었고, 그 후에 재건되었습니다.

이 성당의 내부는 가톨릭 성당이라서인지 그리스 정교회 소속의 교회와는 분위기가 확실히 다릅니다. 그리스에서는 보기 힘든 가톨릭 성당이니 두 교파의 차이점을 확인해 보기 위해서라도 꼭 들어가 보기를 권합니다.

특히 세례자 요한에게 봉헌된 성당이다 보니 그를 위한 제단이 있는데 세례자 요한을 그린 그림이 동방정교회의 이콘과는 확연히 다르며, 제단 왼쪽에 있는 성녀상도 성상 사용을 기피하는 동방정교회에서는 볼 수 없는 것이지요. 또한 제단 위 천장에는 4대 복음서 저자를 그린 그림이 있는데, 이는 가톨릭 성당에서는 흔히 볼 수 있지만 동방정교회에서는 볼 수 없는 것으로 이 교회의 성격을 분명히 드러내는 요소입니다.

세례자 요한의 제단과 성녀상

가톨릭 카테드랄 내부(제단들)

제단 위의 4대 복음서 저자 그림. 차례대로 마태, 마가, 누가, 요한.

메트로폴리탄
카테드랄

피라 마을의 랜드마크 역할을 하는 메트로폴리탄 카테드랄Orthodox
Metropolitan Cathedral은 동방정교회의 교회로 규모가 꽤 큰 편입니다. 키클
라데스 제도에서 제일 큰 교회 건물이라고 하는군요. 바다 쪽에서 피라
마을을 바라보았을 때 오른쪽에 위치합니다.

앞서 살펴본 가톨릭 대성당도 그렇고 여기에서 살펴보고자 하는 동방
정교회 대성당도 그렇고, 모두 카테드랄이란 이름이 붙었습니다. 여기서
잠깐, 이 말이 무슨 의미인지를 알아보고 갑시다.

메트로폴리탄 카테드랄의 외관

카테드랄은 교회 건물(성당)을 이르는 이름 중 하나인데, 특히 주교가 관할하는 성당을 주교좌성당, 혹은 카테드랄이라고 합니다. 이 말은 주교가 앉는 의자인 카테드라cathedra에서 온 말로, 대개 도시에서 가장 규모가 크고 중요한 의미가 있는 성당이 그에 해당합니다. 서울의 명동성당도 주교좌성당이랍니다. 영어로는 cathedral, 프랑스어로는 cathédrale, 이탈리아어로는 duomo(두오모), 독일어로는 Dom(돔) 또는 Münster(뮌스터)라고 하지요.

카테드랄은 각 도시에 하나만 들어서게 되는데, 피라 마을에 두 개가 들어선 것은 가톨릭과 동방정교회에서 각각 세웠기 때문입니다.

메트로폴리탄 대성당은 원래 1827년 지어졌으나 1956년 지진 때 크게 파괴되었고, 그 후 재건되었습니다. 성당 내부의 프레스코 벽화는 지역화가인 크리스토포로스 아시미스Christoforos Assimis의 솜씨인데, 이콘을 가득 그려놓아 동방정교회의 특색을 잘 살렸습니다.

메트로폴리탄 대성당 내부

천장의 판토크라토르   두 성당의 위치 비교

특히 천장 돔에 그려진 예수상인 판토크라토르(고대 아고라의 '성 사도 교회' 편에서 설명함)가 눈길을 사로잡습니다.

참고로, 가톨릭 대성당과 동방정교회 대성당의 위치를 비교해 봅시다. 가톨릭 대성당은 피라 마을의 중심부에, 동방정교회 대성당은 오른쪽에 위치하는 것을 알 수 있습니다.

메사고니아 마을의
파나기아 에피스코피 교회

아름다운 비잔틴 양식의 파나기아 에피스코피 교회Church of Panagia Episkopi는 피라에서 6㎞ 떨어져 있는 메사고니아Mesa Gonia 마을에 위치하고 있습니다. 1115년에 비잔틴 제국의 황제인 알렉시오스 1세 콤네노스Alexios I Comnenos에 의해 세워졌으며, 산토리니에서 가장 오래된 교회라고 합니다. 작고 아담한 규모이며, 순결한 성모 마리아에게 봉헌된 교회답게 티 없이 깨끗한 외관을 지녔습니다.

파나기아 에피스코피 교회 외관

이 교회는 본디 티라Thira의 주교좌 교회였습니다. 그런데 1207년에 베네치아 군대에게 섬이 점령당하자 그리스 정교회 주교가 교회를 버리고 섬을 빠져나간 것입니다. 그 자리를 가톨릭 주교가 들어와 차지하게 되었지요. 그러다가 1453년부터 그리스가 오스만 제국의 지배를 받게 되자 이 교회를 둘러싸고 그리스 정교회와 가톨릭 교회 간에 분쟁이 시작되었습니다. 결국 교회 재산은 두 교파가 동등하게 나누고, 교회의 소유권은 그리스 정교회가 갖는 것으로 정리되어 현재에 이르고 있습니다. 1614년에 로마 교황청도 이 결정을 수용하여 평화롭게 문제가 매듭지어졌습니다.

이 교회는 외관부터 전형적인 비잔틴 교회 양식을 하고 있지만, 내부 또한 그리스 정교회의 특징을 고스란히 지니고 있습니다.

교회 내부에서 제일 눈에 띄는 것은 아름다운 촛대걸이와 여러 점의 이콘icon 입니다. 이콘은 동방정교회에서 주로 발달한 예배용 화상畫像(사람의 얼굴을 그림으로 그린 형상)입니다. 예수나 성모 마리아, 성인과 순교자

파나기아 에피스코피 교회 내부

성 소피아 성당의 이콘들

들의 모습을 프레스코화나 모자이크화로 그리는 방식이 제일 많지요. 동방정교회의 교회로 사용되었던 이스탄불의 성 소피아 성당에는 아직도 훌륭한 이콘들이 남아 있습니다.

이콘은 원래 기독교 초기에 글을 모르는 신자들에게 성서의 내용을 알기 쉽게 전달하기 위한 수단으로 도입하였습니다. 가톨릭 교회가 동서로 분열되기 전인 1054년 이전에는 로마 가톨릭도 이콘을 적극적으로 활용했습니다. 서유럽의 성당에서 볼 수 있는 다양한 이콘들은 그런 사실을 우리에게 알려줍니다. 그러나 교회의 분열 이후 이콘은 동방정교회의 전통으로 남게 되었고, 로마 가톨릭 계통의 교회에서는 다양한 스타일의 성화聖畫가 발달하면서 초기 기독교 양식의 이콘은 쇠퇴하게 되었습니다. 그리스를 여행하는 동안 보게 되는 그리스 정교회의 이콘은 유구한 전통을 갖는 기독교 문화의 일부인 것입니다.

그런데 파나기아 에피스코 피 교회에는 보통의 동방정교 회 교회에서는 보기 힘든 희 귀한 유물이 한 점 있습니다. 바로 이 십자가상입니다. 원래 이 교회에는 종교 서적과 사제 의 예복, 성구聖具와 같은 수 많은 보물들이 있었는데 1915 년의 화재로 소실되고, 성상聖 像들만이 화마를 피했다고 합

파나기아 에피스코피 교회에 보존된 성상

니다. 그러나 가까스로 살아남은 성상들 중에서 가장 훌륭한 작품 26점 을 1982년에 도난당하는 바람에 현재는 사진에서 보는 십자가상 한 점 만 남아있다고 합니다.

그런데 어느 교회에서나 흔히 볼 수 있는 십자가상을 희귀한 예라고 하는 까닭은 무엇일까요. 그것은 동방정교회에서는 성상 사용을 기피하 는 전통이 있기 때문이랍니다.

로마 가톨릭과 동방정교회는 여러 문제에서 대립했는데, 성상 사용을 두고도 크게 갈등을 빚었습니다. 8세기경에 동로마 제국의 황제들이 기 존에 교회에서 사용하던 십자가 등의 성상을 사용하지 못하도록 금지 하는 '성상 파괴 운동Iconoclast'이 일어났는데, 이는 황제들이 교회 성직 자들을 견제하고 교회에 대한 간섭의 기회로 삼고자 벌인 일로 이해합 니다.

비잔틴 제국의 레오 3세(717~741)는 교회의 강한 반발에도 불구하고 725년에 성상 숭배 금지령을 내립니다. 그가 이런 조치를 취한 것은 자

신의 명령에 따르지 않는 교회의 재산을 몰수하여 국가 재정을 확충하려는 의도와 성상 사용을 우상 숭배라며 비난하는 이슬람교를 의식한 결정이었다고 합니다.

성상 숭배 금지령은 787년에 해제되었지만 교황과 황제의 관계를 적대적으로 만들었으며, 로마 가톨릭과 동방정교회를 더 이상 화합할 수 없는 관계로 몰아갔습니다. 그 이후로도 수차례의 성상 숭배 금지령과 반발이 반복되면서 로마 가톨릭은 성상 사용을 인정하고 동방정교회는 거부하는 쪽으로 각자의 길을 가게 된 것이지요.

그런 점에서 동방정교회에 속하는 파나기아 에피스코피 교회에서 만나는 성상은 특별한 경험입니다.

고대 티라 유적

1 아르테미도로스 성역
Temenos of Artemidoros

2 North Stoa

3 Commandant's House

4 디오니소스 신전
Temple of Dionysos

5 Gymnasion for garrison

6 South Stoa

7 바실리카 스토아 Basilica Stoa

8 Sanctuary of Egyptian Gods

9 고대 극장 Theatre

10 아폴론 피티오스 성역
Sanctuary of Apollo Pythios

11 Heroon(Evangelismos church)

12 Grotto of Hermes and Herakles

13 아폴론 카르네이오스 성역
Sanctuary of Apollo Karneios

14 Site of Gymnopaideia

15 Gymnasion of Ephebes

16 로마식 목욕탕 Roman baths

고대 티라 유적 ④

Ancient Thira

해발 396m의 메사 보우노Mesa Vouno에는 고대 도시 유적이 있습니다. 그곳을 고대 티라 유적이라고 하지요. 메사 보우노는 높다란 지역에 위치해 먼 바다를 조망할 수 있으므로 방어와 경계에 알맞은 지형적 이점을 갖추었습니다. 이런 점이 이곳으로 사람들을 불러 모아 집단 거주지가 형성되었던 것으로 보입니다. 발굴된 유적과 유물로 미루어 볼 때, 이곳에는 당시 사람들에게 종교적으로 중요한 여러 신전들이 들어섰고, 그 밖에 공공시설인 아고라와 스토아도 여러 군데 들어선 것으로 보입니다.

일반인들의 거주 지역과 넓은 묘지 지역이 1895~1902년에 바론 힐러 폰 궤트링엔Baron Hiller von Gaertringen 등의 독일 고고학자들에 의해 발굴되었고, 셀라다Sellada 북동쪽과 북서쪽의 묘지들은 1961~1982년에 자페이로포우로스N. Zapheiropoulos에 의해 발굴되었습니다. 묘지에서는 부장품을 함께 넣는 당시의 장례 풍습 덕분에 많은 도기류가 출토되었는데, 이는 당시 사람들의 생활상을 추측할 수 있는 단서이면서 도기 제작 수준을 가늠할 수 있는 중요한 증거가 됩니다. 대부분의 출토품은 피라의 고고학박물관에 소장되어 있습니다.

현재 발굴된 유적지들을 보면 헬레니즘 시대의 그리스 신화와 관련된 곳이 많고, 로마 제국 시대의 유적도 있습니다. 아폴론 피티오스 성역, 아폴론 카르네이오스 성역, 아프로디테 성역, 아르테미도로스 성역, 디오니소스 신전, 행운의 여신 티케의 집은 그리스 신화 관련 유적이고, 아고라, 극장, 스토아, 목욕탕, 교회 등은 당시 주민들의 일상생활과 관련이 있는 유적입니다.

거의 폐허로 변해 옛 모습을 알아보기는 어렵지만, 사진으로 각각의 유적을 감상하여 봅시다. 먼저, 그리스 신화와 관련되는 신전들입니다.

아폴론 피티오스 성역 Sanctuary of Apollo Pythios 은 에게 해가 내려다보이는 위치에 자리 잡고 있습니다. 아폴론 피티오스는 '피톤을 무찌른 아폴론'이란 뜻으로 아폴론이 자랑스럽게 생각했던 별칭입니다.

현재는 기단부만 남아 있지만, 표지판을 보면 고대 당시의 건물 규모와 구조를 짐작할 수 있습니다.

아폴론 피티오스 성역

아폴론 카르네이오스 성역

　아폴론 카르네이오스 성역Sanctuary of Apollo Karneios에서는 멀리 산토
리니공항의 활주로가 내려다보입니다. 시원스런 전망을 자랑하는 곳이
지요.

　아폴론 카르네이오스는 '아폴론을 숭배하는 카르네이오스'란 뜻입
니다. 카르네이오스(혹은 카르노스 Carnus)는 그리스 중서부 아카르나니
아Acarnania 출신의 예언자로 아폴론 신을 모시는 사람이었습니다. 그는
펠로폰네소스 반도 원정을 준비하던 헤라클레이다이Herackleidai(헤라클
레스의 후손들)에게 신의 뜻을 전달하러 갔다가 그를 첩자로 오해한 필라
스Phylas의 아들 히포테스Hippotes의 창에 맞아 죽었습니다.

　그런데 그 날 이후로 헤라클레이다이의 군대에는 전염병이 돌았으며
군인들은 굶주림에 시달렸고 배가 파괴되는 일이 벌어졌습니다. 사람들
은 이 재앙의 원인을 알기 위해 신탁을 구하였는데, 신의 대답은 '이 모
든 불행은 카르네이오스의 죽음에 대한 아폴론의 분노 때문이며, 눈이
셋인 자를 새 지도자로 삼아야 재앙이 물러갈 것'이라는 것이었습니다.

아프로디테 성역

헤라클레이다이는 아폴론을 달래기 위해 카르네이오스를 죽인 히포테스를 10년간 추방하였으며, 화살에 맞아 눈 하나가 없는 말을 타고 있던 옥실로스Oxylus를 그들의 새 지도자로 추대했습니다. 그러자 모든 문제가 해결되었다고 합니다.

억울하게 죽은 카르네이오스의 넋을 달래기 위해 도리아인들 사이에서 아폴론 카르네이오스를 숭배하는 풍습이 생겼다고 하는데, 그 흔적을 고대 티라 유적지에서 확인할 수 있는 것입니다.

아름다운 여신 아프로디테에게 봉헌된 아프로디테 성역Sanctuary of Aphrodite도 있습니다. 현재는 기단부 일부만 남아 있는 상태이지요.

아르테미도로스 성역Temenos of Artemidoros의 'temenos'는 '고대 그리스에서 신전이 있거나 혹은 신에게 바쳐진 성역'을 가리키는 말로 Sanctuary

아르테미도로스 성역의 부조

와 비슷한 의미입니다. 그리고 아르테미도로스Artemidoros는 2세기 후반의 그리스 학자로 소아시아의 에페소스에서 태어났으며, 꿈에 관한 연구를 하여 〈꿈풀이解夢〉란 논문을 남겼습니다. 고대의 프로이트라고 할 수 있는 인물이지요. 고대 티라 유적지에 그에게 바쳐진 성역이 있는 것은 아마도 꿈을 해석하여 미래를 예측하는 그의 능력을 고대인들이 숭배한 흔적으로 보입니다.

그의 성역에서는 여러 점의 뛰어난 부조 작품을 볼 수 있는데, 혹시 그의 꿈풀이와 관련이 있는 것 아닐까 하는 생각이 듭니다.

디오니소스에게 봉헌된 신전Temple of Dionysos도 있었군요. 디오니소스는 잘 알려진 대로 포도주의 신, 축제의 신입니다. 그리스 예술의 출발점이며, 사람들로부터 많은 사랑을 받은 신이랍니다. 그러나 그의 신전

디오니소스 신전터

은 세월의 무게를 이기지 못하고 무너져 내려 현재는 쓸쓸한 폐허로 변해버렸습니다.

티케의 집 House of Tyche 이라는 이름이 붙은 건물터(디오니소스 신전 맞은편)도 보입니다. 티케는 그리스 신화에 나오는 행운의 여신으로 티탄 신족인 오케아노스와 테티스 사이에서 태어난 딸이라고 합니다. 행운과 기회와 번영을 주관하는 대중적인 여신이었으므로 그리스의 여러 도시에서 수호신으

티케의 집 유적

고대 극장 유적

Dosso Dossi 'An Allegory of Fortune'

로 삼았고, 나중에는 도시마다 자신들만의 티케를 섬기게 되었습니다.

티케는 대개 머리에 왕관을 쓰고 한 손에는 풍요로움을 상징하는 코르누코피아cornucopia(풍요의 뿔)를 들고, 다른 한 손에는 운명의 키(혹은 수레바퀴)를 들고 있는 모습으로 묘사됩니다. 로마 신화의 포르투나Fortuna와 동일시되는데, 영어에서 행운을 뜻하는 '포춘fortune'은 포르투나에서 나온 것이지요.

이제는 당시 사람들의 생활과 밀접한 관련이 있는 극장, 아고라, 스토아, 목욕탕, 교회 관련 유적을 확인해 보겠습니다.

고대 극장Theatre 유적은 아테네에서 보았던 것과 유사한 형태이므로, 설명은 생

략하고 사진으로 규모만 확인하고 넘어가겠습니다.

아고라도 있었는데, 아고라의 역할은 아테네와 다르지 않았을 것입니다.

바실리카 스토아Basilica Stoa는 바실리카(고대 로마 시대에 법정이나 상업 거래소, 집회장 등으로 쓰이던 규모가 큰 공공건물) 양식의 스토아라서 이런 이름이 붙은 것으로 보입니다. 실제로 기둥들이 줄지어 선 모습이 초기 바실리카 양식과 동일합니다.

로마식 목욕탕Roman Baths 유적은 로마 제국 당시의 흔적일 것입니다. 로마 제국의 영토였던 곳에서 공통적으로 발견되는 생활 유적이지요.

성 스테파노 교회Church of Agios Stefanos는 기독교 관련 유적으로, 로마식 목욕탕과 마찬가지로 로마 제국 시대의 흔적입니다. 성 스테파노는 기독교 초기의 순교자로, 투석형(마구잡이로 돌을 던져 죽이는 처형법)으로 죽었다고 합니다.

이상에서 알아본 바와 같이 고대 티라 유적은 당시 사람들의 생활과 밀접한 관련이 있는 중요 시설이 밀집해 있던 도시의 중심지였습니다.

로마식 목욕탕터 | 성 스테파노 교회

비록 현재는 폐허처럼 변해서 옛 모습을 알아볼 수 없지만, 그래도 산토
리니의 역사를 이해하기 위해 한 번쯤 들러볼 필요가 있다고 생각하여
소개했습니다.

성 스테파노 교회 내부   프라 안젤리코 '투석형을 당하는 성 스테판'

아크로티리 마을 ⑤

Akrotiri

산토리니 섬의 남단에 있는 아크로티리 Akrotiri 마을에는 청동기 시대 것으로 보이는 선사 유적지가 있는데, 에게 해 인근에서 발견된 선사 시대 유적지 가운데 보존 상태가 가장 좋은 곳이므로 고대 문명에 관심이 있는 사람이라면 방문해 볼 만합니다.

이 유적지에 최초로 사람이 살기 시작한 것은 후기 신석기 시대(BC 4000년경)일 것으로 추정합니다. 그 뒤 초기 청동기 시대(BC 3000년경)에 많은 사람들이 모여들어 정착했으며, 중기 및 후기 청동기 시대(BC 2000년경)에는 발달된 문명을 누리며 에게 해의 주요 항구로 발전했을 것으로 생각합니다.

그동안의 발굴 결과를 놓고 당시의 모습을 생각해 볼 때, 주민들의 주거지는 약 20ha에 이르고 정교한 배수背水 체계를 갖추었을 것으로 추정됩니다. 이는 당시 사람들의 높은 생활 수준을 알려주는 증거이지요. 그리고 복잡한 2, 3층의 다층 구조로 된 건물들이 들어서 있었는데, 건물 벽에는 화려한 프레스코 벽화가 그려져 있어 당시 사람들의 생활상을 짐작할 수 있습니다. 그리고 발굴된 가구와 도자기들의 품질 수준이 높은 것으로 보아 이곳 주민들이 풍요로운 생활을 누렸음을 알 수 있습니다. 또한 수입품으로 추정되는 다양한 물건들도 나왔는데, 이는 이들이 외부 세계와 활발히 교역했음을 시사해 줍니다.

아크로티리 유적지

실제로 아크로티리는 크레타와 교역했으며, 그리스 본토인 도데카네세Dodecanese와 사이프러스, 시리아, 이집트와도 교역을 한 것으로 알려져 있습니다.

아크로티리 유적지에서 발굴된 고대 유물 중에서 특히 프레스코 벽화는 중요한데, 주제나 표현 양식의 유사성으로 미루어 볼 때 크레타 문명의 영향을 받은 것이 분명해 보입니다. 이 그림들은 예술적 가치도 물론 높지만, 문헌 자료가 남아 있지 않은 고대 에게 문명 연구에 귀중한 사료가 됩니다.

그런데 지금으로부터 거의 4,000여 년 전에 그려진 벽화가 어떻게 이토록 선명하고 온전하게 남아 있을 수 있는 걸까요? 이 문제에 대한 해답은 화산재가 쥐고 있습니다. 화산 폭발은 문명이 발달한 한 도시를

아크로티리 유적지

한순간에 잿더미로 만들었지만, 바로 그 화산재가 도시를 감싸 안은 채 오랜 세월을 견뎌준 덕분에 프레스코 벽화가 원형을 유지할 수 있었던 것입니다. 화산재에 파묻혔던 고대 도시 폼페이가 원형을 보존할 수 있었던 것과 같은 이치이지요. 다만, 폼페이에서는 화석화된 당시 사람들의 유해가 발견되어 그때의 재앙이 전혀 예측할 수 없는 상태에서 닥쳤다는 것을 짐작할 수 있는데, 아크로티리에서는 유해가 전혀 발견되지 않아 혹시 재앙의 징조를 미리 알아차리고 주민들이 대피한 것은 아닐까 추측하는 학자들도 있습니다.

이제 아크로티리에서 발견된 아름답고 화려한 프레스코 벽화들을 그 위치를 확인하면서 사진으로 감상해 보겠습니다. 발굴 당시의 모습을 가급적 그대로 유지하려고 하는 아크로티리 유적지는 고대 벽화를 보존하기에 적절한 환경이 아니라서 현재는 아테네 국립 고고학박물관과 피라 마을에 있는 선사시대박물관에 분산 소장되어 있습니다.

발굴지
A Odos Telkhiron
B Triangular Square
C North Mill
D Tunnel

프레스코화
a Women, Papyrus
b The Fisherman
   Ships/Flotilla
c The Lilies
d Monkeys
e Antilope
   Children boxing
f Maidens

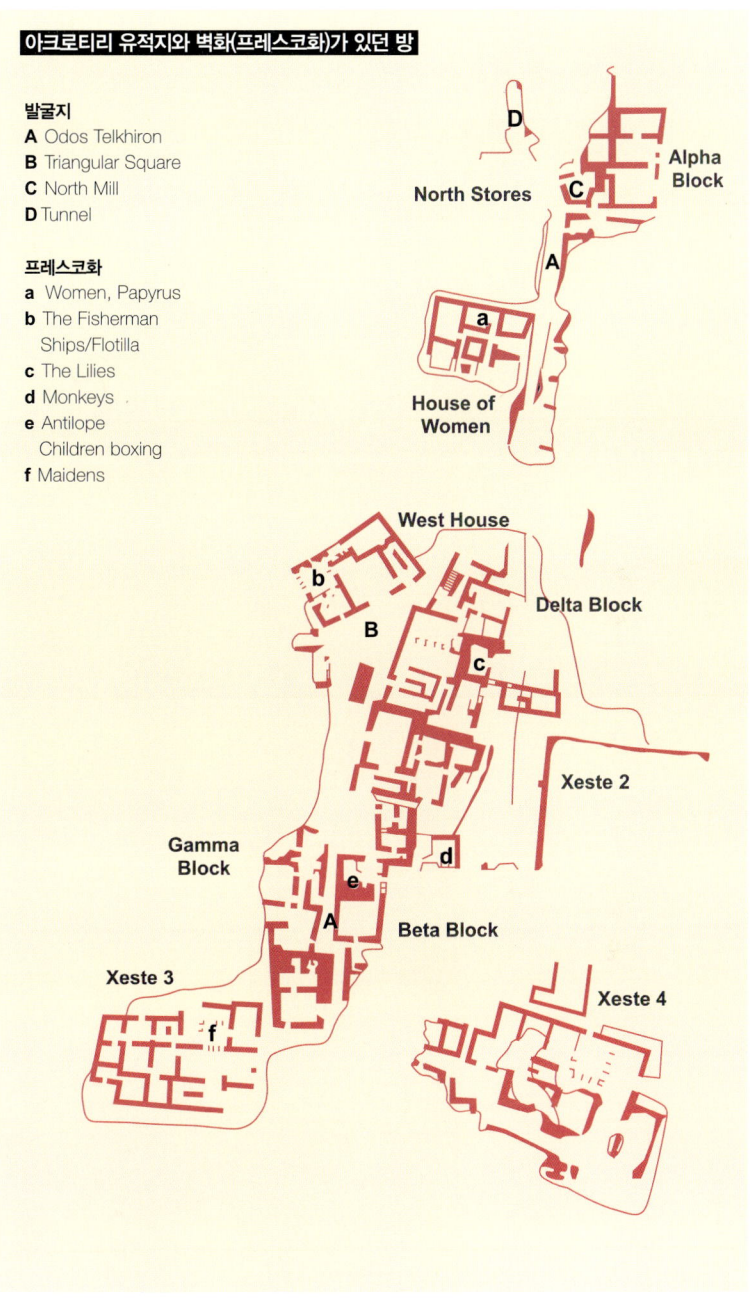

1970년에 발견된 '봄Spring'이란 제목의 프레스코화는 보존 상태가 매우 양호하며, 벽에 붙어 있는 원래의 상태 그대로 발견된 유일한 작품이어서 더욱 귀중한 자료입니다. 그보다 2년 전인 1968년에도 프레스코화가 발견되었지만, 그때는 파편 상태의 작품들이었던 것입니다.

아크로티리 유적 지도의 델타 구역Delta Block에 있는 건물 방(**c**)의 세 벽면을 장식하고 있던 이 그림은 봄이 되어 꽃이 만발하고 제비가 날아다니며 산들바람이 부는 화사한 풍경을 생동감 있게 묘사했습니다. 화면 속의 꽃을 백합이라고 보아 제목을 '백합The Lilies'이라고 하기도 합니다. 이 그림은 현재 아테네 고고학박물관에 전시되어 있습니다.

파편 상태로 발견된 프레스코화(티라 선사시대박물관 소장)

아테네 국립 고고학박물관 소장 '봄(혹은 백합)'

부인들이 사용하던 건물House of Women의 방(a) 벽면을 장식하고 있던 식물 그림은 파피루스를 소재로 한 것입니다. 잘 알려져 있다시피 파피루스는 원시적인 종이의 원료가 된 식물로, 이집트에서는 폭넓게 사용되었습니다. 그 당시에 이미 미노아 문명권과 이집트 사이에 교류가 있었음을 알려주는 귀중한 증거인 이 작품은 피라 마을에 있는 선사시대 박물관에 소장되어 있습니다.

더불어 여인들을 그린 그림들도 같은 방에서 발견되었는데, 그림 속 여인들의 외모를 통해 당시의 헤어스타일과 패션을 알 수 있고, 꽤 잘

부인들의 방 프레스코화

차려입은 모양새로 보아 당시 어느 정도 지위가 있던 여인들로 보입니다. 이 그림들도 피라 마을의 선사시대박물관에 있습니다.

각 층에 14개 이상의 방을 가진 상당히 큰 건물(2층 이상의 규모)로 보이는 건물 3(**Xeste 3**)에서 발견된 프레스코화(**f**)는 사프란을 따는 여인, 만개한 사프란 꽃을 쥔 여인, 사프란을 따서 푸른 원숭이와 그리핀 사이에 앉아 있는 인물에게 바치는 여인 등, 주로 사프란을 따는 여인들과 관계된 것이 특히 인상 깊습니다.

사프란을 바치는 것으로 보아 그 꽃을 받는 이는 여신godness으로 보이며, 이는 곧 향신료인 사프란이 제사용으로도 사용되었다는 의미로 해석할 수 있습니다. 이 방에서는 제단과 정화대lustral basin 그림도 함께 발견되어 이곳이 종교적인 의식을 행하던 곳이었다는 추측에 힘을 보태고 있습니다. 이 그림들 또한 피라 선사시대박물관에 소장되어 있습니다.

피라 선사시대박물관 소장 '사프란을 따는 여인들'

사프란을 따는 여인(확대)

양쪽에 푸른 원숭이와 그리핀을 둔 앉아 있는 여인에게 사프란을 바치는 모습

베타 구역(**Beta Block**)에서 발견(방 **e**)된 권투하는 소년과 영양 ^antilope^이 그려진 벽화는 아테네 국립 고고학박물관에 전시되어 있습니다. 권투하는 소년들의 그림은 선명한 색감과 자연스러운 동작, 그리고 당시의 권투 규칙을 알 수 있게 해주는 사실적인 묘사가 돋보입니다. 또한 옆에 그려진 동물 그림은 현대에 그려진 것이라고 해도 믿을 정도로 선이 유려하고 아름답습니다. 당시의 문명이 어느 수준이었는지를 보여주는 걸작이라고 생각합니다.

권투하는 소년들과 영양

권투하는 소년들

동물 그림(아테네 국립 고고학박물관 소장)

아테네 국립 고고학박물관 소장 '어부'

　서쪽 집(**West House**)의 방(**b**)에서는 '어부The Fisherman'란 제목으로 불리는 두 점의 프레스코화가 발견되었습니다. 줄에 꿴 물고기를 들고 있는 남자를 그린 이 그림들은 아크로티리에서 발굴된 벽화 중에서도 색상이나 그림의 형태가 가장 잘 보존된 작품으로, 당시 티라 섬 사람들이 바다를 기반으로 생계를 이어갔음을 알 수 있습니다. 아테네 국립고고학박물관에서 볼 수 있지요.

　서쪽 집의 같은 방에서 사면 벽을 둘러싸고 있는 프리즈Freize(띠 모양의 장식) 프레스코화가 발견되었는데, 이 작품은 발견 당시 많은 사람들의 관심을 모았습니다. 이 그림은 항해하는 여러 척의 배와 선원들이 섬세하게 묘사되어 있어 해전海戰을 그린 것이라는 주장과 바다에서의 축제를 그린 것이라는 주장이 맞서고 있으며, 혹은 많은 지지를 받는 주장은 아니지만 호메로스의 서사시 〈일리아스〉나 〈오디세이〉에 나오는 항해와

아테네 국립 고고학박물관 소장 '함대'

모험담을 그린 것이란 주장도 일부에서는 제기하고 있답니다.

　어쨌든 이 그림을 통해 당시에 이미 대규모 선단을 통해 이웃 나라들과 교역할 수 있는 역량을 갖추고 있었음을 알 수 있습니다.

피라 선사시대박물관 소장 '푸른 원숭이'

베타 구역에서 가까운 방(**d**)에서 발견된 푸른 원숭이들을 묘사한 프레스코 벽화는 역동적인 원숭이들의 자세가 인상적입니다. 실제로 눈앞에서 원숭이들이 뛰어다니는 것처럼 느껴집니다. 그림의 소재로 원숭이들을 선택했다는 것은 당시에 아프리카와의 교류가 활발했다는 증거라는 평가를 받고 있지요. 그러나 그와는 별개로 당시 사람들의 예술 감각과 그림 솜씨를 짐작하게 해 주는 걸작이라고 생각됩니다. 피라 마을의 선사시대박물관에 소장돼 있답니다.

이상에서 살펴본 프레스코 벽화 외에도 아크로티리에서 발굴된 각종 생활용품들은 당시 사람들의 발달된 문화 수준을 짐작하게 해줍니다. 현재는 대개 피라 마을의 선사시대박물관에 소장되어 있습니다.

아크로티리에서 발굴된 생활용품
(피라 선사시대박물관 소장)

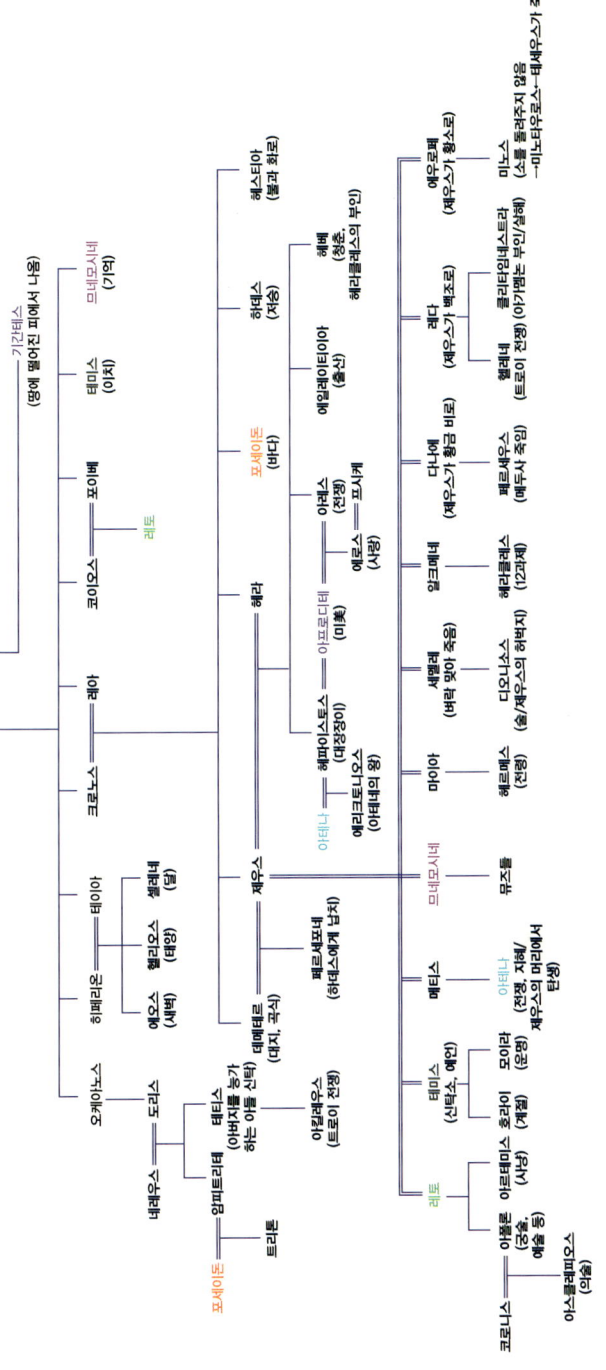

이 책에서 주로 등장하는 그리스 신화 관련 신(인물) 관계도

일러두기

이 책에 등장하는 인명, 지명 등 외래어 표기는 해당 국가(지역)의 발음을 기준으로 하되, 〈표준국어대사전〉에 따랐습니다. 단, 이미 널리 사용되고 있는 표기가 있는 경우 더 일반적인 것을 따랐습니다.